AF240467

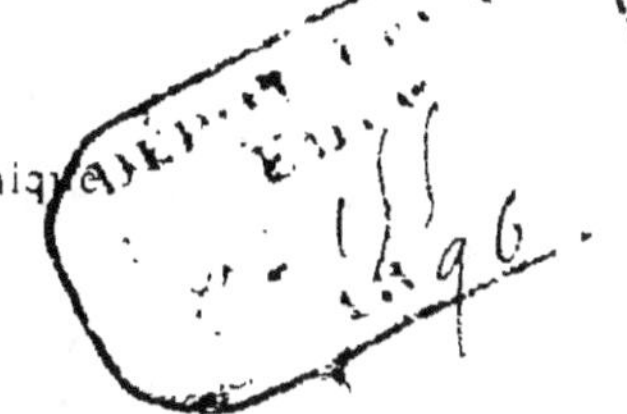

LES VIGNES AMÉRICAINES

ADAPTATION

CULTURE, GREFFAGE, PÉPINIÈRES

PAR

P. VIALA & L. RAVAZ

PARIS

LIBRAIRIE DE FIRMIN-DIDOT ET Cⁱᵉ

IMPRIMEURS DE L'INSTITUT

56, RUE JACOB, 56

BIBLIOTHÈQUE DE L'ENSEIGNEMENT AGRICOLE

PRINCIPAUX RÉDACTEURS

LES VIGNES AMÉRICAINES

ADAPTATION

CULTURE, GREFFAGE, PÉPINIÈRES

DES MÊMES AUTEURS

Revue de Viticulture, organe hebdomadaire de l'Agriculture des régions viticoles, publié sous la direction de P. VIALA et L. RAVAZ. — *Troisième année.* —La *Revue de Viticulture* paraît, à *Paris*, le *jeudi* de chaque semaine, en un fascicule de 24 à 32 pages; elle forme, par an, deux volumes de 650 pages chacun, avec nombreuses gravures; elle répond *gratuitement* aux demandes de renseignements de ses abonnés.

Abonnement par an (Paris, 5, rue Gay-Lussac)....... **15** fr.

P. Viala et **L. Ravaz.** — Le Black Rot et le Coniothyrium diplodiella. — 2ᵐᵉ édition, 1888. — 1 vol. avec une planche en chromo et 15 figures dans le texte. — Prix.......... **3** fr. **25**

P. Viala et **L. Ravaz.** — La Mélanose (Recherches sur les maladies de la vigne), avec 3 planches, dont 2 en chromo, 1887. — Prix... **2** fr.

P. Viala et **L. Ravaz.** — Mission viticole pour la reconstitution des vignes du département de la Côte-d'Or (Beaune, 1891). — Prix... **1** fr.

P. Viala. — Les maladies de la Vigne. — 3° édition 1893. — 1 vol. avec 20 planches en chromo et 290 figures dans le texte. — Prix..................................... **24** fr.

P. Viala. — Une mission viticole en Amérique. — 1 vol. avec 8 planches en chromo et une carte géologique. — Prix. **15** fr.

TYPOGRAPHIE FIRMIN-DIDOT ET Cⁱᵉ. — MESNIL (EURE).

BIBLIOTHÈQUE DE L'ENSEIGNEMENT AGRICOLE

PUBLIÉE SOUS LA DIRECTION DE

M. A. MÜNTZ

Professeur à l'Institut national Agronomique

LES VIGNES AMÉRICAINES

ADAPTATION

CULTURE, GREFFAGE, PÉPINIÈRES

PAR

P. VIALA & L. RAVAZ

PARIS

LIBRAIRIE DE FIRMIN-DIDOT ET Cⁱᵉ

IMPRIMEURS DE L'INSTITUT

56, RUE JACOB, 56

1896

PRÉFACE

La viticulture pratique n'est plus actuellement une longue suite de prescriptions sans aucun lien. Elle est tout autre chose : elle a ses règles que nous allons essayer de tracer, ou tout au moins de rechercher. Ses prescriptions peuvent être justifiées; et en même temps que l'explication qu'on en donne permet, quand elle est juste, de les généraliser, d'en tirer des conséquences du plus haut intérêt, elle leur donne aussi une plus grande valeur et une certitude que le seul énoncé des faits a bien rarement.

Tout ce livre a été écrit dans cet esprit :

La première partie, où nous étudions les conditions qui influent sur la végétation de la vigne;

La deuxième partie, où nous examinons la valeur culturale de tous les cépages américains, des espèces d'abord, et, comme corollaire, de leurs hybrides ensuite, qu'ils soient à l'état sauvage ou cultivés, naturels ou artificiels; c'est pourquoi tous ceux qui ont pris place dans nos vignobles sont étudiés avec les groupes d'hybrides auxquels ils appartiennent; et, par suite, les indications que nous donnons sur chacun d'eux s'appliquent aussi bien à tous ceux de même origine qui pourraient être créés ou introduits en France;

La troisième et la quatrième partie, où nous traitons de quelques points spéciaux de la culture et du greffage.

Tout en donnant, dans ce livre, les indications les plus précises et les plus détaillées, — car la culture de la vigne est toute de détails, dont le moindre a souvent la plus grande importance, — nous nous sommes efforcés de les lier entre elles, d'en dégager la raison, et, par cela même, de fournir à chacun les moyens de leur apporter, en toute connaissance de cause, les modifications nécessitées par les circonstances qui varient à l'infini, et d'en prévoir les résultats.

Ce livre a été conçu dans les mêmes idées qui nous avaient dirigés pour l'édition de 1892.

Paris-Cognac, mars 1896.

P. Viala et L. Ravaz.

LES VIGNES AMÉRICAINES

PREMIÈRE PARTIE

ADAPTATION

I. — INTRÓDUCTION

Dès que les vignes américaines furent cultivées en France sur de grandes étendues, on s'aperçut bien vite qu'elles ne se développaient pas toutes également bien dans nos terrains. Telle qui prospérait dans une nature de sol ne venait plus dans une autre; et, dans un même sol, toutes ne se comportaient pas de la même façon.

Évidemment, on aurait pu prévoir que les choses se passeraient ainsi, si, au préalable, on avait pris soin de s'enquérir de la nature des terres dans lesquelles chacune d'elles vivait en Amérique. Mais, dans la hâte avec laquelle on procéda aux nouvelles plantations, on eut le tort de croire qu'elles se développeraient dans les divers terrains comme nos vignes françaises (*V. Vinifera*); et cependant il ne pouvait en être ainsi.

Nos vignes françaises appartiennent toutes à une seule espèce, le *V. Vinifera,* dont les aptitudes et les propriétés s'étendent, avec des différences en somme insensibles, à toutes les variétés cultivées.

Avec les vignes américaines, on a affaire à des espèces, non seulement différentes du V. Vinifera, mais encore très différentes les unes des autres. Leurs nombreuses variétés devaient donc, par suite, se comporter chacune à sa manière et donner des résultats fort dissemblables jusque dans des conditions identiques.

Mais de tout cela on ne tint aucun compte. Aussi des insuccès retentissants s'ensuivirent-ils; des vignobles très étendus durent être arrachés après quelques années de plantation. C'est alors seulement que l'on comprit qu'il était nécessaire d'étudier au préalable chaque cépage américain, de connaître ses qualités et ses défauts, et surtout ses facultés d'*adaptation* aux divers terrains.

Beaucoup de ces insuccès furent attribués à l'action du phylloxéra. Il est certain que quelques-uns des cépages américains cultivés n'avaient qu'une résistance par trop insuffisante; mais pour le plus grand nombre, leur non-réussite, — et on l'a bien vu depuis, — n'était due qu'à une mauvaise adaptation au sol. Sans doute, la première qualité requise pour un cépage porte-greffe ou même producteur direct est une haute résistance au phylloxéra, qui est la garantie de sa longue durée dans les terrains qui lui conviennent. Utiliser des cépages d'une résistance faible ou même moyenne, c'est s'exposer à un insuccès certain. Il n'en est pas moins vrai cependant que, dans quelques cas, la résistance phylloxérique est primée par une bonne adaptation au sol.

Il serait facile de citer de nombreux exemples à l'appui de cette assertion. Un des plus nets nous est offert par les collections de l'École d'agriculture de Montpellier. En un point très mauvais, se trouvent, côte à côte et leurs racines entremêlées, des Rupestris, des Solonis, des Cornucopia et un certain nombre d'autres variétés. Le Rupestris ne porte que quelques petites nodosités à l'extrémité des radicelles, pas ou presque pas de tubérosités, et sa résistance peut être évaluée par la note 18, le maximum, indemnité absolue, étant 20. Le Solonis, outre un grand nombre de nodosités, porte, sur les racines à structure secondaire de l'année ou plus âgées, quelques petites tubérosités peu proéminentes, dont l'altération ne gagne que rarement le corps de la racine : sa résistance est exprimée assez exactement par la note 15. Les racines du Cornucopia sont au contraire couvertes de très grosses nodosités et de tubérosités très proéminentes : nous lui avons donné la note 4.

Ces trois cépages sont plantés depuis 16 ans. Si le phylloxéra était le seul facteur qui pût en entraver le développement, leur végétation extérieure devrait être dans le rapport de 18 : 15 : 4. Il n'en est rien, et c'est même tout le contraire qui se présente ici. Le Rupestris, sur lequel le phylloxéra ne cause aucun mal, est rabougri, presque mourant, et sa végétation extérieure est égale à 2, le maximum, ici encore, étant 20. Le Solonis, quoique souffrant peu du phylloxéra, est lui aussi rabougri, mais en moins mauvais état que le précédent, et son développement est exprimé par la note 4. Le Cornucopia, au contraire, quoique très attaqué par le phylloxéra, a une vigueur et une végétation assez grandes qu'exprime assez exactement le chiffre 16. C'est dire que le phylloxéra l'a en définitive peu affaibli.

Et il en est de même pour un grand nombre de cépages tels que l'Othello, l'Autuchon, le Canada, qui, même en présence du phylloxéra, viennent souvent mieux dans les terrains très calcaires que le Riparia, le Rupestris, etc.

Cet exemple montre combien est grande l'influence du sol sur la végétation des vignes américaines. Et chacun peut facilement en observer d'autres tout semblables.

L'attention des viticulteurs sur les variations de la végétation des vignes américaines suivant les terrains a été appelée tout d'abord en 1878, par M. Louis Vialla, et, à peu près à la même époque, par M. Despetis.

Cette question a été reprise ensuite par M. B. Chauzit (1880), MM. Foëx, Millardet, Desjardins, Audoynaud (1881), M. A. Verneuil (1882), M. E. Petit et par beaucoup d'autres viticulteurs. Tous ont remarqué que les vignes américaines résistantes au phylloxéra prospèrent dans les terres argilo-siliceuses ou silico-argileuses, et surtout dans les sols siliceux, caillouteux rouges et fertiles, et qu'elles dépérissent dans certaines terres blanches. Les faits observés ont été interprétés de façons fort diverses; nous y reviendrons plus loin.

Aujourd'hui, on est à peu près fixé sur la valeur de toutes les variétés américaines, — et elles sont nombreuses, — introduites en France. La plupart d'entre elles ont été reléguées dans les collections ou délaissées, un très petit nombre ont été adoptées par la pratique.

Celles-ci sont cultivées depuis plus de vingt ans, et elles occupent en France une étendue qui n'est pas moindre de 700,000 hectares, répartis dans plus de cinquante départements, dans les sols et sous les climats les plus divers. On a donc en mains toutes les données qui permettent de résoudre de la manière la plus précise la question de l'adaptation des vignes américaines au sol.

Cette question qui préoccupe tant les viticulteurs, se pose ainsi : Étant donné un terrain, quel cépage américain doit-on y cultiver pour en retirer le plus de profit possible? Le présent livre a pour but de déterminer les éléments qui interviennent dans sa solution, de préciser le rôle de chacun d'eux dans la végétation de chaque variété américaine, qu'ils agissent séparément ou combinés, et par suite, pensons-nous, de donner aux viticulteurs les moyens de choisir en connaissance de cause le cépage auquel ils devront donner la préférence.

Dans les terres argilo-siliceuses ou silico-argileuses, ou qui ne contiennent qu'une faible quantité de calcaire, toutes les vignes américaines résistantes au phylloxéra peuvent être cultivées avec succès. Elles présentent cependant dans leur développement, leur fructification, etc., des différences dont il importe de tenir grand compte. Non pas que, dans des terres de cette nature, elles puissent donner un insuccès complet; mais, comme la création d'un vignoble nécessite actuellement de grands frais, il est de toute nécessité de connaître les exigences et les aptitudes de chacune d'elles, afin de ne cultiver que celles dont on peut attendre les meilleurs résultats.

Dans les terres dont la teneur en calcaire est plus élevée, il n'en est plus de même. Ici, la plupart des vignes américaines, et même les variétés du V. Vinifera, se comportent moins bien. Les unes poussent mal, jaunissent, se rabougrissent et même, quelquefois, meurent. D'autres s'accommodent mieux de ces sortes de sols. Par suite, et l'observation le prouve, on doit admettre que pour chaque terrain il existe une vigne américaine qui y est supérieure à toutes les autres. Car il ne faut pas croire que la vigne la plus vigoureuse, la plus résistante, la plus rustique, soit aussi la meilleure pour tous les sols. Le V. Berlandieri, par exemple, est le meilleur porte-greffe pour les terrains très riches en calcaires ; dans ceux où ce corps fait défaut, il se développe encore mieux, mais il y est inférieur au V. Rupestris et à quelques autres cépages qui, eux, ne viennent pas du tout dans les sols calcaires.

Ainsi que nous l'avons déjà établi, c'est donc en définitive le sol qui agit sur chaque vigne américaine et en favorise ou en contrarie le développement. Par suite, nous aurons à examiner :

1° L'influence du sol sur la végétation des vignes américaines en général. Et comme plusieurs éléments (climat, humidité, sécheresse, greffage, phylloxéra, opérations culturales diverses, etc.) peuvent la modifier, l'augmenter ou la diminuer, nous rechercherons dans quel sens ces modifications peuvent se produire suivant les cas.

2° Les aptitudes, propriétés ou exigences de chaque espèce ou variété de vigne américaine, sa résistance au phylloxéra, la manière dont elle se comporte dans les terres les plus diverses, sa fertilité et la hâtivité de la maturation de ses fruits, qu'elle soit greffée ou non, ses affinités avec nos vignes de pays qu'elle peut porter comme greffons, les moyens de la multiplier, etc., etc. Et de ce double examen nous tirerons ensuite des conséquences qui auront peut-être quelque importance pour la pratique.

II. — INFLUENCE DU SOL

A. — TERRAINS PEU OU PAS CALCAIRES

a. **Du rôle de la silice et de l'argile.** — En ce qui concerne les terrains dits argilo-siliceux ou silico-argileux, nous n'avons guère à tenir compte que de leur compacité, de leur degré d'humidité, de leur fertilité. A part cela, faut-il attribuer un rôle quelconque à la silice ou à l'argile? Vaut-il mieux, toutes choses égales d'ailleurs, que la silice l'emporte sur l'argile ou, inversement, que l'argile prédomine sur la silice? Nous n'en savons rien. Mais il n'apparaît pas que ce point ait une importance bien grande. Chimiquement, ces deux éléments n'ont pas sensiblement plus d'action l'un que l'autre sur la végétation de la vigne. Leur rôle est plutôt physique : ils modifient la nature du sol et, suivant que l'un ou l'autre est en excès, on a des terrains plus ou moins humides, plus ou moins compactes.

Les sables siliceux formés de grains fins mélangés à une quantité inférieure à 2 % d'un ciment quelconque constituent des sols légers. Les vignes européennes y viennent bien; sans atteindre de grandes dimensions, elles ont un développement à peu près normal. Il n'en est pas de même des vignes américaines. Quelques-unes, comme le Jacquez, l'Herbemont, le Vialla, le Rupestris du Lot, etc., ont une végétation qui laisse peu à désirer, le Riparia et quelques autres s'accommodent mal de ces terres et ne donnent que des souches de peu de vigueur.

b. **Compacité.** — La compacité du sol est due tantôt à un excès d'argile, tantôt à un excès de sable fin siliceux. Dans ce dernier cas, quand la dose d'argile est inférieure à 5 ou 6 %, on a des terres excessivement dures et compactes après les sécheresses, les racines les pénètrent difficilement, et la vigne y vient mal. Un excès d'argile paraît beaucoup moins nuisible.

La compacité du sol a une influence manifeste. Elle est en somme un obstacle à la bonne venue de la vigne. Celle-ci, comme toutes les plantes, demande un sol meuble, léger et chaud; elle est d'autant plus vigoureuse que ces conditions sont mieux réalisées. Mais elle vient cependant dans les sols les plus compactes; sa vigueur y est seulement moins grande, et peut-être aussi sa durée. Les vignes américaines se comportent ici comme les vignes françaises; mais quelques-unes d'entre elles paraissent plus redouter les terrains de cette nature. Ce sont le Riparia, la plupart des Rupestris, etc., tandis que le Jacquez, l'Herbemont, le Vialla, etc., s'en accommodent beaucoup mieux. Nous examinerons d'ailleurs ultérieurement tous ces cépages à ce point de vue. Mais nous voudrions donner ici la raison de ces différences. Car il ne suffit pas de constater les faits, il faut toujours en rechercher la cause ou mieux les règles qui les régissent. Cela permet de les généraliser et aussi, très souvent, d'en tirer des conséquences de la plus grande importance.

M. Cazeaux-Cazalet, qui a fait de l'adaptation au sol une étude très complète, pleine d'observations justes, attribue les différences de végétation que présentent les vignes américaines dans les terrains compacts à leur structure radiculaire.

Le Riparia, la plupart des Rupestris, etc., ont en effet un système radiculaire grêle, des racines minces mais très dures, très ramifiées et terminées par un chevelu abonnant d'une grande ténuité. Le Jacquez, le Vialla, l'Herbemont, le Cunningham, le Cinerea, le York-Madeira, etc. ont, au contraire, des racines plus fortes, à chevelu moins grêle. La vigne française, qui vient si bien partout, a, elle aussi, de très fortes racines.

Pourquoi les cépages à grosses racines s'accommodent-ils mieux que les autres des terres compactes? Il est bien difficile d'en donner une explication vraiment plausible. Peut-être seulement parce que les grosses racines ont une force de pénétration que ne possèdent pas les racines grêles.

Quoi qu'il en soit, le fait est constant et il mérite d'être noté. Il montre que les vignes américaines pures ou croisées qui ont un puissant système radiculaire, ainsi que les hybrides franco-américains qui ont comme leur générateur français de fortes racines, doivent se développer vigoureusement dans les terrains compacts. Des expériences poursuivies pendant plusieurs années le prouvent déjà de la manière la plus nette.

c. **Humidité.** — L'humidité a également une influence sur la végétation de la vigne; elle n'est pas aussi grande qu'on l'a d'abord admis, mais elle existe. L'humidité exagérée du sol favorise le développement des maladies cryptogamiques, la coulure, etc. Mais, en dehors de ce rôle, elle entrave considérablement l'accroissement du système radiculaire.

Les plantes qui croissent dans un milieu très humide peuvent avoir et ont très souvent une végétation extérieure très grande; mais les racines, par rapport à la partie aérienne, sont toujours faibles. Cela n'est point particulier à la vigne. Il en est ainsi pour presque toutes les plantes : leur appareil radiculaire est d'autant plus développé que le sol dans lequel elles vivent est plus sec. C'est que, dans ces terrains, il est sans doute nécessaire qu'elles développent un puissant système radiculaire pour aller chercher en de nombreux points l'eau dont elles ont besoin. Dans les sols très humides, où l'eau abonde, un petit nombre de racines, et des racines moins fortes, suffisent à fournir l'eau nécessaire à la vie de la plante.

L'excès d'eau est aussi un obstacle à la réussite des plantations. Dans les terrains très humides, les jeunes plants ne poussent pas ou presque pas de racines, bien que leurs rameaux se développent ; et, lorsque survient brusquement une sécheresse intense, ils ne sont point doués pour absorber l'eau qui leur est nécessaire ; ils se dessèchent et meurent.

L'humidité du sol peut, dans certains cas, favoriser indirectement le développement des vignes américaines ou des vignes européennes. On sait, en effet, qu'elle gêne considérablement la multiplication du phylloxéra ; témoin, l'efficacité des submersions artificielles. L'humidité du sol, lorsqu'elle est en excès, n'agit pas autrement ; c'est une sorte de submersion naturelle. Par suite, dans ces conditions, la résistance des cépages américains qui craignent le phylloxéra est augmentée. Certains producteurs directs, tels qu'Othello, Canada, Brandt, Autuchon, etc., peu résistants, auront dans les terrains plus humides, une plus longue durée. C'est aussi l'humidité exagérée de ces dernières années qui a permis aux vignes françaises mourantes de reprendre de la vigueur dans les terrains argileux compacts retenant l'eau et dans les terrains sablonneux. C'est elle aussi qui a ralenti la marche du phylloxéra et rendu, dans bien des cas, les traitements insecticides plus efficaces, de telle sorte qu'une partie de leur action, peut-être la plus grande, lui revient. C'est à elle enfin que doit être attribuée la résurrection de vieilles vignes mourantes du phylloxéra que l'on avait attribuée, bien à tort, à un système de taille particulier.

L'humidité agit souvent de concert avec la compacité.

Il en est de même de la froideur du sol qui, le plus souvent, est la conséquence d'une compacité et d'une humidité exagérées. Elle retarde, au printemps, le développement des racines et nuit ainsi à la nutrition de la plante. Toutes les vignes ne la redoutent pas également; les espèces hâtives la craignent moins que les tardives.

d. **Fertilité**. — La fertilité du sol est un adjuvant très puissant de la bonne végétation de la vigne; plus un terrain est fertile, mieux elle se développe. Cependant, une grande fertilité n'est pas à toutes les vignes également nécessaire; elles n'ont pas toutes à ce point de vue les mêmes exigences. Le V. Rupestris est peut-être la vigne qui vient le mieux dans les terrains pauvres. Il y atteint des dimensions considérables et porte de très belles greffes, quand d'autres cépages se développent peu dans les mêmes milieux; d'ailleurs, en Amérique, il croît dans les lits de ravins desséchés, au milieu de galets souvent non entremêlés de terre végétale. Le Riparia est beaucoup plus exigeant. Le Vialla, le Jacquez, l'Herbemont et surtout le V. Monticola s'accommodent de terrains plus pauvres.

Telles sont les principales conditions qui influent sur la végétation de la vigne dans les terrains peu ou pas calcaires. Ces conditions peuvent être facilement modifiées. La légèreté et, par suite, la perméabilité du sol étant nécessaires à la bonne végétation de la vigne, des défoncements profonds, des fumures avec des engrais verts ou des fumiers pailleux, des chaulages atténueront sensiblement la compacité du terrain. Des drainages, des fossés d'écoulement, l'exhaussement du sol pourront aussi enlever l'excès d'eau des terrains humides et diminuer leur froideur. Par contre, pour les terrains trop secs, des arrosages quand ils seront possibles, des labours fréquemment répétés, maintiendront une fraîcheur suffisante. Enfin de fortes fumures suppléeront à l'infertilité du sol.

La bonne venue de tous les cépages américains peut donc être assurée dans tous ces terrains; il n'en est pas moins utile de tenir compte de leurs préférences.

B. — TERRAINS CALCAIRES

CHLOROSE

Dans les terrains calcaires, ainsi que nous l'avons dit, les vignes américaines et les vignes françaises, mais à un moindre degré, jaunissent souvent. Tantôt leur jaunissement est peu marqué et passager, tantôt, au contraire, il est plus accentué, et entraîne la mort de la plante. Dans les deux cas, il est le symptôme essentiel et très caractéristique de la non adaptation de la vigne à ces sortes de sols.

a. **Caractères de la chlorose.** — Les feuilles de vigne chlorosées offrent d'abord une diminution dans l'intensité de leur teinte, soit d'une façon générale sur tout l'ensemble du parenchyme, soit seulement par régions. Puis elles deviennent d'un vert-jaunâtre et définitivement jaunes. La feuille se décolore presque entièrement et passe du jaune vif à une coloration blanchâtre. Les tissus roussissent sur le pourtour du limbe, et cette mortification envahit le parenchyme par bandes longitudinales entre les nervures; finalement, la feuille se dessèche. Les jeunes rameaux jaunissent tout comme les feuilles et souvent aussi, lorsque la chlorose a une grande intensité, leurs extrémités se dessèchent et tombent.

Tout en étant très jaunes, les tiges continuent à s'accroître, mais plus lentement, et à produire de nouvelles feuilles. Mais, comme les surfaces vertes qui, seules, élaborent les matériaux nécessaires à la nutrition des divers organes de la plante sont altérées, les nouvelles feuilles restent toujours petites et jaunes. De nombreux petits rameaux qui sont toujours très courts, grêles, avec des rudiments de feuilles, naissent des bourgeons situés à l'aisselle des feuilles principales ; et la souche a alors un aspect buissonneux, rabougri. Sous cette forme, la chlorose est désignée sous le nom de *cottis* (1).

Si la maladie se manifeste avant la floraison, — et il en est presque toujours ainsi, — elle amène la coulure des fleurs, un retard dans le développement des grains qui restent petits, millerandés, jaunâtres avec quelques plaques rousses ; plus tard, ils se dessèchent.

Les racines ont un développement presque normal ou plutôt faible ; elles ne présentent aucune altération extérieure ; rien n'indique qu'elles appartiennent à un cep malade, et une coupe à travers leurs tissus ne montre aucune lésion interne. Cependant elles sont plus molles et plus flexibles que les racines des vignes non malades, elles ploient sous la main comme du caoutchouc, elles sont moins lignifiées. Elles contiennent peu ou point de matières de réserve, sauf peut-être les plus grosses d'entre elles ; point de dépôt d'amidon dans leurs cellules après l'aoûtement du bois. Les régions qui sont à

(1) La maladie que le D\[r\] Jules Guyot a décrite dans les Charentes sous le nom de *cottis* y est totalement inconnue. Le mot *cotti* est un adjectif et non un substantif. On dit un fruit *cotti*, un rameau *cotti* pour désigner un fruit altéré par une cause quelconque (larve d'insecte, meurtrissures, etc.), un rameau qui porte des lésions comparables à celles occasionnées par un choc. Un sarment anthracnosé est *cotti* au point où un chancre s'est creusé ; et, par extension, un végétal est *cotti* quand il présente une déformation quelconque. Le cottis actuel a été caractérisé dans le midi de la France ; il est connu dans les Charentes depuis la culture des vignes américaines. Son nom est un adjectif charentais qui y est revenu *substantifié* par le docteur Jules Guyot et les vignerons du Midi.

l'état de vie active (couche génératrice, etc.), ont un contenu pauvre en protoplasme; les vaisseaux grillagés et les cellules du liber sont presque vides; en un mot, il y a pénurie de matières azotées et de matières hydrocarbonées. Dans les tiges, absence des mêmes matériaux ainsi que dans les feuilles et dans tous les organes herbacés.

Dans les feuilles, non seulement la chlorophylle a disparu, mais encore son substratum, le grain chlorophyllien. Cependant, dans les tiges et les rameaux chlorosés, la chlorophylle ne disparaît pas si tôt que dans les feuilles; il en existe encore, mais en très petite quantité, même lorsque le cep est très malade. Et cela explique sans doute qu'il puisse se développer sur les rameaux primaires, même quand les feuilles sont toutes chlorosées, de nombreux petits rameaux secondaires.

Par contre, dans tous les tissus, il y a abondance de cristaux de sels de chaux, oxalate, tartrate, etc.; les raphides sont très abondants, ainsi que les macles, etc., et souvent de petits cristaux prismatiques sont en si grand nombre qu'ils obscurcissent les coupes sous le microscope.

En somme, la chlorose a pour résultat d'amener l'appauvrissement de tous les tissus de la plante en matières utiles à la vie des organes, et dès lors les cellules actives appauvries, mal constituées, souffrent et fonctionnent mal. La mort du cep peut en être la conséquence, s'il appartient à une vigne très sensible à cette affection (la plupart des Rupestris, le Vialla, les Cordifolia-Rupestris, etc.).

Une même variété de vigne n'est pas également sujette à la chlorose à tous les âges. Dans les terres où le sol et le sous-sol sont à fois très calcaires (terres crayeuses de Champagne et de groie des Charentes, de Maine-et-Loire, marnes blanches du miocène du Midi de la France, etc.), un pied de vigne commence à jaunir généralement l'année même de la plantation, en août, septembre ou octobre; jusqu'à ce moment il reste vert.

Au printemps suivant, ses premières pousses deviennent bientôt jaunes, et ce jaunissement est en quelque sorte la continuation de celui de l'année précédente; aussi s'accentue-t-il de plus en plus jusqu'en juin ou juillet. A partir de ce moment, les feuilles reverdissent; souvent, à la fin de l'automne, elles sont devenues complètement vertes. Puis, à la troisième année, la chlorose se montre un peu plus tard : les premières pousses sont vertes, et ce n'est qu'en mai ou juin qu'elles se chlorosent de nouveau, mais moins qu'à la deuxième année. Elles reverdissent également plus tôt, et il n'est pas rare de les voir totalement vertes dès le mois d'août ou au plus tard en septembre. Les années suivantes, la chlorose ne se montre que pendant peu de temps, presque toujours fin mai ou juin et justement pendant les années très pluvieuses; elle n'entraîne plus avec elle de conséquences graves pour la végétation de la vigne.

Ainsi, les choses se passent-elles toujours avec les vignes françaises et même, mais avec quelques différences, avec les vignes américaines les moins sensibles à la chlorose, telles que V. Berlandieri et hybrides franco-américains de Berlandieri, de Riparia, de Rupestris, etc...

A la deuxième année, la chlorose a pu être si intense sur certaines variétés, — et ce sont celles qui ont jauni le plus tôt la première année de la plantation — que le reverdissement ne se produit pas ou presque pas. Celles-là meurent à la troisième feuille, quelquefois même à la deuxième (Vialla, Noah, Rupestris-Cordifolia, Rupestris-Cinerea, etc.).

Enfin, certaines variétés ne jaunissent pas la première année, mais seulement à la deuxième année, et, dans ce cas, non pas dès le début de la végétation, mais plus tard, fin mai ou juin. Elles reverdissent aussi beaucoup plus tôt et plus complètement. (Les meilleures formes de V. Berlandieri et leurs hybrides avec le V. Vinifera.)

Dans les terres dont le sol est peu calcaire, tandis que le sous-sol l'est beaucoup, les mêmes phénomènes se produisent quelquefois, notamment dans les régions chaudes et sèches; mais ils sont retardés. La première et même la deuxième année, la chlorose peut ne pas se montrer, tant que les racines sont dans la couche supérieure peu calcaire; mais dès qu'elles vivent dans le sous-sol, elle se déclare et présente les phénomènes que nous avons décrits.

Telles sont les variations d'intensité que la chlorose peut présenter avec l'âge de la plantation et la nature des terrains; nous en donnerons plus loin l'explication.

Ces caractères sont propres à cette maladie; et si on les trouve sur des vignes mourantes du phylloxéra, du pourridié, etc., c'est toujours dans les terrains calcaires. Jamais une vigne saine ou malade ne jaunit dans les terrains argileux ou siliceux. C'est là un point bien acquis et qui nous permettra de préciser la cause exacte de la chlorose de la vigne.

Parfois cependant on observe dans des sols silico-argileux, notamment quand le printemps est froid et pluvieux, des ceps dont une partie du feuillage a pris une teinte plus ou moins jaune; des feuilles normalement développées présentent par endroits des plaques jaunes, qui peuvent même se décolorer complètement, et qui présentent une grande anologie avec celles des plantes à feuillage panaché. Les feuilles ainsi tachées paraissent s'accroître normalement ; elles ne se déssèchent en aucun point. Les tissus, même les plus palis, restent vivants ; ils reverdissent souvent en entier. Ce phénomène, n'est en somme qu'une « panachure », dont les causes ne sont pas connues.

Enfin, les vignes souffreteuses, dans n'importe quel terrain, ont souvent, quand le printemps est très pluvieux, une teinte d'un vert pâle, que les fumures et le retour du beau temps font disparaître.

b. **Causes de la chlorose**. — Les opinions qui ont été émises pour expliquer le jaunissement de la vigne et le rabougrissement, qui en est souvent la conséquence, sont nombreuses.

On a tour à tour attribué la chlorose à l'humidité, à la sécheresse ou à des alternatives de sécheresse et d'humidité, au climat, au manque de fer dans le sol, au défaut de coloration et par suite d'échauffement du sol, au greffage, à des « propriétés spéciales », au carbonate de chaux, etc., etc.

Chlorose et Humidité. — Nous avons précédemment démontré que l'humidité exagérée du sol avait une influence sur la végétation de la vigne. Peut-elle amener la chlorose ? Il suffit d'examiner les vignes plantées dans des terrains très humides, mais non calcaires, pour s'assurer qu'il n'en est rien. Dans les Charentes, les vignes du Pays-Bas, aux portes de Cognac, où l'eau séjourne pendant tout l'hiver et une bonne partie du printemps, au point que les cultures sont impossibles jusqu'au mois de juin, ces vignes, disons-nous, ne jaunissent jamais ; ou si, en certains points, quelques taches de chlorose se manifestent, c'est toujours au sommet de petits mamelons calcaires qui d'ailleurs s'égouttent bien, tout en n'étant jamais secs à l'excès. Il en est de même dans le Saumurois, où les vignes plantées sur les coteaux crétacés des rives de la Loire, toujours secs, sont fréquemment jaunes, tandis que celles de la plaine, qui est très humide, ne le deviennent jamais. En Bourgogne, les vignes des coteaux deviennent, en certains points, jaunes tous les ans; les vignobles de la plaine établis dans un sol silico-argileux, compact et retenant l'eau, sont toujours entièrement verts. Dans la Gironde, dans le Languedoc, etc..., de tels exemples sont fréquents.

Les vignes plantées sur les bords des cours d'eau, dans d'anciens marais mal desséchés (tels un certain nombre de vignobles établis sur les sables marins dans la Charente-Inférieure (Arvert, etc.), dans les Bouches-du-Rhône, la Loire-Inférieure), et où l'eau est souvent à $0^m,30$ ou $0^m,40$ de la surface, ne présentent jamais trace de chlorose.

D'ailleurs, l'un de nous a cultivé pendant toute une année des Riparias dans l'eau ordinaire; ils ont poussé des sarments de $0^m,60$ de long et un petit nombre de courtes racines. Aucun d'eux n'a jamais eu la moindre feuille jaune.

L'excès d'humidité seul n'a donc aucune action dans le jaunissement de la vigne. Et pourtant, dans certains terrains (terrains calcaires), c'est au printemps et après des pluies très fréquentes que la vigne jaunit le plus. Sans doute, l'eau agit ici; nous examinerons comment.

La sécheresse ne fait pas davantage jaunir la vigne; les expériences que nous avons faites sur ce sujet sont absolument décisives. Des vignes cultivées dans des pots ont été privées d'eau pendant plusieurs semaines, leurs feuilles se sont flétries, desséchées et séparées du sarment, mais n'ont jamais eu de chlorose. D'ailleurs, tout le monde a certainement eu l'occasion de voir, à cer-

taines époques de l'année, les vignes se flétrir après de
longues sécheresses. En 1890, 1891, et 1893 notamment,
les vignes de beaucoup de régions de la France, des Charentes, de la Bourgogne, des bords de la Méditerranée
et du Rhône, etc., ont assez souffert de la sécheresse
au point de perdre leurs feuilles; mais de chlorose,
point. Cependant, un climat très sec peut quelquefois
provoquer la chlorose, qui n'apparaîtrait pas sous un
climat plus frais et dans une même terre. Il en est peut-
être ainsi dans le midi de la France (Hérault, etc.). C'est
que dans ce cas, la sécheresse oblige les racines à vivre
plus profondément dans une couche de terre calcaire; mais seule, la sécheresse n'est point une cause de
chlorose; elle peut seulement l'aggraver comme dans
le cas que nous venons de citer. Le plus souvent elle
la diminue, on verra plus loin comment.

La sécheresse et l'humidité agissant alternativement
ne peuvent être sérieusement invoquées non plus. C'est
un peu le cas de beaucoup de plantations que d'être soumises à des alternatives de sécheresse et d'humidité,
sans que pour cela elles se chlorosent.

D'après cette hypothèse, les pluies, dans certains terrains, noieraient d'abord les racines qui, plus tard, seraient laissées complètement à sec. Nous avons fait des
recherches afin de nous rendre compte de ce qu'il pouvait y avoir de vrai dans cette hypothèse.

Des vignes cultivées longtemps dans des vases dont
la terre était gorgée d'eau, puis exposées brusquement à
une sécheresse intense, n'ont jamais jauni. Et, d'ailleurs,
les sols de la Champagne, des Charentes, de la Bourgogne, les îlots de terrains où les vignes poussent mal
dans l'Hérault, dans le Saint-Emilionnais, le Blayais, etc.,
ne sont pas de ceux qui se gorgent d'eau pour se dessécher brusquement ensuite. Après les pluies, même

les plus abondantes, on peut les travailler facilement, et, dans beaucoup d'entre eux, la vigne n'a jamais souffert de la sécheresse; et pourtant la chlorose y prend un développement intense.

Ce qui précède montre aussi, et sans qu'il soit nécessaire d'insister, que le défaut d'aération du sol, pas plus que l'humidité, ne peut faire jaunir la vigne.

Chlorose et Fer. — Ainsi que nous l'avons dit, la chlorose est caractérisée par la disparition de la chlorophylle des feuilles et de tous les organes herbacés. M. Sachs avait montré que le fer joue un rôle utile dans la formation de la chlorophylle. De là à conclure que sa disparition des tissus était due au manque de fer, il n'y avait qu'un pas. Les premiers travaux de M. B. Chauzit et ceux de M. Foëx montrent cependant que les terres où cette affection se déclare avec intensité contiennent souvent autant et même plus de fer que les terres où les vignes restent toujours vertes; les chiffres suivants en font foi :

	Quantité de fer p. 100
I. Terre de l'École d'agriculture de Montpellier où les vignes jaunissent..........................	2.740
II. Terre de l'École d'agriculture de Montpellier où les vignes ne jaunissent pas.....................	2.445
III. Terre de l'École d'agriculture de Montpellier où les vignes ne jaunissent pas.....................	2.000

En outre, les terres crayeuses des environs de Cognac, qui sont les plus réfractaires à la culture des vignes américaines, en contiennent souvent des doses assez grandes, tandis que, dans la même région, des terres où la chlorose ne se produit pas en contiennent moins.

Il est vrai que dans beaucoup de ces terres, le fer ne s'y trouve peut-être pas au même état d'oxydation et par suite d'assimilabilité. Mais il est d'observation courante

que les terres de *groies* des Charentes, de *grèves* de la
Bourgogne, et de beaucoup de points de l'Hérault, où les
vignes jaunissent, sont justement très colorées en rouge
par du sexquioxyde de fer qui est, dit-on, plus apte à
être assimilé sous cette forme. En outre, des terres très
siliceuses, presque entièrement blanches (terres sablon-
neuses du Bartonien, de l'Éocène du midi de la France
et de l'Éocène supérieure de la Charente-Inférieure), et
pauvres en fer assimilable, ne portent jamais de vignes
jaunes.

D'autre part, les travaux de M. A. Gautier ont montré
que le fer n'entre pas dans la composition de la chlorophylle. Faut-il conclure de tout cela que le fer, quel
que soit l'état sous lequel il se trouve dans le sol, ne
peut en rien arrêter la chlorose, et que son absence n'est
en aucune façon un obstacle à la bonne venue des vignes américaines?

Chlorose et Sels de fer. — Cependant, il est un fait
absolument indéniable, c'est l'efficacité très nette des
sels de fer sur le reverdissement de la vigne et de toutes
les plantes.

S'ils n'entrent pas dans la composition de la chlorophylle, ils en provoquent la formation. De nombreuses expériences le prouvent. Eusèbe Gris (1840) et plus
tard son fils, Arthur Gris (1850) ont nettement démontré
l'action du sulfate de fer mis au pied des plantes
chlorosées ou sur des feuilles pour provoquer leur verdissement. Ces faits, souvent contredits, ont été affirmés
d'une façon indiscutable dans ces dernières années.

M. Max. Tord, par exemple, a expérimenté, dans une
terre de groie près de Saint-Jean-d'Angely, sur dix parcelles contiguës et de composition identique, un grand
nombre de matières diverses : sulfate de fer en cristaux
déposé au pied du cep, ou entre les ceps, ou à la volée,

à la dose de 100 gr. par mètre carré; superphosphate et sulfate de potasse; sulfate de fer en dissolution dans l'eau à la dose de 100 et 120 gr. par 10 et 12 litres d'eau et par cep. L'application de ces matières a été faite en mars. Seul, le sulfate de fer employé en dissolution dans l'eau a donné des résultats très nets. Le carré de vigne traité offrait une absence totale de chlorose; les sarments avaient un développement normal « pendant que tous les autres carrés sans exception étaient d'un beau jaune plus ou moins orangé, comme le reste du vignoble ». Et M. Tord conclut ainsi : « Le sulfate de fer employé contre la chlorose est efficace, à la condition qu'il soit appliqué de bonne heure (fin février ou premiers jours de mars) et à raison de 100 à 130 gr. par souche, dissous dans 10 ou 12 litres d'eau.

« Le sulfate de fer employé en cristaux grossièrement concassés ou pulvérisés, seul ou associé aux éléments potassiques ou phosphatés, ne produit pas d'effet appréciable, du moins pendant la première année de son application.

« Le sulfate de potasse et le superphosphate employés en nature ne produisent aucun résultat apparent. »

M. Cazeaux-Cazalet et beaucoup d'autres viticulteurs ont obtenu les mêmes résultats.

Enfin, de notre côté, nous avons fait des expériences dont les résultats sont de tous points semblables aux précédents. Une vigne de Noah, cépage très sensible à la chlorose, plantée en terre crayeuse, a été traitée comme suit : un rang avec une solution de sulfate de fer de 300 gr. dans 10 litres d'eau versés au pied de chaque cep; un rang avec une solution de sulfate de fer de 150 gr. dans 10 litres d'eau et par cep; un rang avec 300 gr. par cep de sulfate de fer en cristaux; un rang non traité.

L'application a été faite en mai. Au bout de quelques

jours, les ceps qui avaient reçu 300 gr. de sulfate de fer en dissolution ont repris une teinte verte très marquée, qui s'est manifestée plus tard et d'une manière moins nette sur le rang traité à 150 gr. Le sulfate de fer en cristaux n'a pas produit d'effet appréciable; quant au rang témoin, il a continué à jaunir.

Toutes ces expériences prouvent bien que le sulfate de fer a une action très nette sur le reverdissement de la vigne, et d'autant plus marquée qu'il est appliqué à une dose plus forte.

En cristaux, il est bien moins efficace. Cependant, dans le midi de la France, on a obtenu de bons résultats, surtout après plusieurs années d'application, en l'employant sous cette forme, mais par grandes quantités; il en faut alors au moins 1 kilog et plus par cep, et encore n'obtient-on pas toujours une amélioration sensible.

Enfin, employé en aspersion sur les feuilles dans la proportion de 1 pour cent d'eau, le sulfate de fer amène aussi la disparition de la chlorose. Eusèbe Gris et Arthur Gris sont les premiers qui l'aient établi d'une façon précise. M. Narbonne a pu diminuer ainsi l'intensité de la chlorose d'un grand vignoble situé à Bize (Aude). Nous-mêmes avons vu reverdir des feuilles jaunes après les avoir traitées avec une solution à 1 % de sulfate de fer.

M. Gouirand a expérimenté récemment de nombreux sels de fer au point de vue de leur action contre la chlorose. Les essais ont été faits dans les terres crayeuses des Charentes, où cette affection est d'une gravité considérable, avec les corps suivants : sulfate, tartrate, malate, acétate, tannate, sucrate, carbonate de fer, en aspersion sur les feuilles. Les quatre premiers ont donné des résultats très nets, les trois derniers n'ont eu qu'une action très faible ou nulle.

La sulfate de fer a paru le plus actif.

Plusieurs horticulteurs et botanistes ont attribué ce reverdissement au fait que la feuille renferme du tannin, qui, en s'unissant au fer, forme du tannate de fer de couleur vert-noirâtre.

Cette explication n'est guère plausible; il suffit d'examiner au microscope une feuille traitée pour s'assurer que les choses ne se passent pas ainsi et que le reverdissement est dû à l'apparition de la chlorophylle. Arthur Gris l'a d'ailleurs montré depuis longtemps (*Ann. Scienc. nat.*, 1857, 4ᵐᵉ série, t. VII; p. 179), en suivant attentivement le développement et la multiplication des grains chlorophylliens et leur coloration (pl. V à X).

Mais comment agissent les sels de fer sur la chlorophylle?

Eusèbe Gris et Arthur Gris ont constaté, sur des plantes étiolées, le phénomène du développement et du verdissement des grains de chlorophylle sous l'action directe et intime du sulfate de fer, mais sans en donner d'explication. Sachs attribue la formation des nouveaux grains de chlorophylle au fer lui-même.

D'après M. Max Tord, le sulfate de fer versé en solution au pied des ceps transformerait en sulfate de chaux le carbonate de chaux dissous dans l'eau du sol chargée d'acide carbonique.

Cette explication est sans doute exacte en partie; car en arrosant des vignes chlorosées avec de l'acide sulfurique on paraît en avoir amené le reverdissement; mais il est aussi très probable que le sulfate de fer agit directement sur la plante après avoir été absorbé par les racines. Ce qui le montre c'est son action, et celle des sels de fer solubles sur les feuilles. Il est vrai que dans ce cas, leur efficacité peut être attribuée à leur acidité. Les feuilles chlorosées sont moins acides que les feuilles vertes ainsi que le montrent les chiffres suivants, dus à M. Gouirand :

	Acidité %..
Feuilles chlorosées en terrain calcaire. . . .	2,63
— vertes en terrain calcaire.	4,65
— vertes en terrain non calcaire.	5,73

M. Fremy a pu en effet amener le reverdissement de plantes étiolées en les entourant de vapeurs acides. Mais M. Gouirand en aspergeant les feuilles avec les acides dilués des sels de fer cités plus haut, n'a obtenu aucun résultat appréciable.

Quoi qu'il en soit, les effets de plusieurs composés du fer sont certains. Si l'on ne peut encore en donner une explication plausible, on peut du moins en tirer parti dans la pratique. De tous les sels de fer étudiés plus haut, le sulfate est, mais avec de faibles différences, le plus efficace. C'est aussi le plus répandu et le moins coûteux. C'est donc lui qui doit être préféré.

Il peut être employé de plusieurs manières. En cristaux finement moulus répandus au pied du cep, il ne donne plus de résultats aussi complets. Est-ce parce qu'il est décomposé à la surface par les calcaires non dissous avant qu'il ait pénétré jusqu'aux racines ? Quoi qu'il en soit, sous cette forme, il ne donne des résultats suffisants qu'autant qu'il est employé à haute dose (1 à 2 kilos par pied), et avant la fin des pluies de l'hiver. Plus tard son action est nulle, à moins que son application ne soit suivie d'un copieux arrosage.

C'est en solution qu'il est le plus efficace. La dose à employer est d'au moins 500 gr. par cep, dissous dans 10 litres d'eau ou de purin. Versée au pied du cep, en avril, cette solution a une action très durable, et qui peut dans beaucoup de cas assurer pendant tout l'été la bonne végétation des vignes traitées.

En aspersion sur les feuilles, les effets, sont plus immédiats. Huit ou dix jours après le traitement, les feuilles reverdissent. Mais l'action est purement locale, elle ne s'étend pas aux tissus qui n'ont pas été en contact direct avec le liquide; les nouvelles pousses n'en profitent que fort peu. Les aspersions doivent donc être répétées d'autant plus fréquemment que la chlorose est plus intense. Le titre de la solution doit être faible; à 1 %, il se produit quelquefois des brûlures; 8 grammes de sulfate de fer par litre d'eau est la dose la meilleure.

M. le docteur Resseguier a proposé, dans le même but, le badigeonnage des ceps avant la taille avec une solution de sulfate de fer de 40 à 50 %. Les résultats sont très satisfaisants, et ce procédé a été appliqué sur de grandes étendues dans les vignobles français. C'est quand le cep est à l'état de vie active que les effets du badigeonnage sont les meilleurs : à l'automne, avant la chute des feuilles; ils sont à peu près nuls au printemps, quand les pleurs trop abondants empêchent l'absorption de la solution ferreuse ou la rejettent à l'extérieur. On procède tout d'abord à la taille des souches, et aussitôt après on badigeonne avec soin *toutes* les plaies de taille, les coursons et longs bois conservés, les bras et le tronc, comme pour le traitement contre l'Anthracnose. Le procédé Resseguier assure la bonne venue des vignes américaines dans la plupart des terrains calcaires.

Tous ces traitements peuvent être appliqués simultanément aux mêmes ceps : leurs effets s'ajoutent, et il n'est pas douteux qu'on ne puisse ainsi, dans la généralité des cas, atténuer sensiblement la chlorose. Mais ces opérations deviennent coûteuses. Ce n'est que dans des cas spéciaux qu'on peut y avoir recours, c'est notamment pour traiter les vignes qui ne se chlorosent que par intervalles, ou encore pour assurer le développement normal de jeunes vignes qui jaunissent temporairement à la deuxième et à la troisième années de la plantation.

Chlorose, Lumière et Chaleur. — L'absence comme aussi l'excès de lumière peuvent amener la disparition de la chlorophylle. Boussingault et Arthur Gris ont, les premiers, indiqué ce phénomène. Il suffit de rappeler quelle teinte claire présentent les plantes élevées à l'obscurité, et aussi les organes trop éclairés. Mais, dans les vignobles, rien de semblable ne se produit.

La chlorose se manifeste avec tout autant d'intensité dans le midi de la France, où la lumière ne fait jamais défaut, que dans le Sud-Ouest ou le Centre, où le temps est plus fréquemment couvert et réciproquement. D'ailleurs chacun à pu voir des vignes contiguës également exposées aux rayons solaires, et recevant par suite la même quantité de lumière, les unes jaunes, les autres vertes.

La réverbération des rayons lumineux par la couleur blanche de la surface ne peut être invoquée ici, puisque les vignes jaunissent également dans les terres les plus *noires* (terres crayeuses des Charentes, du Saumurois, du Poitou, etc.) et les plus blanches (terres calcaires de la Dordogne, du Blayais, etc.).

M. G. Foëx, dans un remarquable mémoire sur les « Causes de la chlorose chez l'Herbemont », a montré que ce cépage jaunissait surtout dans les terres froides au printemps. *Les expériences qu'il a faites, les résultats qu'il a obtenus* et que nous avons été à même de constater, montrent bien que la plus ou moins grande facilité d'échauffement du sol peut aggraver ou atténuer la chlorose. M. Millardet et d'autres observateurs sont arrivés à des conclusions sensiblement identiques.

Nous ferons remarquer que les terres crayeuses citées

plus haut, ainsi que les terres rouges ou ocreusés de *groie*
des Charentes, de *grèves* de la Bourgogne, sont toutes
colorées en brun ou même en noir ou en rouge plus ou
moins foncé; elles sont légères, très perméables, et elles
s'échauffent facilement. Les premières notamment, pendant l'été, après quelques jours de soleil, sont brûlantes;
et c'est dans ces terres que les vignes jaunissent le plus.
Par contre, beaucoup de terres blanches, compactes et
froides, ne portent jamais de vignes jaunes.

Enfin, en mesurant la température de divers terrains,
les uns où les vignes jaunissent, les autres où elles demeurent constamment vertes, nous n'avons jamais trouvé
aucune différence. Il faut donc en conclure que la froideur du sol ne peut provoquer la chlorose. Cependant,
les expériences probantes de MM. Foëx et Millardet
établissent le contraire. Nous montrerons plus loin
comment un sol qui reste froid pendant longtemps
peut, dans certain cas, aggraver cette affection, et aussi
comment une pénurie de lumière qui est toujours liée à
l'intensité de la chaleur, peut agir dans le même sens.

Chlorose et Climat. — La non-réussite des vignes
américaines dans beaucoup de terrains, a été aussi attribuée au climat. Les vignes d'Amérique, dit-on, ne sont
pas encore acclimatées chez nous. Cette explication a-t-
elle la moindre valeur? D'abord, il peut paraître étrange
qu'une telle opinion ait pu être émise quand chacun a pu
voir côte à côte des parcelles de vignes jaunir, les autres
rester vertes. Et puis le climat d'Amérique est-il si différent que cela du nôtre? les mêmes plantes, les mêmes
cultures prospèrent dans les deux pays, et s'il y a une
différence, elle est bien plutôt en faveur du nôtre. En
Amérique, la température atteint souvent des extrêmes considérables (de — 30° à + 43°); les pluies tombent par périodes alternant avec des sécheresses très

longues et très intenses, au point que beaucoup de plantes ne peuvent atteindre leur complet développement....,
toutes conditions qui sont bien moins favorables à la
végétation de la vigne, et de toutes les plantes en général, que notre climat plutôt tempéré, où les pluies n'al-
ternent presque jamais avec de longues sécheresses et
dont les températures extrêmes sont plutôt rapprochées.

Les vignes américaines sont bien moins sensibles aux
froids que les vignes européennes. Dans la vallée du
Rhône, au-dessus de Lyon, la température s'est abaissée
en 1890 à — 30°; les vignes de pays de tout âge ont été
entièrement gelées; il a fallu les receper à quelques centimètres de terre. Les vignes américaines, au contraire,
ont bien résisté; elles n'ont pas souffert du froid; le Jacquez seul a eu quelques bourgeons gelés dans cette région, ainsi que dans le Midi.

Et par suite, sans être taxé d'exagération, on peut
dire que le climat de la France est plus favorable aux
vignes américaines que le climat de l'Amérique.

Il suffit d'ailleurs d'examiner ce qui se passe en France
pour se convaincre que plus le climat est doux, tempéré,
moins brûlant, plus il est favorable à la végétation de la
plupart des vignes américaines. Ainsi, dans le midi de
la France, on n'emploie guère comme porte-greffe que
le Riparia, le Rupestris. Tous les autres y poussent
mal : Vialla, Herbemont, York-Madeira, et sont absolument abandonnés. Or, dans les régions moins chaudes, telles que le Sud-Ouest, le Centre et l'Est, le Vialla,
l'Herbemont, le York-Madeira ont été longtemps cultivés
avec succès, soit comme porte-greffes, soit comme producteurs directs. Le Vialla est presque le porte-greffe
par excellence du Beaujolais, de même que pour
quelques terrains de la Bourgogne, des Charentes et de la
Gironde. L'Herbemont, qui pousse à peine dans le midi

de la France, a une très belle végétation dans les terrains similaires de la Gironde, des Charentes, etc. Ainsi en est-il également du York-Madeira, de l'Oporto, etc. C'est que, dans ces régions moins chaudes, ces cépages peuvent vivre plus à la surface du sol dans la couche de terre qui est la meilleure, ou, si l'on veut, qui leur est moins nuisible ; c'est aussi que le phylloxéra, dont il faut tenir compte dans l'adaptation d'un cépage au sol, fait moins de mal dans les régions fraîches ou froides que dans les régions chaudes. Si donc la reconstitution du vignoble s'est faite avec plein succès dans la région méditerranéenne, elle doit *à fortiori* bien mieux réussir dans les régions autres de la France, et c'est en effet ce qui a lieu.

Quelles autres causes n'a-t-on pas encore invoquées pour expliquer la chlorose ? Nous ne les examinerons point. Nous retiendrons seulement ceci : que l'humidité, la sécheresse ou les alternatives de sécheresse ou d'humidité, le manque de fer, le défaut ou l'excès de lumière, la froideur du sol, de même que l'absence de coloration de la surface, la compacité, l'aridité, le manque de principes fertilisants, le climat ou trop froid ou trop sec, ne sont, séparément ou combinés, en rien la cause de la chlorose.

Chlorose et Carbonate de chaux. — Enfin, on a attribué la chlorose à l'influence du carbonate de chaux contenu dans le sol. Ce qui est certain et absolument constant, c'est que cette maladie ne se déclare jamais que dans les sols calcaires, et elle est d'autant plus intense que la proportion de cet élément et plus élevée. Jamais, pour notre part, nous n'avons vu jaunir la vigne ailleurs que dans les sols calcaires, et cette observation s'étend à toutes les plantes : pêcher, aubépine, cognassier, poirier, etc. Une vigne peut être dans le plus mauvais état, rabougrie, atteinte de n'importe qu'elle maladie, dans une terre non calcaire elle ne jaunira jamais; sans doute, elle n'aura pas la teinte vert foncé d'une vigne très vigoureuse, mais ses feuilles ne présenteront jamais les caractères que nous avons décrits et qui sont propres à la chlorose. C'est là un point sur lequel nous insistons et qui limite bien les conditions dans lesquelles cette affection se produit toujours.

Quelques chiffres, dus à M. B. Chauzit, montreront bien la relation étroite, — de cause à effet —, qui existe entre le carbonate de chaux et la chlorose :

I. *Terres où les vignes américaines viennent bien et ne jaunissent jamais.*

Teneur en calcaire %

ı Terre de Vans (Ardèche)	5.930
2 Terre de Beauvoisin (Gard)	4.250
3 Terre de Lédenon (Gard)	3.670
4 Terre de Pezilla (Pyrénées-Orientales)	8.790
5 Terre de la Ciotat (Bouches-du-Rhône)	0.680
6 Terre de Pignan (Hérault)	7.200
7 Terre de St-Rambert-d'Albon (Drôme)	2.920
8 Terre de la Chauvillière (Charente-Inf.)	3.184
9 Sous-sol de la précédente	4.850
10 Terre de Tout-y-faut (Charente-Infér.)	2.125
11 Sous sol de la précédente	3.650
12 Terre du Chapitre (Charente-Infér.)	5.900

II. *Terres où les vignes américaines se chlorosent*

Teneur en calcaire %

ı Terre de Quissac (Gard)	59.720
2 Terre de Pujaut (Gard)	72.670
3 Terre de Villeveyrac (Hérault)	4.650
4 Terre de Verchant (Hérault)	35.250
5 Sous sol de la précédente	58.865
6 TerredeLeucate (Aude)	49.000

		Teneur en calcaire %
7	Terre de l'Aveyron	52.000
9	Terre de Chevillon (Char.-Inf.) (groie)	56.463
10	Terre des Écurolles —	44.675
11	Terre de Montis —	52.750
11	Terre de St-Jean-d'Angely (groie)	59.555
12	Sous-sol de la précédente	67.800
13	Terre de Julliac-le-Coq (Charente)	43.600
14	Sous-sol	68.558
15	Terre d'Anjeac (Champagne)	56.372
16	Sous-sol	75.350
17	Terre du Maine-Neuf (Grande-Champagne)	48.530
18	Sous-sol	75.765

Il est d'ailleurs très facile de se rendre compte que c'est bien le carbonate de chaux qui fait jaunir les vignes.

Il suffit, pour s'en convaincre, de déposer au pied des cépages sensibles à cette affection, de la marne ou de la craie, des débris de démolitions, des boues de ville empierrées avec des matériaux calcaires, etc.; et l'on peut, en opérant ainsi, obtenir à volonté tous les degrés de jaunissement.

Comment agit le carbonate de chaux? M. B. Chauzit, qui a publié sur ce sujet un très remarquable travail et un des plus complets, a émis l'idée qu'il agit en modifiant la structure physique ou mieux en communiquant au sol des propriétés spéciales.

Il est plus probable que le carbonate de chaux agit directement sur la plante; et il lui est. sans doute d'autant plus nuisible qu'il est absorbé en plus grande quantité, ou, ce qui revient au même, qu'il se présente sous une forme plus assimilable. Les fragments de calcaires durs, mis au pied d'une vigne, ne la font point jaunir, tandis que des fragments semblables, friables et, par suite, facilement attaquables tant par les eaux de pluie que par les gelées, etc., engendrent la chlorose. En faisant végéter des pieds de vigne dans l'eau de chaux, on fait aussi jaunir leurs feuilles, qui restent toujours vertes dans l'eau ordinaire.

L'action intime du carbonate de chaux dans les cellules n'a pas encore été suffisamment étudiée pour qu'on en puisse donner une explication précise. Précipite-t-il les acides organiques au fur et à mesure de leur formation? La diminution de l'acidité des feuilles jaunes et même de celles qui demeurent vertes dans les sols calcaires, le laisse supposer. Il en résulterait une gêne dans le fonctionnement des cellules, qui s'appauvrissent en matières azotées et hydrocarbonées. La chlorophylle disparaît d'abord, et il ne se forme plus de nouveaux grains chlorophylliens; partant, les matériaux absorbés par les racines ne sont plus élaborés par la matière verte disparue, ou le sont imparfaitement par une quantité insuffisante de matière verte mal développée.

Quoi qu'il en soit, et bien que cette question ne soit pas suffisamment élucidée, le carbonate de chaux est bien la vraie cause de la chlorose (1).

Les autres sels de chaux peuvent-ils amener l'apparition de la chlorose. Ils n'ont pas tous été étudiés à ce point de vue; d'ailleurs, dans la pratique on n'a guère à se préoccuper de la plupart d'entre eux. Le sulfate de chaux ou plâtre est seul assez répandu dans quelques vignobles. Il ne semble pas que ce corps puisse faire

(1) Parmi les terrains blancs, d'aspect extérieur identiques aux terrains crayeux, qui pourraient avoir peut-être une action comme cause de la chlorose, sont les terrains dolomitiques (à carbonate de magnésie) et les terrains gypseux (à sulfate de chaux).

Les vignes américaines ont été cultivées avec succès dans les terrains dolomitiques du Gard (bajocien, bathonien et infralias), et on a constaté que dans des terres qui renferment jusqu'à 42 p. 100 de carbonate de magnésie (MM. Chauzit, Jeanjean et Desjardins) les vignes américaines, même les Riparias, prospèrent.

jaunir la vigne. L'étude que M. Chauzit a faite de quelques vignobles à sol gypseux a établi que la chlorose ne se montre que quand le plâtre est associé à une dose de carbonate de chaux. L'un de nous a pu cultiver des vignes greffées dans des sols artificiels contenant 55 % de sulfate de chaux; la végétation se fait mal dans ces conditions; les ceps, après s'être développés normalement, restent faibles, et, quoique cette circonstance soit très favorable à l'apparition de la chlorose, ils sont toujours restés entièrement verts.

Mais de ce qui précède, il ne faut pas conclure que l'analyse donnera toujours la mesure des effets du carbonate de chaux sur la vigne. Son action peut être modifiée par diverses circonstances, augmentée ou diminuée d'une manière souvent très sensible. Elle est, d'abord, liée non seulement à la quantité de carbonate de chaux contenu dans le sol, mais encore à la répartition de ce corps par rapport aux autres éléments, sable, argile, etc.; et deux sols *également* calcaires peuvent présenter, à ce point de vue, des différences assez marquées. Si, dans l'un, le carbonate de chaux est disposé autour des grains de sable siliceux (grès calcaire, sable tertiaire des environs de Montpellier, etc.), la vigne jaunira beaucoup plus que dans un autre où il existerait en grains plus ou moins fins mélangés aux grains de silice ou enrobés d'argile. Dans le premier, malgré une haute teneur en silice, la racine est en contact immédiat avec le carbonate de chaux; dans le second, le contact n'existe plus qu'en certains points plus ou moins nombreux; et l'argile, dans quelques cas, en englobant les petits grains calcaires, les isole encore de la racine; elle les rend moins attaquables par l'eau chargée d'acide carbonique et en diminue ainsi la nocivité. L'influence améliioratrice de l'argile a été signalée par plusieurs observateurs, notamment par M. G. Cazeaux-Cazalet, puis par M. Chauzit. Il faut aussi tenir compte de l'état de division sous lequel se présente le carbonate de chaux dans le sol. En grains très fins, il offre une surface plus grande qu'en gros grains; en grains poreux tendres, comme la craie, il doit être plus nuisible qu'en grains compacts cristallisés.

Il s'ensuit que les différents états sous lesquels se présente le carbonate de chaux n'ont pas les mêmes propriétés. Certains calcaires sont très attaquables par les acides dilués, d'autres le sont moins. C'est ce que montre le tableau suivant que nous empruntons à MM. Houdaille et Sémichon. (Voir le tableau page suivante.)

D'autres causes viennent encore modifier l'action du carbonate de chaux sur la vigne. Tous les vignerons du midi de la France, du Saumurois, de la Bourgogne, de la Champagne, etc., ont remarqué que les vignes jaunissaient au printemps des années très humides et qu'elles restaient jaunes jusqu'au retour des grandes chaleurs. Depuis que nous étudions la chlorose dans les diverses régions de la France, nous avons toujours vu les mêmes phénomènes se reproduire : jaunisse intense pendant les printemps pluvieux, légère, au contraire, pendant les printemps secs, et qui, dans les deux cas, disparaît toujours en juillet-août. Avec les vignes américaines, il en est de même; mais comme la chlorose est en général plus intense, le reverdissement est aussi moins complet; quelquefois même, chez certaines variétés, il ne se produit pas. Ici donc la chlorose paraît liée à l'humidité, et cependant nous avons montré que l'humidité seule n'avait aucune action de ce genre.

Comment concilier ces deux faits en apparence contradictoires? Sans doute de la façon suivante : Ainsi que nous l'avons dit, le carbonate de chaux paraît d'au-

Vitesse d'attaque spécifique des calcaires.

DÉSIGNATION des ROCHES CALCAIRES.	Carbonate de chaux correspondant à CO2 dégagé par 100 parties de la roche.	Carbonate de chaux attaqué par seconde.	Surface totale des particules de 500 mill. de la roche.	Vitesse d'attaque spécifique.
Marne pliocène à rognons.	93.2	113	83.90	1.350
Craie blanche de Meudon.	99.0	94.4	76.92	1.227
Calcaire à miliolites.	99.0	53	60.14	0.843
Tuf quaternaire poreux.	94.1	74	83.90	0.882
Mollasse de Montpellier..	53.7	42.5	57.42	0.745
Calcaire lacustre inférieur	93	37.8	56.84	0.665
Calcaire néocomien jaune terreux (St-Jean-de-Cuculle).	93	42.5	80.69	0.525
Calcaire rouge de montagne (dévonien)	97	35.5	73.40	0.484
Calcaire carbonifère.	93.3	34.0	74.59	0.456
Dolomie caverneuse de St-Béat.. .	95	32.7	74.49	0.439
Calcaire dolomitique cristallin (Pic St-Loup).	103.2	32.7	74.70	0.437
Calcaire corallien (St-Georges).. .	95.9	37.8	85	0.435
Calcaire cipolin	93.3	31.0	76	0.407
Calcaire coquillier (coquilles tertiaires triturées).	97.5	42.5	103	0.407
Calcaire jurassique à A. polyplocus.	97	31	83.16	0.373
Calcaire lacustre supérieur.	98	48.5	102.05	0.370
Calcaire néocomien à serpules. . .	91.	32	89	0.360
Calcaire corallien rose (Lavalette).	95.9	28.3	82.5	0.342
Calcaire dévonien de Caunes.. . .	95	24.2	74.70	0.325
Calcaire noir de l'Ariège (terrains primaires).	92.5	21.3	74.83	0.285
Calcaire noir dévonien de Marignac.	92	21.3	76.87	0.277
Spath (calcaire cristallisé en rhomboèdres).	100	17.0	65	0.262
Calcaire oxfordien (St-Georges) . .	80	24.2	96.5	0.250
Calcaire bajocien à encrines	82.6	17.9	75.5	0.237
Calcaire bajocien à chailles	81.8	18.9	91	0.200
Calcaire néocomien (Lavalette) . .	92.5	20.0	102	0.148
Dolomie poreuse (Cargneule). . .	69.5	16.5	98.05	0.168
Aragonite (carbonate prismatique).	97	12.1	75	0.160
Calcaire bajocien à Cancelloficus.	62	7.95	76	0.104
Marbre altéré des Pyrénées (terrains primaires).	35.5	1.91	57.06	0.035
Calcaire bajocien dolomitique . . .	81	2.24	86	0.026
Calcaire noirâtre dolomitique (Pic St-Loup).	101.8	0.373	73.57	0.00508
Dolomie ferrugineuse de l'Ariège.	80	0.154	76.08	0.00202
Calcaire bajocien bitumineux. . .	94	0.100	78	0.00128
Calcaire dévonien (Lodève). . . .	77	0.060	65	0.00093

tant plus nuisible à la plante qu'il est dissous en plus grande quantité dans les eaux du sol. Les eaux de pluie, les infiltrations, toujours chargées d'acide carbonique, en sont l'agent de dissolution le plus actif, et plus elles seront abondantes, plus il y aura de carbonate de chaux, mis, en dissolution et sous forme de bicarbonate, à la disposition de la plante, et par suite plus la chlorose sera intense. En juin ou juillet, avec le retour des chaleurs, la quantité d'eau contenue dans le sol diminue; une grande quantité de carbonate de chaux redevient insoluble (1), et la chlorose disparaît.

Toutefois les manifestations de la chlorose ne paraissent pas directement liées à la teneur en humidité du sol évaluée en poids, comme il est d'usage de la déterminer dans les analyses physiques ou mécaniques du sol. C'est du moins ce qui résulte des recherches de MM. Houdaille et Mazade. C'est le rapport de la quantité d'eau contenue dans le sol au volume de l'espace vide qui existe entre les particules de terre qu'il importe de considérer, car il exprime plus exactement l'état de saturation du sol par les eaux pluviales.

On s'explique ainsi facilement les différences que peuvent présenter, dans leur verdeur, des vignes plantées dans des sols contenant la même dose calcaire et sous le même état. C'est évidemment là où, pour une cause quelconque, l'eau séjourne, que les vignes seront le plus jaunes. Et c'est pourquoi les fonds de vallées,

---

(1) Il est très facile de suivre la marche de la dissolution et de la précipitation du carbonate de chaux dans les terres crayeuses des Charentes. Ces terres, grises ou noires, présentent pendant la sécheresse, et à une certaine profondeur de nombreuses lignes sinueuses blanches, entrelacées en manière de réseau et qui sont des dépôts de carbonate de chaux pur formés dans les galeries creusées par les racines des plantes. Après de fortes pluies, toutes ces lignes blanches ont disparu, elles reparaissent avec les sécheresses.

dans les régions calcaires (Bourgogne, Charente, Aude, Hérault) et les endroits où les suintements de source (environs de Vichy) par exemple se produisent et qui paraissent à première vue très favorables aux vignes américaines, sont ceux qui leur conviennent le moins, tandis que les flancs des coteaux, qui s'égouttent bien et qui paraissent plus pauvres et plus calcaires, portent moins fréquemment des vignes chlorosées.

Cela explique aussi les bons effets du drainage, des défoncements et de toutes les opérations qui ont pour but d'enlever l'excès d'eau des terrains calcaires (1).

Cela nous permet d'interpréter les résultats obtenus par MM. G. Foëx et Millardet, et que nous avons mentionnés plus haut. C'est que, indépendamment des excellentes conditions que procure à l'accroissement des racines un milieu réchauffé, les terres qui s'échauffent facilement sont aussi en général les moins humides.

En définitive, les variations dans l'intensité de la chlorose, avec l'âge de la plante et la saison, ne tiennent pas à d'autres causes que celles que nous venons d'examiner.

Mais peut-on se rendre compte de la manière dont elles se produisent? Comment se fait-il que l'influence du calcaire sur le jeune plant ne se manifeste pas à l'extérieur dès le printemps de la première année de la plantation? C'est que, dès le début, le plant, bouture ou raciné, vit en grande partie aux dépens des matières accumulées dans les tissus, et ses cellules vivantes, encore

---

(1) Si l'on a attribué la chlorose à l'humidité et à la compacité du sol, c'est qu'on n'a pas su distinguer les terrains *argileux* des terrains *argilo-calcaires* ou *marneux*. Dans les premiers, ainsi que nous l'avons dit, jamais de chlorose; dans les seconds, chlorose due au calcaire dont l'effet est accru par l'eau contenue dans le sol.

presque normalement constituées, résistent plus longtemps à l'action persistante du carbonate de chaux. Mais
celui-ci finit par l'emporter et, en septembre, les feuilles
deviennent jaunes, et, fonctionnant mal, elles n'accumu-
lent dans les tissus de la tige ou de la racine qu'une faible quantité de matières de réserve. Au printemps suivant, le premier développement se fait avec l'aide de
cette petite quantité de matières de réserve : d'où, jaunisse encore peu intense, qui est comme la suite de celle
de l'année précédente. Le calcaire ayant à ce moment,
pour les raisons que nous avons fait connaître, une action très grande, le jaunissement s'accentue davantage.
Puis le beau temps, qui survient en juin ou juillet, la
disparition de l'humidité du sol, placent le plant dans
de meilleures conditions de végétation ; le reverdissement
se produit ; les feuilles, revenues dans des conditions
normales, assimilent et élaborent des matières de réserve. Au printemps de l'année suivante, les cellules
actives, bien constituées, grâce à ces réserves qui sont
plus considérables que l'année précédente, résistent plus
longtemps aux effets du carbonate de chaux. Aussi la
chlorose, à cette troisième année, est-elle moins intense
qu'à la seconde et de moins longue durée.

La nutrition se produit dès lors dans de meilleures
conditions et pendant plus longtemps ; aussi, à la quatrième année, et pour les mêmes raisons que nous venons de donner, la jaunisse est-elle encore moins marquée, si elle n'a pas complètement disparu.

Chlorose et Mildiou. — Il en résulte que toutes les
causes qui font obstacle au fonctionnement normal des
cellules entravent la formation et l'accumulation des
matières de réserve, et, du même coup, le développement ultérieur de la vigne. L'aggravation de la chlorose
en est la conséquence. Le mildiou, en faisant prématu-

rément tomber les feuilles, agit dans ce sens; et on l'a bien vu en 1883, 1885, 1886, années où la chlorose a eu une très grande intensité et le mildiou, non encore combattu par les sels de cuivre, une gravité exceptionnelle.

Chlorose et Phylloxéra. — Le phylloxéra agit de même. Par les lésions qu'il détermine sur les racines, il entrave la croissance de la vigne. Un affaiblissement très marqué en est bientôt la conséquence, et, dans ces conditions, elle est moins résistante aux effets du carbonate de chaux. Et chacun a pu voir les vignes phylloxérées fortement jaunir dans les terrains calcaires, jamais ailleurs, quelque temps avant de succomber. Le phylloxéra, en affaiblissant la vigne, la rend donc plus sensible au carbonate de chaux; leurs effets, d'ailleurs, s'ajoutent, et c'est un peu pour cela que la vigne résiste moins longtemps au phvlloxéra dans les terrains plus ou moins calcaires que dans les terrains argilo-siliceux.

Sur les vignes américaines non absolument résistantes, les mêmes phénomènes se produisent, mais ils sont atténués. La non-réussite de beaucoup de plantations faites avec des cépages américains doit être attribuée à l'action simultanée du phylloxéra et du sol; en un mot, le phylloxéra diminue les facultés d'adaptation au sol des cépages américains qui ne sont pas très résistants. Par suite, les cépages les moins résistants devront toujours être placés dans les sols qui leur seront le moins nuisibles.

Les lésions du ver blanc et de tous les parasites qui attaquent les racines ou la tige souterraine ont les mêmes conséquences.

Chlorose et Greffage. — Le greffage, amenant une diminution relative de la vigueur de la vigne (et nous en ferons connaître plus loin les raisons) en même temps que de sa résistance au phylloxéra, en provoque aussi le jaunissement. Chacun a pu le remarquer. Mais cet affaiblissement ne se produit jamais que lorsque les espèces ou variétés greffées sont différentes l'une de l'autre. Dans les terrains très calcaires, la Folle-Blanche greffée sur elle-même ne jaunit pas plus que franche de pied, tandis que greffée sur Riparia, Vialla, Solonis, Rupestris, etc., elle se rabougrit et meurt bientôt. De même les divers porte-greffes, Riparia, Rupestris, Solonis, Jacquez, etc., peuvent rester presque verts et se développer à peu près normalement tant qu'ils sont francs de pied ; greffés, ils ne tardent pas à succomber.

L'affaiblissement qui suit le greffage n'est donc pas la conséquence de l'opération de la greffe elle-même ; il provient seulement des différences internes ou externes, ou si l'on veut des différences vitales qui existent entre le greffon et le sujet, ou, par suite, du défaut d'*affinité* des variétés ou espèces greffées. Le bourrelet qui existe souvent au point de soudure n'est lui-même pour rien dans l'affaiblissement des vignes greffées, pas plus que la soudure. Sans doute, un plant mal soudé, étant placé dans des conditions de végétation défectueuses, jaunira plus qu'un plant bien soudé (les souches chlorotiques qui existent parfois disséminées de ci de là dans des vignobles très verdoyants, sont presque toujours des greffes mal soudées) ; mais la perfection de la soudure n'a pas, au point de vue de son action sur la verdeur de la vigne, toute l'importance qu'on lui a attribuée. Une soudure imparfaite peut être comparée à une plaie pratiquée sur le tronc ; elle a autant, mais pas plus d'importance.

Nous avons montré que c'est à la deuxième année de la plantation que les vignes sont le plus chlorotiques.

Or, c'est justement à ce moment que l'on fait les greffes sur place. L'état de souffrance qui provient du défaut d'adaptation au sol et qui est justement, à ce moment, à son maximum d'intensité, est encore accru par celui qui suit le greffage. Le greffage sur place est donc pratiqué dans les conditions les plus défectueuses à ce point de vue, c'est-à-dire lorsque le porte-greffe paraît souffrir le plus du calcaire. Cela n'a pas d'inconvénient très grand dans les terrains argilo-siliceux ; mais dans les terrains très calcaires, il n'en est pas de même. Il faudrait donc exécuter le greffage sur place lorsque le sujet souffre le moins de cette opération, c'est-à-dire à la troisième ou à la quatrième année, lorsqu'il a repris sa couleur verte normale. Ce procédé a été suivi en plusieurs points du Midi et des Charentes, et partout les résultats ont été très satisfaisants.

On peut atteindre le même but en greffant sur table avant la plantation à demeure. Un plant bien soudé et bien raciné en pépinière pourra jaunir une fois planté dans un terrain calcaire et même un peu plus que le porte-greffe franc de pied, mais moins que ce même porte-greffe greffé en place, car les troubles qui se manifestent aussitôt après le greffage n'existent presque pas ici, puisqu'ils ont dû se produire surtout lorsque le plant était en pépinière et, par cela même, dans des conditions telles qu'ils étaient très amoindris par la convenance parfaite du terrain au jeune plant.

C'est, d'ailleurs, ce que beaucoup de vignerons des Charentes, de la Gironde, de la Bourgogne, du Saumurois, etc., ont remarqué : les vignes reconstituées avec des plants greffés et soudés jaunissent moins que celles de même âge greffées en place.

Chlorose et Labours. — Tout le monde a remarqué que, dans certains terrains, les vignes jaunissent surtout

au printemps après un profond labour; l'on a pu voir
aussi, dans une même vigne, qu'une partie labourée jaunissait fortement, tandis qu'une autre partie non labourée
restait à peu près verte. Ce fait est très fréquent; il est
bien connu dans les Charentes, dans les Corbières et
l'Auvergne. Quelle en est la raison? C'est que les labours
donnés profondément, lorsque la vigne est déjà entrée
en végétation, ont pour conséquence la suppression des
radicelles de la couche supérieure du sol, partant, la
moins calcaire. Outre le tort que la mutilation d'une
partie de ses organes absorbants cause à la vigne, elle
l'oblige à vivre, pendant un certain temps, et justement
pendant la période où la chlorose a le plus de gravité,
avec ses racines situées profondément dans la partie la
plus calcaire du sol. Les labours très superficiels sont
donc indiqués pour les terrains de cette nature.

Nous avons montré que l'humidité, la compacité, l'a-
ridité et la froideur du sol, si elles ne constituent pas,
seules ou réunies, d'excellentes conditions au développement de la vigne, ne sont pas non plus un grand obstacle à sa culture; qu'elles ne sont pas la cause de la
chlorose; que la sécheresse, le manque de lumière, de
chaleur, le défaut de coloration de la surface, d'aération,
le greffage, le phylloxéra, etc., ne le sont pas davantage; que le carbonate de chaux seul fait jaunir les vignes, qu'elles soient américaines ou européennes, mais
que son action, qui est d'ailleurs d'autant plus accusée
qu'il est en plus grande quantité dans le sol et sous
la forme la plus assimilable, peut être encore augmentée par l'humidité, qui le dissout et le met ainsi à la
disposition de la plante, et par le greffage, le phylloxéra, les labours profonds; ou, au contraire, diminuée
par toutes les opérations qui enlèvent l'eau du sol, par

les sels de fer, etc. Nous montrerons, à propos de la culture, quelles conséquences importantes découlent des considérations qui précèdent.

DEUXIÈME PARTIE

CÉPAGES

Nous n'avons pas l'intention de faire ici une monographie complète de tous les cépages ; nous voulons seulement développer pour chacun d'eux ce que nous avons établi dans la première partie de cet ouvrage, et les étudier, par suite, aux divers points de vue de leurs propriétés culturales, en insistant plus spécialement sur leurs qualités d'adaptation, de résistance au phylloxéra et sur leur valeur respective pour la reconstitution suivant les milieux.

Tous les cépages dérivent d'une seule ou de plusieurs espèces. Celles-ci ont des caractères primordiaux qui se transmettent, à un degré plus ou moins accusé, à leurs descendants. Nous examinerons d'abord avec détails quelles sont les propriétés des diverses espèces de vignes, afin d'en déduire la valeur culturale de leurs variétés ou hybrides.

Nous étudierons dans ce but : 1º les Espèces de vignes américaines ; 2º les Espèces de vignes asiatiques ;

3º le V. Vinifera, duquel sont dérivées toutes nos vignes européennes ; 4º les Hybrides entre vignes américaines (américo-américains) et 5º les Hybrides de vignes américaines et de V. Vinifera (franco-américains).

Nous ne ferons qu'indiquer succinctement les caractéres ampélographiques des espèces ou des hybrides, pour pouvoir classer et distinguer les formes qui ont une valeur culturale supérieure. Cette question de la sélection des formes dans chaque espèce ou dans chaque hybride a une importance pratique très grande ; leur distinction est difficile, car elle ne repose que sur des caractères peu tranchés ; mais il est nécessaire de l'établir. On sait, par exemple, combien sont variées les formes de Rupestris, de Riparia, de Berlandieri ; parmi elles, beaucoup n'ont aucune valeur ; il est donc utile de pouvoir reconnaître celles qui doivent être préférées pour la reconstitution des vignobles.

I. — ESPÈCES DE VIGNES AMÉRICAINES

L'Amérique est la partie du Monde qui possède le plus grand nombre d'espèces de vignes ; les nombreux individus qui en dérivent sont disséminés dans tous les milieux et toutes les situations. On compte au moins dix-huit espèces de vignes américaines, tandis qu'une seule espèce existe en Europe et onze en Asie. Seules, les espèces du Nouveau-Monde ont une résistance plus ou moins grande au phylloxéra, et cette résistance est probablement le résultat d'une sélection naturelle déterminée par l'action même du parasite, ce qui est par suite une garantie du maintien de la résistance acquise par chacune d'elles.

Parmi les dix-huit espèces de vignes américaines, il n'en est qu'un petit nombre qui ait une
valeur culturale pour nos vignobles. Il n'est pas
inutile cependant de les connaître toutes, car certaines espèces sans valeur in-
trinsèque ont donné, directement ou
indirectement par hybridation, naissance à des cépages qui ont ou ont eu
quelque réputation. Nous étudierons
les espèces de vignes américaines dans
l'ordre suivant, qui est celui sous lequel
on peut les grouper au point de vue
botanique.

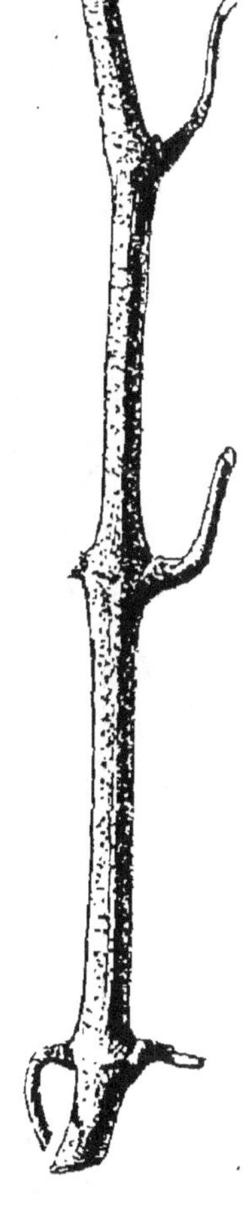

Fig. 1. Jeune rameau de V. Rotundifolia.

Section I. **Muscadinia** Planchon.
    V. Rotundifolia *Michaux*.
    V. Munsoniana *Simpson*.
Section II. **Euvitis** Planchon
  Série 1. LABRUSCÆ.
    V. Labrusca *Linné*.
  Série 2. LABRUSCOIDEÆ.
    V. Californica *Bentham*.
    V. Caribæa *de Candolle*.
    V. Coriacea *Schuttleworth*.
    V. Candicans *Engelmann*.
  Série 3. ÆSTIVALES.
    V. Lincecumii *Buckley*.

    V. Bicolor *Leconte*.
    V. Æstivalis *Michaux*.
  Série 4. CINERASCENTES.
    V. Berlandieri *Planchon*.
    V. Cordifolia *Michaux*.
    V. Cinerea *Engelmann*.
  Série 5. RUPESTRES.
    V. Rupestris *Scheele*.
    V. Monticola *Buckley*.
    V. Arizonica *Engelmann*.
  Série 6. RIPARIÆ.
    V. Riparia *Michaux*.
    V. Rubra *Michaux*.

V. ROTUNDIFOLIA

a. **Description**. — Souche très vigoureuse,
à port étalé, tronc très fort, rameaux (fig. 1) à
écorce parsemée de lenticelles, sans diaphragmes, d'un gris foncé et luisants; vrilles simples,
discontinues. — Feuilles (fig. 2) petites, pentagonales, entières, épaisses, parcheminées, tablier
nul, dents en deux séries, larges, à direction obli-

que; vertes, vernissées et glabres sur les deux faces, le
revers plus clair. — Grappe composée de
quelques grains, à maturité successive,
gros, sphériques, d'un brun-jaunâ-
tre, à peau épaisse et pulpe charnue.
— Graines (fig. 3) grosses,
allongées, aplaties; chalaze
et raphé nuls; dépression

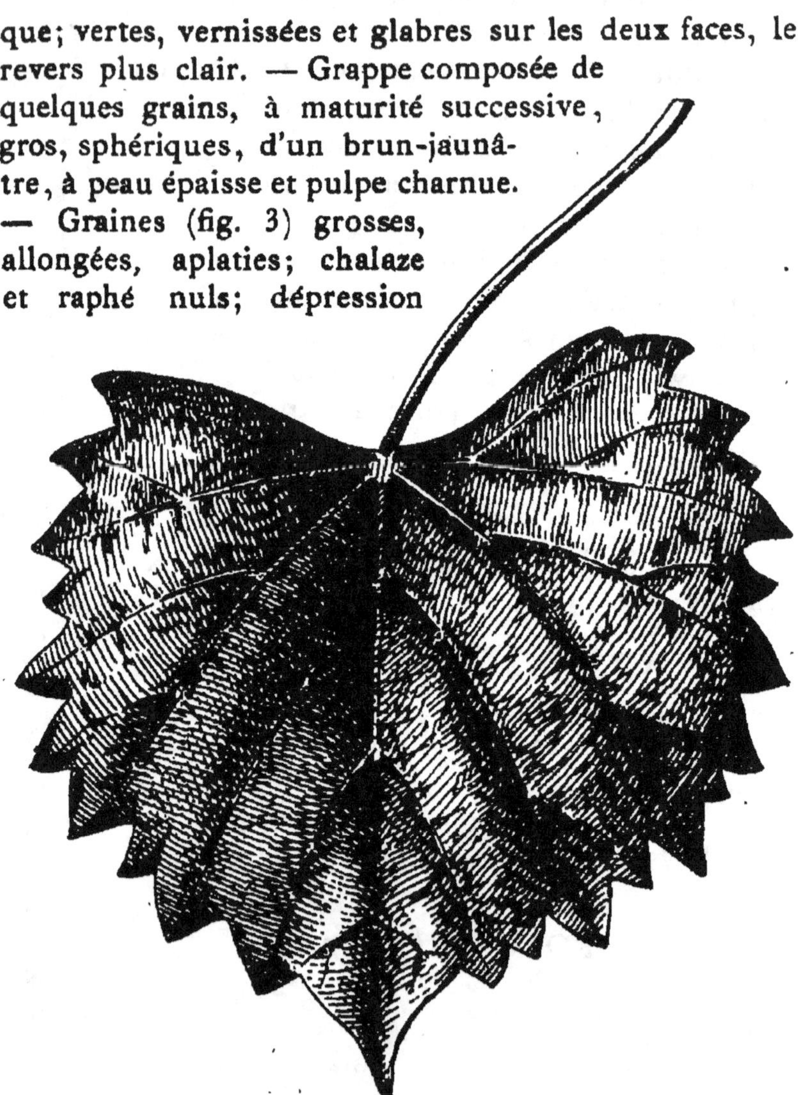

FIG. 2. — FEUILLE DE V. ROTUNDIFOLIA.

chalazique entourée de stries radiantes et de deux sillons
longitudinaux. — Racines grêles.

b. **Variétés.** — Les variations du V. Rotundifolia à
l'état sauvage sont peu nombreuses; elles résident surtout dans la coloration des fruits qui sont noirs, blancs
ou rosés, ou dans l'intensité de teinte du
feuillage. Les variétés obtenues par semis
en Amérique,·telles les *Scuppernong, Tho-
mas, Tender pulp, Mish, Flowers,* ont les
mêmes propriétés d'adaptation et la même
valeur culturale que l'espèce pure.

Fig. 3.
Graine
de V. Rotun-
difolia.

On a essayé l'hybridation du V. Rotundifolia avec les cépages européens, et,. malgré
les différences botaniques très accusées qui
existent entre cette espèce et nos vignes indigènes, l'on
paraît avoir obtenu quelques formes curieuses.

c. **Adaptation et Culture.** — Le V. Rotundifolia
est limité, en Amérique, aux États du Sud qui bordent
l'Atlantique, depuis la Floride jusqu'à la Virginie et au
centre du Texas. Il habite des sols siliceux et profonds,
très riches et humides. Les fortes chaleurs en même
temps que l'humidité du sol et de l'atmosphère sont nécessaires à son développement; on ne l'observe que dans
les alluvions riches et sableuses du bord des fleuves, où
il acquiert une végétation remarquable. Les troncs qui
mesurent 1 mètre et $1^m,60$ de circonférence à l'état sauvage ne sont pas rares.

Le V. Rotundifolia réussit très mal en France, excepté
dans les terres meubles, fraîches, profondes et fertiles
du midi de la France, et, même dans ces milieux, il n'a
qu'un développement relativement faible et ne donne
presque pas de fruits. Dans les terres peu fertiles ou dans
les sols calcaires, il disparaît très rapidement. Le phylloxéra n'a cependant aucune action sur lui; on n'observe
pas l'insecte sur ses racines, aussi bien en France qu'en

Amérique; sa résistance peut par suite être exprimée par la note 19,5. Les maladies cryptogamiques (oïdium, mildiou, black rot) sont rares et sans action sur ses feuilles et sur ses fruits; ses racines ne craignent pas les eaux stagnantes, les eaux saumâtres, ni le pourridié.

FIG. 4. PÉPIN DE V. MUNSONIANA.

Cette espèce reprend très difficilement de bouture. On cite comme des exceptions la réussite de quelques greffes de nos vignes indigènes avec elle, ce qui se conçoit à cause des différences morphologiques et physiologiques qui les séparent et qui rapprochent le V. Rotundifolia des Ampelopsis.

Par suite de son adaptation aux terres siliceuses, fraîches, profondes et riches, de la nécessité d'un climat chaud et humide, de la difficulté du bouturage, du peu d'affinité qu'il a au greffage avec nos vignes européennes et de sa faible productivité, le V. Rotundifolia est une espèce sans valeur pour la reconstitution de nos vignobles; il en est de même pour les formes qui en dérivent.

V. MUNSONIANA

Le V. Munsoniana est une espèce nouvelle qui n'a été introduite qu'en 1887 en France, où elle réussit encore moins que le V. Rotundifolia. Elle est originaire des comtés marécageux, à climat tropical et à terres siliceuses très fertiles, de la Floride.

Les quelques pieds qui ont été plantés, en 1888, à l'École d'agriculture de Montpellier, sont morts deux ans après. Cette espèce appartient au même groupe botanique que le V. Rotundifolia, dont elle se distingue

surtout par sa vé-
gétation générale
plus grêle, par ses
grappes compo-
sées d'un assez
grand nombre de
grains qui sont pe-
tits au lieu d'être
gros, par ses pé-
pins (fig. 4) très
petits ; les dents
du Munsoniana
sont droites et non
convexes sur les
bords et sont nor-
males au limbe au
lieu d'être dispo-
sées obliquement.

V. LABRUSCA

a. **Descrip-
tion**. — Souche
vigoureuse, à port
rampant, tronc
fort, sarments ru-
gueux, à poils
gros et nombreux;
vrilles continues,
à chaque feuille
est opposée une
vrille (fig. 5) con-
trairement à ce

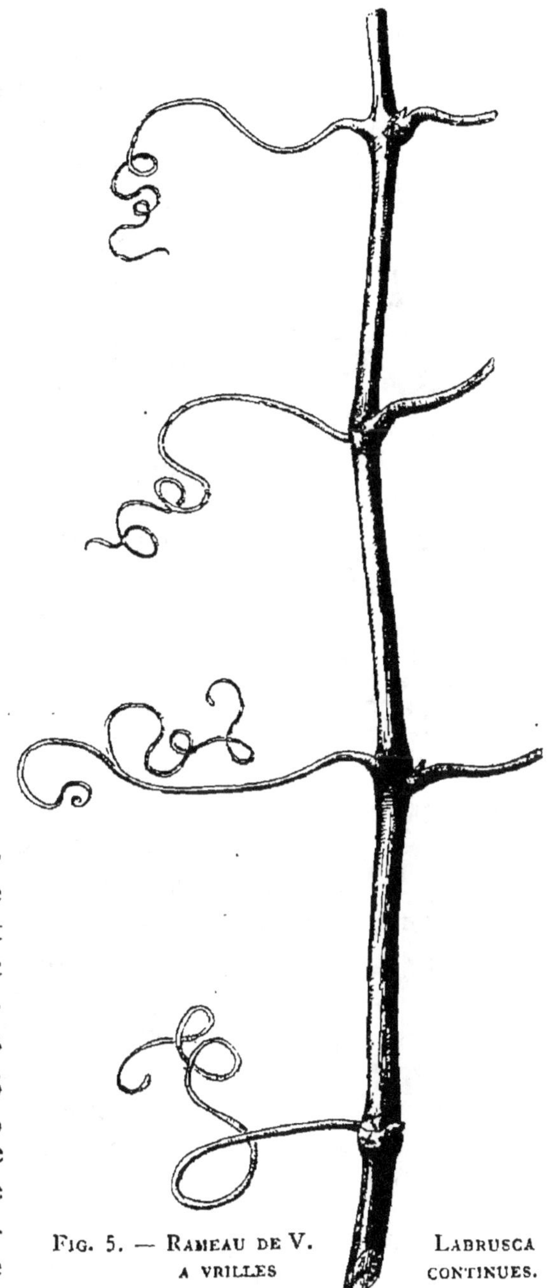

FIG. 5. — RAMEAU DE V. LABRUSCA
A VRILLES CONTINUES.

qui a lieu pour toutes les autres espèces dont les vrilles sont intermittentes discontinues (fig. 6). — Feuilles (fig. 7) grandes, orbiculaires, entières, bullées; sinus pétiolaire profond; face supérieure d'un vert gai, un peu luisante; face inférieure garnie d'un tomentum feutré blanchâtre ou jaune doré, inséré sur le limbe. — Grappe moyenne, à grains surmoyens, d'un noir violacé, à chair pulpeuse, d'une saveur très foxée. — Graines (fig. 8) grosses, ramassées, à bec court, chalaze et raphé nuls, remplacés par une dépression circulaire très marquée. — Racines grosses et charnues.

b. **Variétés.** — Les formes sauvages du V. Labrusca sont assez variées; mais, vu leur peu d'intérêt cultural, nous ne nous y arrêterons pas; notons, cependant, que certaines d'entre elles ont de grandes analogies botaniques avec les espèces de vignes asiatiques.

Les formes cultivées du V. Labrusca, issues des types sauvages, sont nombreuses; nous citerons parmi elles : le *Con-*

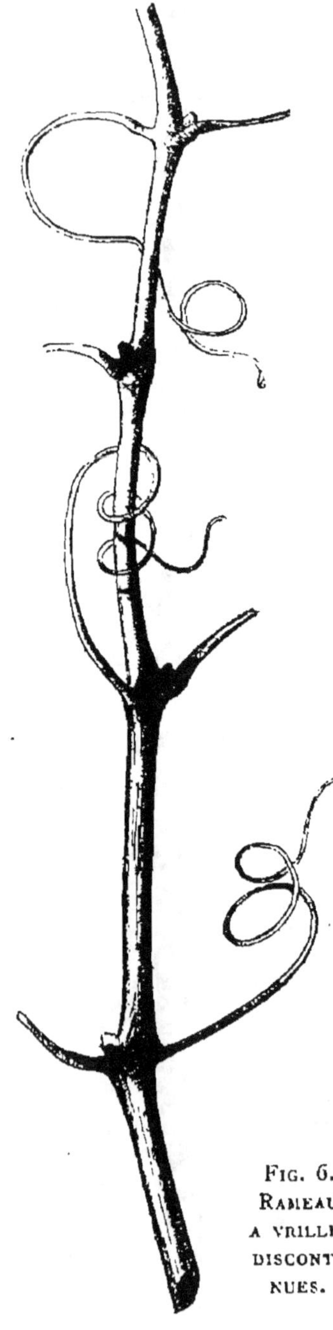

FIG. 6.
RAMEAU
A VRILLES
DISCONTI-
NUES.

cord et les semis qui en résultent : *Early Victor, Martha, Moore's Early, Niagara, Pocklington, Black Hawk; Cottage, Lady, Ma son Seedling*, puis l'*Isabelle*, la vigne américaine la plus anciennement

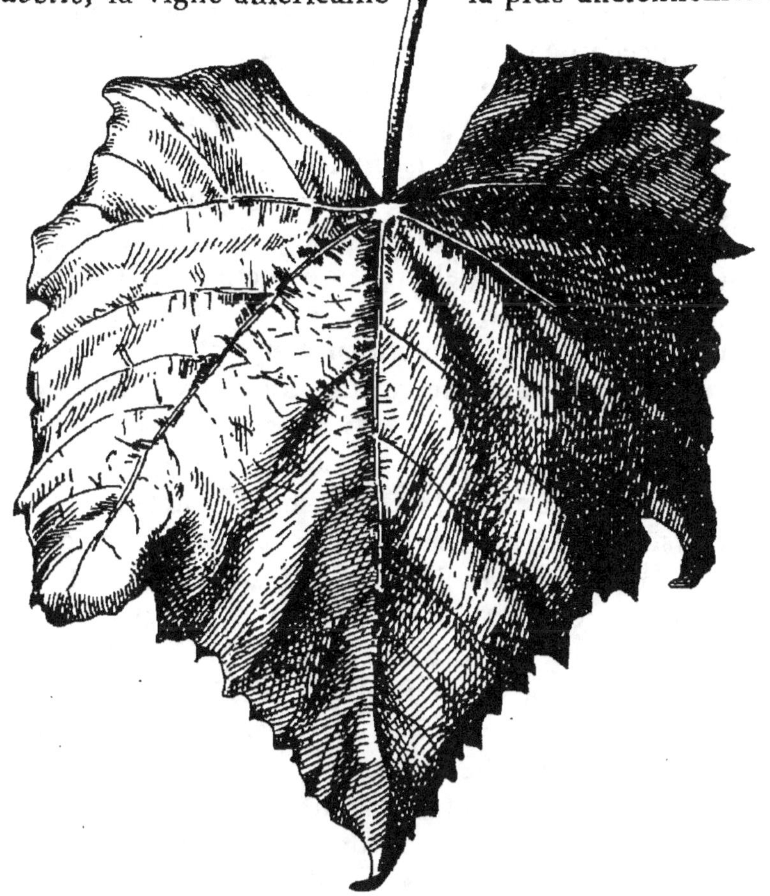

FIG. 7. — FEUILLE DE V. LABRUSCA.

introduite en France, et ses semis : *Printiss, Israella, Eureka, Union Village*, et encore : *Hartford Prolific* et *Ives Seedling*, qui en est un semis, *Belvidère, Alexander, Arrot, Maxatawney, North Carolina,*

Northern Muscadine, Perkins, Rebecca, Rentz, Télegraph, Venango, Vergeness, etc.

Les caractères botaniques et culturaux du V. Labrusca se transmettent en général, d'une façon très accentuée, aux cépages qui en dérivent. Ils ont tous des fruits gros, à chair très pulpeuse, à goût très foxé; en outre, leur résistance au phylloxéra est très inférieure, comme celle des types sauvages de l'espèce. Nous verrons leur faculté d'adaptation; mais, à cause des deux défauts essentiels que nous venons de signaler, les nombreux cépages créés par semis du V. Labrusca, ou ceux qui pourraient l'être plus tard, n'ont et n'auront jamais aucune valeur pour les vignobles européens.

FIG. 8.
GRAINE
DE V. LA-
BRUSCA.

c. **Adaptation et Culture.** — Le V. Labrusca, — et ses diverses variétés, — est l'espèce de vigne américaine la plus sensible au phylloxéra; sa résistance peut être exprimée par le chiffre 5, le maximum de résistance ou indemnité absolue étant 20. Et cependant, lorsque les terrains ne sont pas crayeux et que le milieu est très favorable au développement de cette espèce, sa résistance est suffisante pour que sa vigueur se maintienne, surtout dans les régions relativement froides où l'insecte a moins d'action. L'adaptation devient d'autant plus difficile que le climat est plus chaud et plus sec, et que le phylloxéra a une plus grande puissance de développement. Ces faits démontrent ce que nous avons dit dans la première partie de ce travail et sont corroborés par ce qui se passe en Amérique aussi bien qu'en France.

Le V. Labrusca est particulier aux régions froides de l'Amérique du Nord. Rare dans le Sud-est du Canada, il ne commence à être fréquent que dans les bois de la

Nouvelle-Angleterre, mais il est surtout abondant, comme plante sauvage ou cultivée, dans les États de l'Est, sur les bords de l'Atlantique.

Le V. Labrusca non seulement n'est vigoureux, mais il n'existe que dans des sols bien spéciaux, surtout lorsqu'il est cultivé dans des régions chaudes comme la Virginie, le Missouri et le Texas. Les terrains où cette espèce croît naturellement et ceux où l'on cultive ses variétés sont sableux, ou rouges et siliceux, résultant souvent de la décomposition de roches granitiques. Ainsi, les terrains du New-Jersey, ceux des îles des environs de New-York, sont constitués par des sables fins, très profonds, fertiles et frais; ceux du Maryland sont des sables rouges, fins et très humides. Dans la Virginie, la Pensylvanie, etc., cette espèce est limitée dans des terres granitiques, très riches, et seulement dans les endroits qui sont frais et humides. Dans tous ces milieux, le V. Labrusca est très vigoureux, quoique le phylloxéra produise des sinuosités et des tubérosités sur ses racines.

Les mêmes faits ont été notés en France et en Europe. C'est exclusivement dans les alluvions sableuses, très fertiles, profondes et fraîches que le Concord et l'Isabelle se sont montrés vigoureux et résistants; c'est dans quelques terrains rouges siliceux et riches du diluvium alpin que le Concord a maintenu sa vigueur, de même que dans les terrains partiellement submergés et non calcaires des régions du Nord, c'est-à-dire dans des milieux où le phylloxéra est d'une gravité moindre.

Lorsque le V. Labrusca et ses variétés se trouvent naturellement cultivés dans des sols autres que les sols sableux, granitiques, argilo-siliceux ou d'alluvion, ils dépérissent sous l'action de l'insecte, aussi bien en Amérique qu'en France ; à cause de ses grosses racines, cette espèce prospère dans les terrains compactes, mais très fertiles et frais. En outre, dans les sols calcaires et crayeux, les formes du V. Labrusca sont rapidement chlorosées et disparaissent plus vite même que les vignes françaises par suite de l'action combinée du sol et de l'insecte.

Ces faits ont été notés, dès le début de la reconstitution par les vignes américaines, dans le midi de la France (calcaires et marnes jaunes de la Molasse) et dans les Charentes (calcaires du Crétacé). Il en est de même en Amérique. Dans les terrains jaunes et marneux des environs des grands lacs (Sandusky), les Labrusca se chlorosent et meurent rapidement. Dans le Sud, dans le Texas par exemple, où le phylloxéra a encore plus de prise sur les plantes chlorosées par les sols calcaires, la culture des Labrusca est impossible dans les terres noires, parfois très riches, profondes et compactes, mais calcaires, qui surmontent les craies du sous-sol. L'on est obligé, pour maintenir les variétés du V. Labrusca dans les terrains les plus fertiles, de provigner chaque année, comme dans la Champagne, les bois de l'année précédente. Le maintien des variétés du Labrusca peut être dû, dans ce cas, à ce que la couche superficielle est peu calcaire et que le provignage développe des racines jeunes qui restent surtout, au moins pendant un certain temps, dans la couche peu calcaire, et aussi à ce que les racines jeunes remplacent celles détruites par le phylloxéra. Dans les sols peu calcaires, compacts et riches, on greffe ces variétés sur Taylor. Nous verrons que ces propriétés d'adaptation et de résistance se transmettent aux hybrides qui sont originaires de l'espèce et que ceux-ci sont, par suite, très sensibles à la chlorose et au phylloxéra.

Le V. Labrusca n'a donc en lui-même aucune valeur pour la reconstitution des vignobles d'Europe. Il reprend cependant très bien de bouture, comme toutes les espèces du Nord, et s'allie très bien au greffage avec les vignes françaises; il est résistant à l'oïdium et au mildiou, mais ses fruits sont très sensibles au black rot, et ses racines au pourridié.

V. CALIFORNICA

a. **Description**. — Souche très vigoureuse, à tronc très fort, à port grimpant; bois de l'année d'un brun-grisâtre assez foncé; vrilles discontinues. — Feuilles (fig. 9) grandes, entières, orbiculaires, aussi larges que longues; sinus pétiolaire largement ouvert; limbe mince, d'un vert gai à la face supérieure, d'un vert-blanchâtre et tomenteux sur le revers; dents aiguës, en deux séries. — Grappe allongée, petite, à grains petits, sphériques, d'un noir violacé foncé, francs de goût. — Graines (fig. 10) petites, renflées; bec rudimentaire, chalaze ovale brusquement coupée au niveau du raphé qui manque. — Racines assez grosses.

b. **Variétés**. — Les variations de forme du V. Californica sont excessivement nombreuses; certaines ont même des caractères très tranchés, telles celles qui poussent dans les sables desséchés du sud de la Californie, auxquelles M. T.-V. Munson a attribué la valeur d'une espèce et qu'il a dénommées *V. Girdiana*. Ces formes ont souvent les feuilles lobées, non dentées, et à poils courts très nombreux à la face inférieure. On trouve aussi des variations éloignées du type dans un autre sens, telles les formes à feuilles très grandes, minces, entières, à dents aiguës, très peu tomenteuses; ce sont les plus vigoureuses. Ce qu'il y a de bien particulier, c'est que ces variations morphologiques sont presque en rapport avec la nature et la fertilité du sol; comme elles ne présentent aucun intérêt pour la reconstitution de nos vignobles, nous ne nous y arrêterons pas davantage.

c. **Adaptation et Culture**. — Le V. Californica est limité à la Californie et au sud

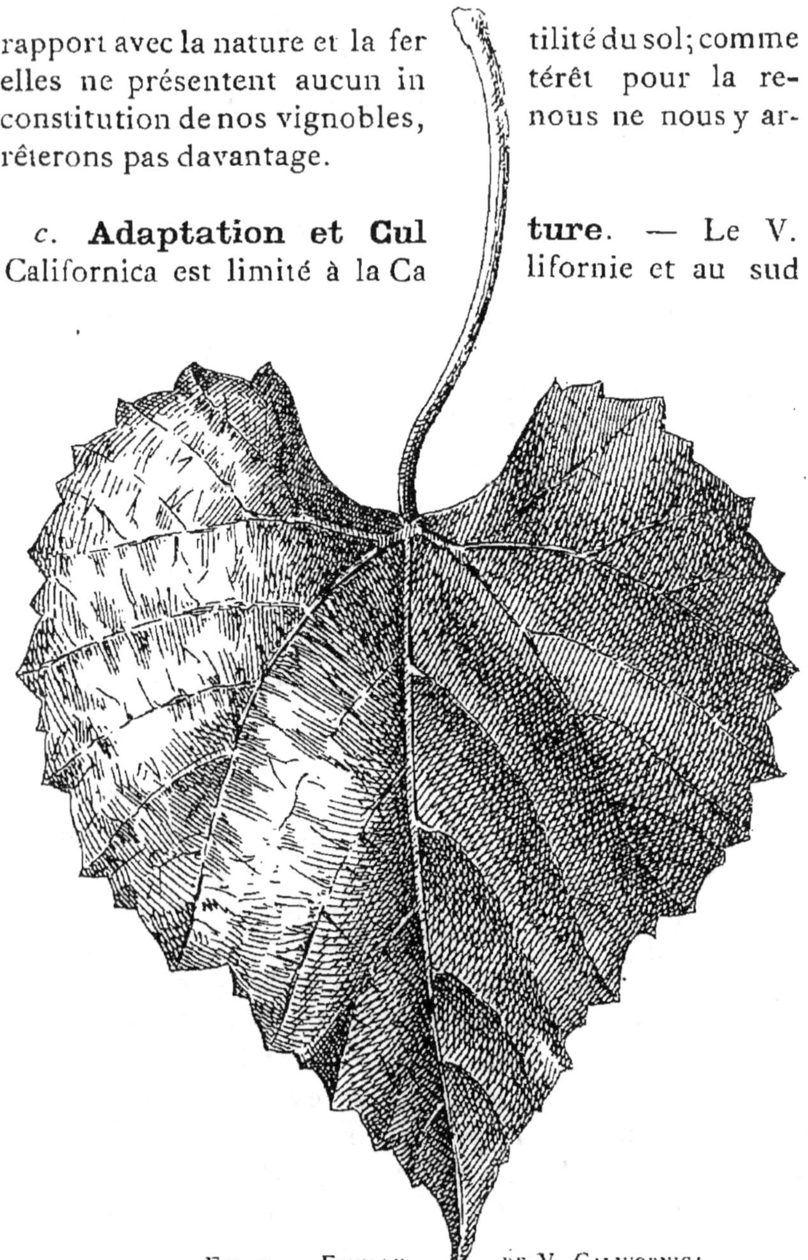

FIG. 9. — FEUILLE DE V. CALIFORNICA.

de l'Orégon; c'est une des plus belles vignes des

États-Unis comme vigueur et végétation. Mais elle n'atteint des proportions remarquables de développement que sur les rives des fleuves, dans des alluvions brunâtres, meubles très profondes et fraîches, ou dans des terrains caillouteux, mais à cailloux feldspathiques, granitiques, ou siliceux. Les formes à feuilles épaisses, découpées et tomenteuses (groupe des Girdiana), habitent des sols siliceux, souvent de sables purs, secs et peu fertiles.

FIG. 10.
GRAINE
DE V. CALIFORNICA.

Dans le nord de la Californie (point spéciaux des comtés de Napa et de Sonoma), on observe parfois le V. Californica dans des terrains calcaires et dans des marnes rougeâtres ou noirâtres assez calcaires. Dans ces milieux, les pieds sauvages de l'espèce se chlorosent rapidement. Les Californiens, qui avaient essayé de la cultiver comme porte-greffe, ont dû la limiter dans les alluvions sableuses, riches et fraîches; cette espèce est, en effet, presque aussi sensible à la chlorose que le V. Labrusca. Dans les terres crayeuses de la Charente, elle a rapidement jauni. Elle est, en outre, d'une résistance au phylloxéra à peine égale à cette dernière et même inférieure; on peut exprimer sa résistance par la note 4.

C'est à cause de cette faible résistance qu'elle n'a jamais été cultivée en Europe, où elle existe seulement dans les collections. Elle reprend bien de bouture et s'allie très bien au greffage avec nos vignes indigènes; mais ses feuilles sont très sensibles à toutes les maladies cryptogamiques.

V. CARIBÆA

Cette espèce est sans intérêt pour nous; elle habite l'Amérique tropicale et surtout les Antilles, la région chaude du Mexique..... Importée en France à plusieurs reprises et cultivée dans les collections, elle n'a pu se maintenir et a rapidement disparu, certainement à cause du climat. Sa valeur comme adaptation et

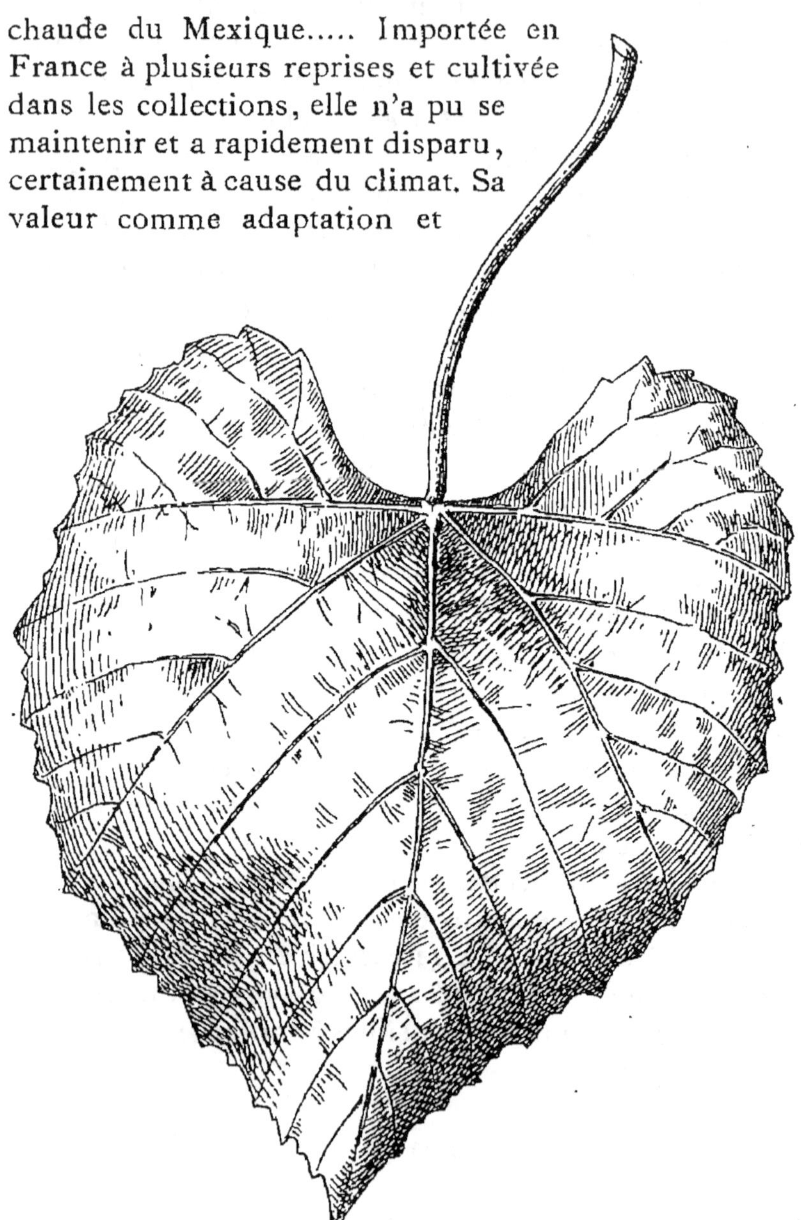

Fig. 11. — Feuille de V. coriacea.

comme résistance au phylloxéra n'a jamais pu être étudiée.

V. CORIACEA

Le V. Coriacea est, comme le V. Caribæa, une espèce sans valeur pour la culture; elle est limitée à la Floride, où elle habite à peu près les mêmes régions que le V. Munsoniana, dans des terrains très riches, la plupart marécageux, de l'Éocène et du Quaternaire. Elle a été introduite en France en 1887, mais elle végète mal dans des terrains assez calcaires, sans y jaunir cependant. Sa résistance au phylloxéra n'a pu encore être suivie, mais elle ne paraît pas supérieure à celle du Mustang, dont le V. Coriacea a les racines grosses et charnues et avec lequel il a beaucoup de ressemblances botaniques. Elle s'en distingue surtout par ses grains petits, ses feuilles (fig. 11) petites et toujours planes et la couleur blanc-jaunâtre dorée de son tomentum, qui est moins laiteux et moins pelucheux que celui du Mustang; les pépins (fig. 12) sont petits, à chalaze et raphé proéminents.

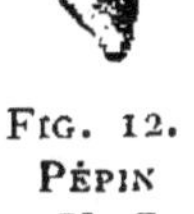

FIG. 12.
PÉPIN
DE V. CORIACEA.

V. CANDICANS

a. **Description.** — Souche très vigoureuse, à port grimpant, tronc très fort; bois de l'année d'un brun foncé, avec de nombreux flocons de longs poils blancs; vrilles discontinues. — Feuilles moyennes, aussi larges (fig. 13) que longues, entières, cordiformes, arrondies, parfois découpées et lasciniées (fig. 14); sinus pétiolaire

peu profond; limbe épais, en cloche; face supérieure
d'un vert foncé, face inférieure à tomentum blanc, épais
et serré. — Grappe petite, irrégulière, à grains gros,
d'un noir foncé, globuleux discoïdes, pulpeux, très
acerbes. — Graines (fig. 15) très grosses, à bec court, à
chalaze et raphé rudimentaires, sillonnées sur le pourtour de la dépression chalazique. — Racines grosses et charnues.

FIG. 13. — FEUILLE DE V. CANDICANS.

b. **Variétés**. — Les variations du V. Candicans ou Mustang sont peu nombreuses; c'est une des espèces qui ont, à l'état sauvage, les caractères les mieux fixés et les plus tranchés. Il se pro   duit quelques différences secondaires, mais uni   quement dans les dimen-

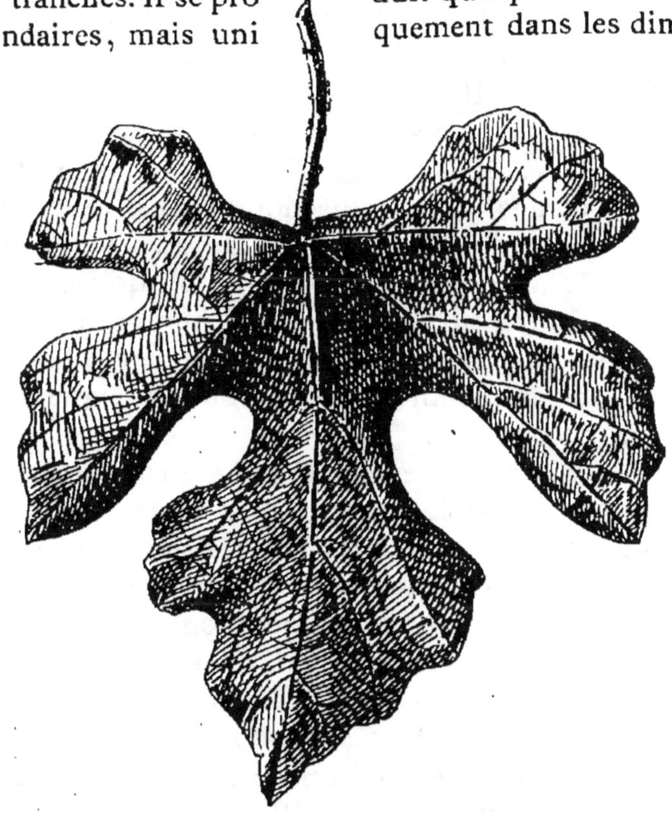

FIG. 14. — FEUILLE DÉCOUPÉE DE V. CANDICANS.

sions des feuilles suivant la richesse des terrains. Dans les sols riches du bord des fleuves, le Mustang acquiert le plus grand développement. Par contre, les hybrides de cette espèce sont très nombreux et très variés, à cause de son extension géographique et de sa longue floraison.

c. **Adaptation et Culture**. — Le Mustang est en effet, la vigne la plus commune dans le sud des États-Unis, depuis la rivière Arkansas jusqu'au centre du Mexique,

Fig. 15.
Graine
de V. Can-
dicans.

à travers l'Arkansas, le Territoire Indien, une partie de la Louisiane et sutout le Texas. Il habite, en somme, les mêmes régions, mais une surface plus étendue que le V. Berlandieri; les individus du V. Candicans y sont plus nombreux que ceux de cette dernière espèce. De même que pour le V. Cinerea et le V. Cordifolia, on les trouve surtout en grand nombre et vigoureux dans les bas-fonds (*bottom lands*) et sur le bord des rivières; dans ces conditions, les troncs atteignent jusqu'à o^{m},90 de circonférence.

Le V. Candicans est cependant très résistant à la sécheresse; il pousse parfois sur les flancs ou le sommet des collines au milieu des plantes qui résistent au manque d'humidité continu, mais il est alors peu vigoureux quoique vert, et les individus que l'on rencontre dans ces conditions peuvent être considérés comme une exception par rapport à ceux qui viennent sur les bords frais des fleuves. Le V. Candicans est une espèce des pays chauds; nous reviendrons sur le climat de la région qu'il habite en étudiant le V. Berlandieri.

Les bords alluviaux des fleuves où se trouve surtout le Mustang sont des terrains de première fertilité. Mais il existe aussi dans des terrains spéciaux, parfois très infertiles et souvent très compactes; la constitution de ses grosses racines est en corrélation avec ce fait. En France, par exemple, les quelques individus qui sont dans les collections poussent vigoureusement dans des marnes bleues ou des argiles rouges très compactes, moins cependant que dans des terres fraîches et fertiles. Aux

États-Unis, aux environs de Dallas, il a une grande puissance de végétation ; dans des terrains que les Américains nomment « *black waxy lands* (terre de cire noire) » à cause de leur plasticité et de leur teinte qui est d'un noir d'encre, ces sols sont très argileux, acides, peu fertiles et reposent sur des bancs compacts de calcaire crétacé.

Le Mustang n'est pas cependant une vigne des terrains crayeux. Il a jauni rapidement dans les craies friables des environs de Cognac. Il est bien, en Amérique, représenté par quelques individus peu vigoureux dans les formations crétacées, mais seulement dans les milieux où le sol humifère noirâtre et argileux qui recouvre les roches crayeuses est assez abondant, principalement dans les déclivités des collines. Une terre d'Amérique, où le Mustang avait le plus beau développement, renfermait (analyse de M. Chauzit) pour 100 :

Argile... 25,376
Sable.. 54,750
Calcaire... 18,000

Cette espèce n'est donc pas une vigne des terrains calcaires, et ses hybrides, lorsqu'ils ont ses caractères à un très haut degré, — ce qui est souvent le cas, — jaunissent facilement dans les sols crayeux.

En outre, le Mustang est l'espèce qui reprend le plus difficilement de bouture, plus difficilement même que les espèces des mêmes régions chaudes des États-Unis. Sa résistance au phylloxéra, qui peut être représentée par la note 15, n'est pas des plus élevées. Parviendrait-on à trouver des variétés de cette espèce qui se boutureraient facilement, qu'elles demanderaient à être essayées avec soin dans les terrains forts et compacts pour lesquels la constitution de ses racines semble l'indiquer ; d'autres vignes américaines porte-greffes lui sont, actuellement du moins, supérieures, et sont bien connues au point de vue de l'adaptation. Notons encore que le goût acerbe des fruits du Mustang se transmet constamment aux hybrides américains ou franco-américains qui en proviennent. Le Mustang est très résistant aux maladies cryptogamiques des feuilles et des fruits, mais non au pourridié des racines.

V. LINCECUMII

a. **Description**. — Souche très vigoureuse, à port grimpant, tronc fort; bois de l'année couleur noisette; vrilles discontinues. — Feuilles (fig. 16) très grandes, presque aussi larges que longues, orbiculaires, entières ou lobées et à sinus profonds; sinus pétiolaire très profond, à lèvres tangentes; limbe épais et rugueux; face supérieure d'un vert sombre; face inférieure glaucescente. — Grappe moyenne; grains moyens, disculaires, pruineux, d'un rouge foncé, à saveur désagréable. — Graines(fig. 17) grosses, pyriformes, bec détaché; chalaze large, orbiculaire; raphé filiforme. — Racines assez fortes, dures et longues.

b. **Variétes**. — Le *V. Lincecumii*, ou *V. Linsecomii*, *Æstivalis à gros grains*, *Post Oak*, est représenté par un grand nombre d'individus à l'état sauvage. Comme il est fructifère et résistant aux maladies cryptogamiques, les Américains ont essayé de sélectionner certaines variétés et d'en créer de nouvelles par le semis. M. H. Jæger a isolé plus de cent formes pures de cette espèce et en a fait de nombreux hybrides avec le Rupestris. Le *Neosho* (Racine, Far West) est la plus ancienne que nous possédions en France; le *Pulliat*, obtenu par

M. G. Foëx d'un semis de Neosho, est encore une forme pure de l'espèce, plus fructifère et de goût plus franc que le Neosho.

Mais la maturité de toutes ses formes est très tardive, leur productivité peut être compa-

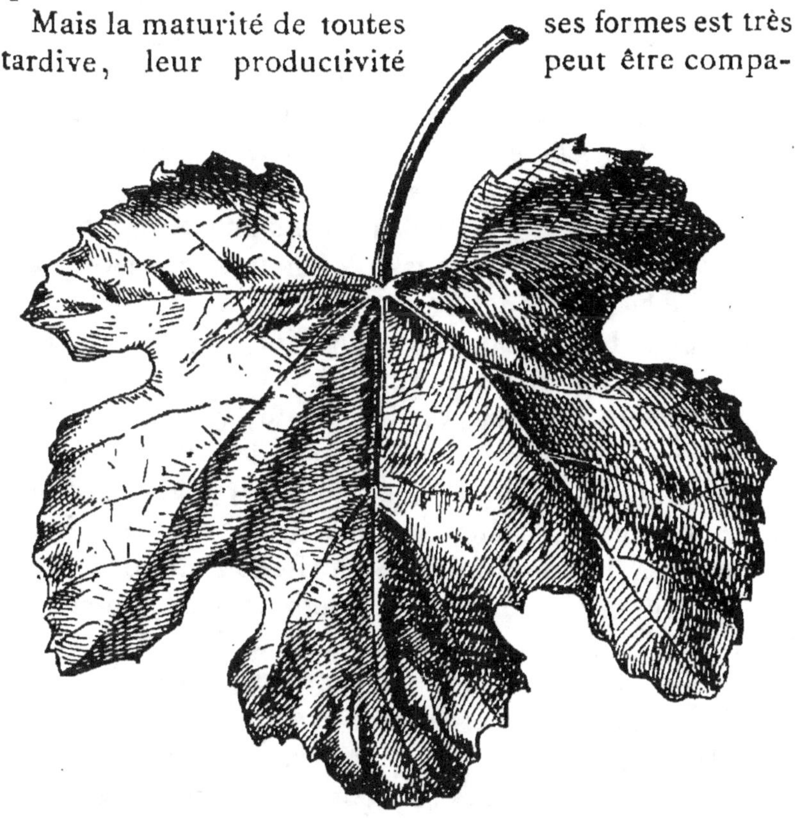

Fig. 16. — Feuille de V. Lincecumii.

rée à celle du Gamay et leur maturité est plus retardée encore que celle de la Carignane. Les formes les plus fructifères obtenues par M. H. Jæger sont ses Nos 13 et 43, mais toutes conservent un certain goût acerbe dans les fruits et même dans le vin; elles n'ont aucune valeur comme producteurs directs. Leur résistance est au plus égale à celle du Solonis et peut être représentée par la note 14; elles reprennent mal de bouture, mieux cependant que le V. Candicans.

c. **Adaptation et Culture**. — Le V. Lincecumii est limité dans sa distribution géographique; il habite des pays à température élevée pendant l'été, surtout l'extrême sud-ouest du Missouri, l'Arkansas, le Territoire Indien, le nord-ouest de la Louisiane et le nord-est du Texas. Notons qu'on le trouve surtout dans la région des Rupestris.

FIG. 17.
GRAINE
DE V. LIN-
CECUMII.

Le V. Lincecumii habite, le plus souvent, les terrains siliceux rouges, très profonds et riches du bord des rivières; il n'existe, sur les collines et les coteaux, que dans des sols formés de cailloux siliceux ou granitiques, mélangés à des argiles rougeâtres, constituant parfois un milieu sec, mais toujours assez fertile et compacte. Il n'a aucune supériorité comme porte-greffe sur les Rupestris pour ces derniers terrains, ou sur les Riparias pour les terrains riches et meubles, et, ainsi que nous l'avons dit, sa résistance au phylloxéra est inférieure à celle de ces espèces. C'est une espèce qui doit craindre beaucoup les sols calcaires, plus encore que le Rupestris; elle n'a jamais été observée dans ces terrains, même accidentellement, en Amérique. En France, elle ne vient bien que dans les sols assez peu calcaires, un peu compactes et riches; dans les calcaires blancs, elle jaunit assez rapidement.

V. BICOLOR

Le V. Bicolor est une espèce intermédiaire, par les caractères, entre le V. Lincecumii et le V. Æstivalis; elle

ne diffère de cette dernière que par une moins grande
découpure des feuilles qui sont glaucescentes et glabres
à la page inférieure, par sa grappe petite et serrée, et
surtout par ses grains petits (fig. 18). Il est particulier au nord-est des États-Unis, surtout au
Michigan, à l'Indiana et à l'État de New-York.
Il ne croît que dans des terrains de formation
ancienne, rouges, siliceux et fertiles (Carbonifère, Silurien, Dévonien, etc.). Les formes pures de cette espèce, importées depuis quelques
années seulement en France, n'ont eu, même
dans de bons terrains, qu'un développement

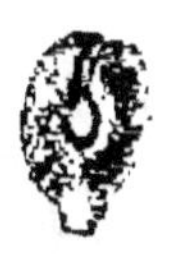

Fig. 18.
GRAINE
DE V. BI-
COLOR.

peu considérable. Sa résistance au phylloxéra n'a pu encore être notée; elle paraît être égale à celle des meilleurs
Æstivalis. Comme eux, cette espèce doit redouter beaucoup les terrains crayeux et marneux. En somme, le V.
Bicolor n'offre aucun intérêt pour la reconstitution.

V. ÆSTIVALIS

a. **Description**. — Souche vigoureuse, à port grimpant, tronc fort; bois de l'année d'une couleur vineux-
foncé et pruiné au niveau des nœuds; vrilles discontinues. — Feuilles carminées à l'état jeune, moyennes,
suborbiculaires, entières ou lobées; sinus pétiolaire profond; face supérieure d'un vert foncé terne, face inférieure avec bouquets de poils aranéeux et d'une couleur
rouille. — Grappe moyenne, grains sous-moyens, sphériques, d'un noir-vineux, pruinés, à jus coloré, francs
de goût. — Graines (fig. 19) sous-moyennes, bec court;
chalaze circulaire, proéminente, raphé limité en un cordon accusé qui contourne la base des pépins. — Racines
dures, assez grosses.

b. **Variétés.** — L'on a considéré pendant longtemps et beaucoup d'auteurs admettent que certaines vignes cultivées des États-Unis, telles le *Cynthiana* ou *Norton's Virginia*, le *Baxter*, l'*Herbemont*, l'*Hermann*, le *Cunningham*, etc., sont des formes pures du V. Æstivalis, dont elles ont d'ailleurs à peu près les mêmes caractères d'adaptation. Les recherches de M. Millardet semblent avoir démontré que ces cépages, qui ont les caractères des Æstivalis presque purs, sont cependant partiellement hybrides d'autres espèces. Nous les étudierons plus loin. Il en sera de même pour quelques autres cépages que M. T.-V. Munson a compris, avec certains de ceux que nous venons de citer, dans une catégorie spécifique sous le nom de *V. Bourquina*, le Jacquez par exemple.

Fig. 19.
Graine
de V. Æs-
tivalis.

Quant aux variations des formes sauvages de l'espèce, elles sont peu intéressantes. Notons cependant que, d'une façon générale, — et ceci est plus marqué pour cette espèce que pour d'autres, — l'épaisseur des feuilles augmente du nord au sud, et, inversement à ce qui a souvent lieu, que l'abondance ou plutôt la longueur des poils diminue, surtout quand on passe des terrains humides et riches aux terrains pauvres et secs, où le tomentum devient en même temps plus roide.

Les formes pures du V. Æstivalis sont un peu réfractaires au bouturage et sensibles au mildiou et au black rot.

c. **Adaptation et Culture.** — Le V. Æstivalis domine dans le Centre et le Centre-Est des États-Unis, depuis la Nouvelle-Angleterre jusqu'au Texas, surtout dans la Pensylvanie, les Virginies, les Carolines; on le trouve aussi représenté par un petit nombre d'individus dans la Floride, la Louisiane et même le Mexique. Le

V. Æstivalis est par suite une espèce de climat moyen ; les abaissements de température dans les régions où l'espèce est surtout répandue vont au delà de — 25° C. ; les formes dérivées qui se rattachent surtout à cette espèce doivent donc être résistantes au froid (Herbemont, Jacquez.....).

Les formes sauvages croissent rarement dans les sols très secs, mais on ne les observe jamais dans les basfonds marécageux. Elles existent surtout dans des terrains d'origine ancienne (Granitique, Silurien, Dévonien, Cambrien, Carbonifère). Ce sont le plus souvent des terres caillouteuses, fortement colorées en rouge et très siliceuses, parfois des sables siliceux très rouges et très humifères. Cette espèce craint, par contre, beaucoup le calcaire ; c'est une des espèces les plus sensibles aux calcaires crayeux et aux marnes blanches.

Le V. Æstivalis n'a dans ses formes pures, aucune valeur pour la reconstitution ; les individus qui ont été multipliés en France n'ont poussé, peu vigoureusement d'ailleurs, que dans les terres rouges et siliceuses du diluvium alpin. Ces formes pures ont une assez grande résistance au phylloxéra ; elle peut être exprimée par la note 16.

V. BERLANDIERI

a. **Description** (caractères généraux). — Souche vigoureuse, à port grimpant, tronc moyen ; bois de l'année terne, avec quelques rares flocons de poils laineux sur les jeunes sommets, d'un brun-cannelle grisâtre, *avec sept côtes très accusées ;* vrilles intermittentes. — Feuilles, jeunes : luisantes, d'un vert roussâtre ; adultes : moyennes, à forme pentagonale arrondie, presque entières ; sinus pétiolaire profond, à lobes convergents ; à peine dentées; limbe épais, largement gaufré, vaguement creusé en gouttière, à bords parfois un peu recourbés; face supérieure d'un vert foncé et luisante; face inférieure d'un vert plus clair, souvent luisante, avec nervures proéminentes garnies de poils courts. — Grappe moyenne, serrée, à grains petits, très fermes, sphériques, pruinés et noirs.

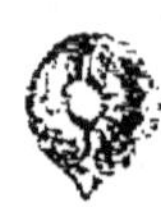

Fig. 20.
Graine
de V.
Berlandieri.

— Graines (fig. 20) moyennes, ramassées; bec fort et court; chalaze arrondie, peu saillante, s'amincissant en un raphé peu proéminent. — Racines traçantes, assez fortes, épaisses et charnues.

b. **Variétés**. — Les variations de forme du V. Berlandieri sont nombreuses, plus nombreuses que celles du V. Rupestris et du V. Riparia. Il existe entre elles des différences considérables, surtout au point de vue de la vigueur et de l'adaptation et par suite de leur valeur culturale, la seule dont nous devions tenir compte ici. Ces variations résultent de phénomènes naturels divers, surtout de la dissémination dans des milieux parfois très variés et de la sélection naturelle qui amène la fixité des caractères dans ces milieux. Il est en outre des variations que l'on peut considérer comme individuelles ou intrinsèques et qui se traduisent, dans les groupes divers de l'espèce, par des différences très marquées de vigueur dans les mêmes groupes. Certaines ont un faible développement qui est un caractère individuel fixé et par suite transmissible par le bouturage; elles doivent être exclues de la culture; seules, les formes vigoureuses dans les divers groupes doivent être propagées. Enfin il a pu se produire, à l'état naturel, d'autres variations individuelles, plutôt que de variété, car elles ne se reproduisent pas toujours par le semis, telles, outre la vigueur, la facilité de reprise de bouture, la fertilité que possèdent, à des degrés divers, certains individus de V. Berlandieri et que l'on peut maintenir par le bouturage.

Les Berlandieri qui ont été introduits en France, surtout depuis 1887, ceux que l'on avait obtenus précédemment de semis représentent à peu près toutes les variations que l'on observe à l'état naturel. La sélection est nécessaire et indispensable parmi ces nombreuses formes. Il est peut-être prématuré, mais non inutile en tous cas, d'essayer de définir les formes actuellement introduites en France qui paraissent avoir le plus de valeur. D'une façon générale, *les plus vigoureuses*, sans distinction de nom, à feuilles très épaisses, luisantes sur les deux faces, à extrémités de rameaux peu tomenteux, à jeunes feuilles d'un brun doré, sont les plus parfaites; ce sont là les caractères des formes qui, à l'état sauvage, viennent dans les milieux les plus calcaires.

La densité du tomentum divise les Berlandieri en deux grands groupes qui se relient entre eux, car les poils ne sont jamais totalement absents, même sur les formes les plus glabres. Les *Berlandieri tomenteux* ont des poils aranéeux surtout sur les jeunes rameaux, sur les nervures principales et des poils roides nombreux sur les sous-nervures. Les feuilles sont grandes (10 à 12 centimètres), ternes sur la face inférieure, gaufrées, parfois minces. Ces variétés sont quelquefois à feuilles cordiformes et rappellent le V. Cinerea, dont elles sont sans doute des hybrides, surtout lorsque la face supérieure, finement gaufrée, est terne de même que la face inférieure. Toutes ces formes tomenteuses sont spéciales aux sols riches et souvent siliceux, peu calcaires et frais des bords des fleuves. Elles n'ont, par suite, aucune valeur pour les terrains crayeux. Nous ne chercherons pas à caractériser les formes de ce groupe.

Les formes moins tomenteuses que nous appellerons, par opposition, les *Berlandieri glabres*, ont les feuilles plus petites, plus épaisses, coriaces, déprimées plus ou moins en gouttière suivant la nervure centrale, les sarments à teinte foncée et à cannelures plus teintées; il n'existe parfois de poils pelucheux que sur le sommet des jeunes rameaux, et de poils courts et en brosse que sur les nervures et parfois les sous-nervures de la face inférieure où ils sont assez souvent très clairsemés.

Dans ce second groupe de *Berlandieri glabres*, on peut encore établir deux subdivisions : 1° l'une à feuilles d'un jaune grisâtre et ternes à la face inférieure, comprenant les Berlandieri les moins vigoureux et les moins bons, 2° l'autre à feuilles très épaisses d'un *vert foncé très luisant* à la face supérieure, et d'un *vert jaunâtre luisant* aussi à la face inférieure, avec poils courts et souples sur les nervures et sous-nervures. Les variétés de ce dernier groupe sont les meilleures pour les terrains crayeux et les plus vigoureuses.

Parmi ces dernières seulement, nous indiquerons un certain nombre de formes; on pourra, par sélection, en isoler d'autres, peut-être plus méritantes. Ces formes, ou plutôt ces groupes de formes, ont été récemment étudiées et caractérisées dans un important mémoire publié par M. Mazade dans la *Revue de Viticulture* (Tome V, 1896). Elles sont, pour la plupart, d'une très grande vigueur et d'une valeur réelle pour la reconstitution, leur développement égale celui des meilleures variétés de Riparia. M. Mazade les a isolées et sélectionnées parmi la plupart de celles qui ont été introduites et cultivées dans les divers vignobles français; celles qui nous paraissent avoir le plus de valeur comme résistance à la chlorose sont les formes qui appartiennent au groupe n° 2; les formes des groupes n° 1 et n° 3 sont très vigoureuses et d'une très grande valeur, mais elles sont peut-être un peu inférieures aux types du n° 2 (surtout le Berlandieri Millardet).

Il est certain qu'une élimination se produira parmi les diverses formes que nous citons ; nous pouvons dès maintenant considérer les *Berlandieri Millardet, Berlandieri Viala, Berlandieri École*, comme inférieurs aux autres et par suite comme ne devant pas donner lieu à multiplication. Nous ne parlerons pas des *Berlandieri Planchon, Berlandieri de Grasset, Berlandieri Bouisset,* formes dénommées par T. V. Munson, et qui sont des hybrides et non des Berlandieris purs, sans grande valeur d'ailleurs comme résistance à la chlorose quoique très vigoureuses.

Voici comment M. Mazade subdivise et fixe les caractères distinctifs des meilleures formes de Berlandieri actuellement connues, en tenant compte des caractères généraux que nous avons donnés pour l'espèce et qui sont communs à toutes les formes, et des caractères généraux distinctifs particuliers à l'ensemble des Berlandieris les plus méritants.

Groupe n° 1. — Teinte générale d'un vert clair franc ; bois blond (noisette clair assez brillant) ; feuilles grandes, allongées, à bords latéraux souvent parallèles, souvent pliés assez régulièrement en gouttière, quelquefois étalés, relativement minces, souples et lisses ; extrémités des pousses cendrées et légèrement carminées ; jeunes feuilles d'un jaune doré passant insensiblement à la teinte définitive ; sinus pétiolaire en V infléchi ; groupe très peu tomenteux.

Dans ce groupe nous citerons :

Berlandieri Mazade, forme très vigoureuse, nommée

et multipliée par M. Malègue, à feuilles très grandes, à jeunes feuilles très peu carminées, à rameaux et jeunes feuilles les moins tomenteux du groupe.

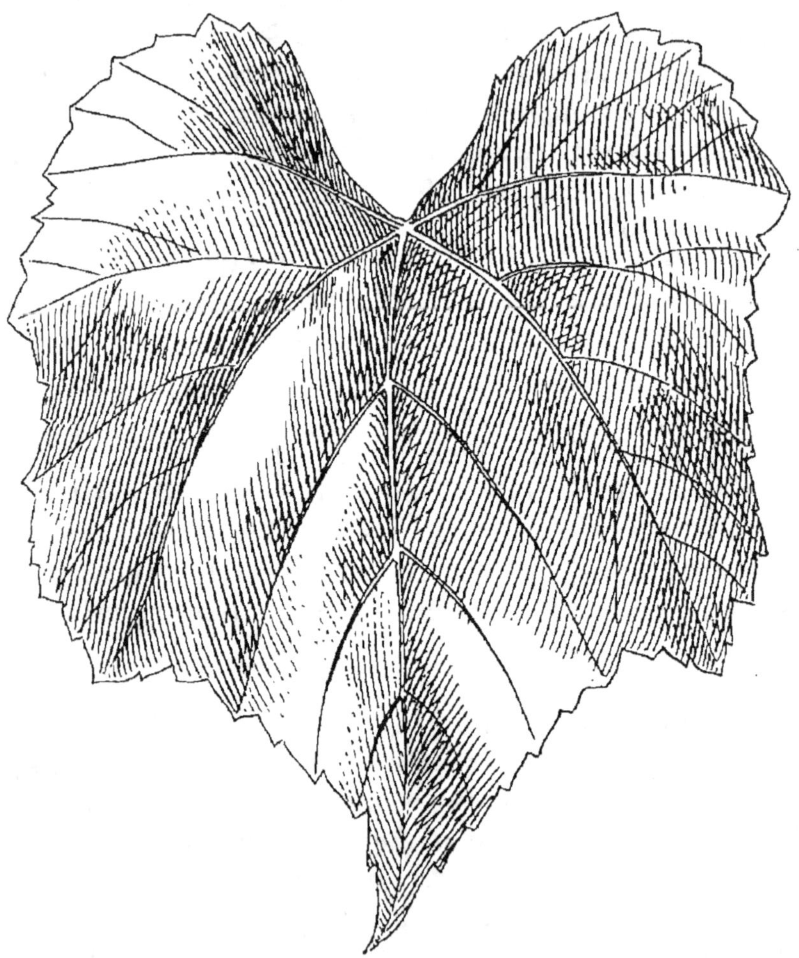

Fig. 21. — Feuille de Berlandieri Rességuier n° 1.

Berlandieri Rességuier n° 1 (fig. 21) dont les caractères correspondent à ceux donnés pour le groupe; forme très vigoureuse, à gros et longs sarments.

Berlandieri Daignère (fig. 22). Cette forme très vigoureuse comme la précédente se distingue peu du n°1

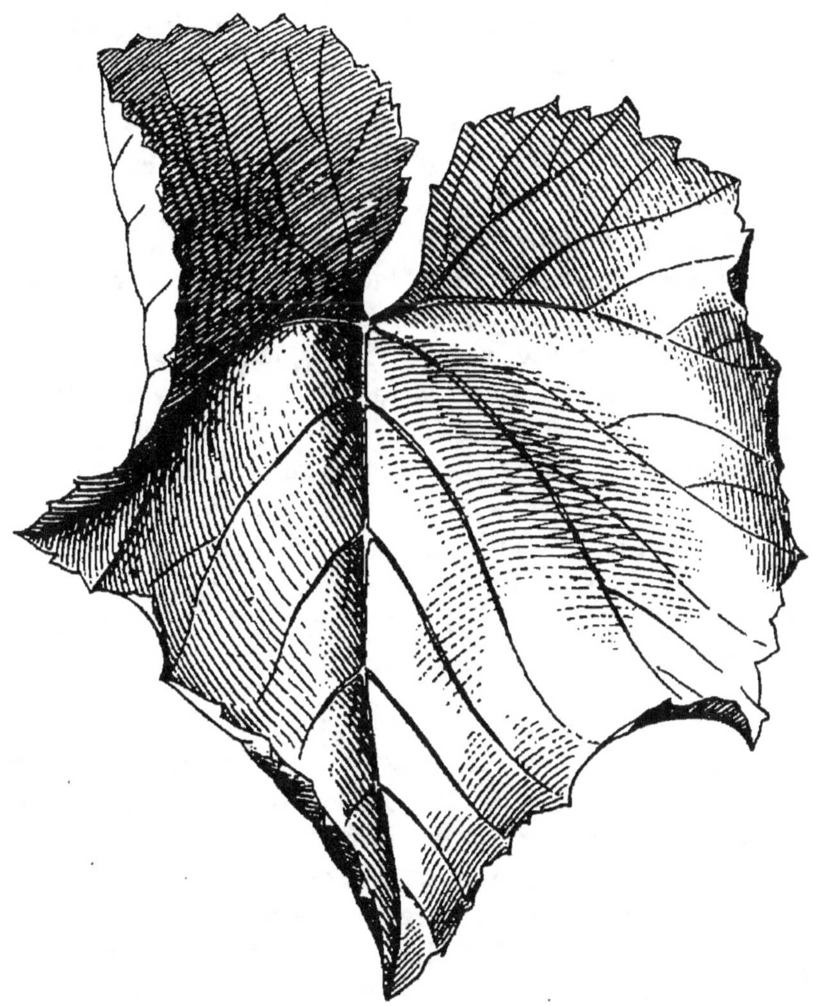

FIG. 22. — FEUILLE DE BERLANDIERI DAIGNÈRE.

si ce n'est peut-être par ses feuilles qui seraient un peu révolutées sur les bords ou en dedans.

Berlandieri Millardet, forme isolée et dénommée par M. T. V. Munson; c'est celle des Berlandieri de ce groupe qui a les feuilles les plus petites et le bourgeonnement le plus carminé; les feuilles sont plutôt ternes, le sinus pétiolaire très ouvert et le bois absolument gris cendré.

GROUPE n° 2. — Teinte générale d'un vert très foncé et très brillant (vernissé); bois noisette gris rougeâtre, fortement strié et excorié; feuilles d'un vert foncé brillantes, comme vernissées à la face supérieure, arrondies, épaisses, à bords largement ondulés, souvent pliées en cornet; dents très effacées; sinus pétiolaire en forme de lyre ou d'U, mais variable; sommités extrêmes des pousses blanchâtres, légèrement carminées; jeunes feuilles d'une teinte bronzé-violacé cendré, devenant nettement bronzées et passant brusquement à la teinte définitive. Groupe de formes assez tomenteuses.

Nous ne citerons parmi elles que la *Berlandieri Rességuier* n° 2 (fig. 23) qui est une des plus méritantes comme résistance à la chlorose.

GROUPE n° 3. — Feuilles très grandes, plus ou moins gaufrées le long des nervures principales, brillantes sur les deux faces; nervures toujours envinées au point d'insertion et à la face supérieure, cette coloration se prolongeant souvent jusqu'à moitié de la feuille; dents très effacées; sinus pétiolaire presque fermé. Nous citerons parmi elles une des plus vigoureuses, sélectionnée dans la propriété de Madame Jules Robin, à Saint-Même, près Cognac, le *Berlandieri de Lafont* n° 9. Cette variété a une vigueur considérable et une résistance à la chlorose qui ne le cède en rien aux autres variétés.

GROUPE n° 4. — Feuilles relativement ternes, nervures

d'un vert pâle et tranchées sur le limbe; dents assez marquées; poils pelucheux assez nombreux le long des nervures de la face supérieure; bourgeonnement d'un blanc

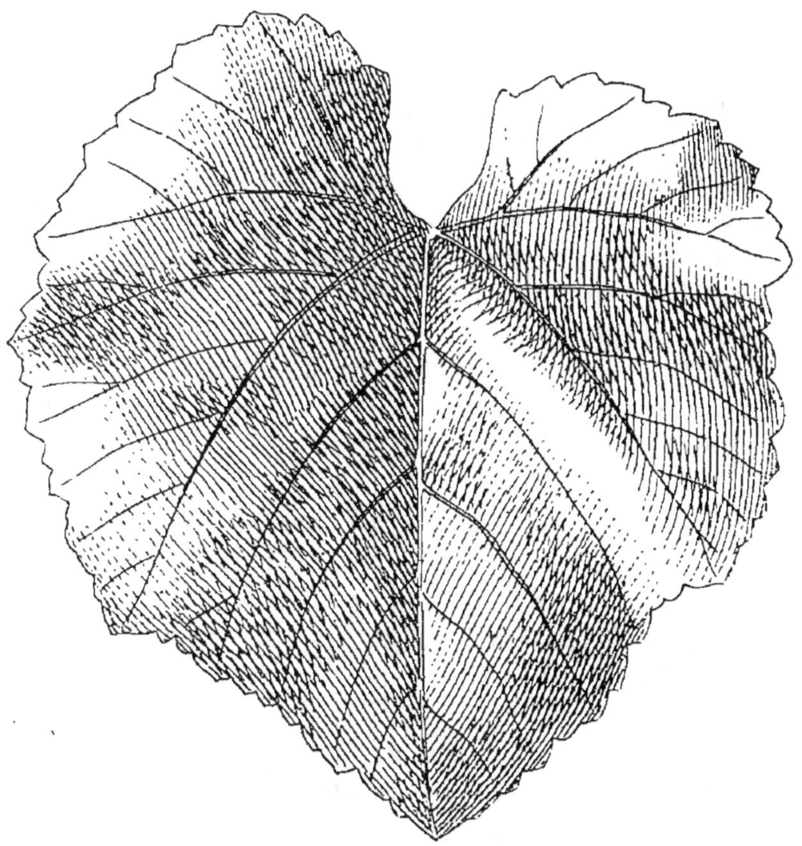

FIG. 23. — FEUILLE DE BERLANDIERI RESSÉGUIER N° 2.

jaunâtre avec liséré carmin assez accentué sur les jeunes
feuilles; bois assez rougeâtre pour un Berlandieri, ce qui
pourrait peut-être faire croire à une hybridation, quoique les feuilles aient les caractères généraux de celles
de l'espéce. Le *Berlandieri d'Angeac* appartient à ce

groupe; il a résisté, dans les Charentes, à des doses relativement élevées de calcaire. C'est aussi une vigne très vigoureuse, à gros bois; c'est un bon porte-greffe pour les sols très chlorosants.

GROUPE n°5. — Feuilles adultes très grandes, arrondies, tourmentées, épaisses, sinus presque fermé; jeunes feuilles extrêmement bronzées et brillantes. Ces formes sont très caractérisées. Parmi elles, nous citerons le *Berlandieri Viala* (fig. 24), forme nommée et sélectionnée par M. T. V. Munson parmi les Berlandieri des terrains les plus crayeux du Texas; ce Berlandieri est moins vigoureux que ceux des groupes n°1, n°2 et n°3. Certaines formes de ce groupe actuellement étudiées dans les Charentes paraissent avoir une vigueur plus grande et auraient peut-être une réelle valeur.

GROUPE n° 6. — Feuilles adultes très caractéristiques; elles sont gondolées au centre et très révolutées en dedans sur les bords. Les Berlandieri de ce groupe sont, pour la plupart, très inférieurs; parmi eux nous citerons le *Berlandieri École* (fig. 25).

c. **Adaptation et Culture.** — Le V. Berlandieri

est une espèce exclusive au sud des États-Unis. Elle s'étend, au-dessous de la rivière Brazos, dans tout le centre et le sud du Texas, dans le sud du Nouveau-Mexique et dans le nord du Mexique.

Les formes de *Berlandieri tomenteux* sont plus fréquentes sur les rives des fleuves. Les formes de *Berlandieri glabres* habitent une région montagneuse ou plutôt des collines moyennement élevées qui appartiennent aux diverses assises du Crétacé inférieur; les individus de ces formes sont distribués en très grand nombre sur les flancs des coteaux et le sommet des collines, où ils résistent à une sécheresse extrême que nous n'avons jamais, même dans les régions chaudes du midi de la France.

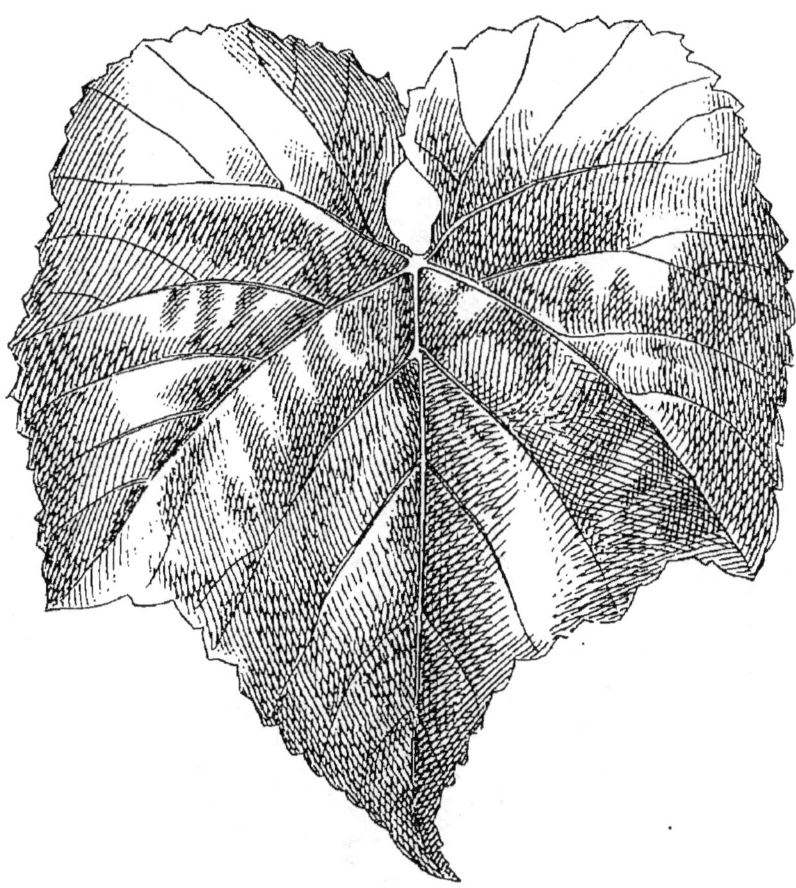

FIG. 24. — FEUILLE DE BERLANDIERI VIALA.

La température atteint dans le Texas 40° et 42° C. en été. Le Berlandieri a résisté en outre, dans le Missouri et dans le Texas, à des froids de — 23° et — 28° C., sans être endommagé par ces abaissements de température;

il peut donc supporter les climats de nos régions françaises et réussir dans le nord de la France aussi bien que

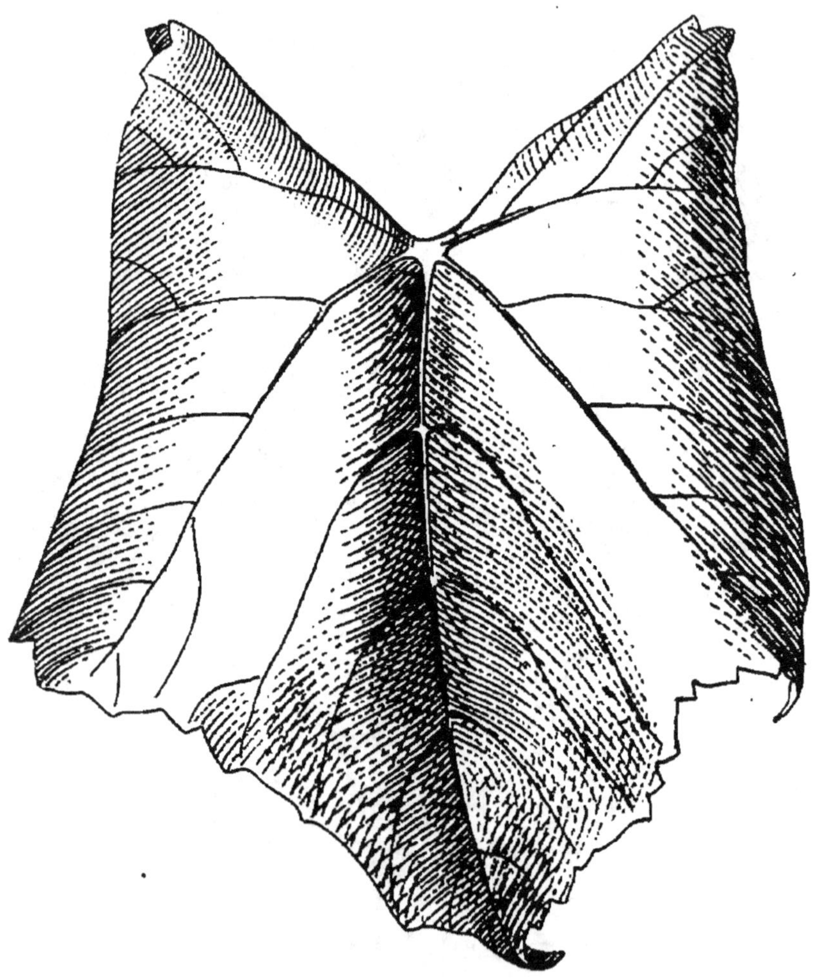

FIG. 25. — FEUILLE DE BERLANDIERI ÉCOLE.

dans le sud, si on ne tient compte que de l'influence du
climat. Il n'a pas été éprouvé par les froids de l'hiver
dans les Charentes, le Rhône et le Maine-et-Loire.

Le V. Berlandieri est, de toutes les espèces de vignes américaines la plus résistante à la chlorose ; c'est celle qui réussit le mieux dans les calcaires crayeux et les marnes blanches. Elle pousse vigoureusement, dans le Texas, dans des terrains qui appartiennent au Crétacé inférieur et qui sont riches en calcaire facilement soluble dans les eaux de pluie. Les sols de ces milieux sont variables de fertilité, mais toujours peu riches ; ils ont une teinte noirâtre, comme dans les Charentes ; les fragments calcaires, entremêlés au sol, qui proviennent des roches du sous-sol délitées et décomposées, sont très tendres, blancs. Le sous-sol est, le plus souvent, constitué par de grosses roches fissurées, blanches, tendres, avec inclusions de nodules siliceux plus ou moins gros et relativement rares ; d'autres fois, il est formé par des strates de marne très calcaire, blanc bleuâtre, parfois jaunâtre et feuilletée. Dans tous ces milieux, les Berlandieri restent verts et vigoureux les années de grande sécheresse, aussi bien que les années pluvieuses au printemps.

En France, on avait constaté que le V. Berlandieri se maintenait dans des terrains riches en chaux ; chez le Dr Davin, par exemple, dans une terre très crayeuse ; chez J.-E. Planchon, dans des tufs quaternaires et très calcaires ; dans la Charente-Inférieure, dans des terres de groies. Les exemples de résistance à la chlorose du Berlandieri sont actuellement nombreux et concluants. Dans les champs d'expérience de la Champagne crayeuse de Cognac, il a conservé une verdeur à peu près constante.

Les terres des Charentes ont la composition suivante :

Terre de groie. — Terre légère, de couleur ocreuse et rouge, plus ou moins foncée, formée de 5o à 7o parties de terre fine et de 5o à 3o parties de petits fragments calcaires anguleux dont les dimensions varient de 1 à 3 centimètres, leur épaisseur est le plus souvent de 0,5 à 1 centimètre. La profondeur de cette couche varie de 15 à 25 centimètres. Au-dessous, le sous-sol est formé de fragments calcaires, plus volumineux, aplatis ou d'égales dimensions dans tous les sens (5 à 10 cent.). A peu de distance du sol, ils sont peu serrés et non entremêlés de terre végétale ; leur surface se décompose et donne naissance à une marne jaunâtre qui les englobe et garnit leurs interstices. D'autres fois, leur décomposition est plus complète. Ces terres sont fréquentes sur les formations jurassiques et aussi sur les formations crétacées ; elles se retrouvent dans toute la Bourgogne.

Les FORTES GROIES sont plus argileuses. Au-dessous du sol, profond de 20 à 35 centimètres, le sol est marneux.

Terre de Champagne. — Terre végétale gris foncé ou noire, mélangée d'une faible quantité de petits fragments de rocher calcaire tendre et se brisant facilement sous la main ; terre légère très meuble, profonde de 15 à 35 centimètres. Le sous-sol est un rocher crayeux, friable ou se délitant sous l'action des gelées. Il est tantôt formé de fragments irréguliers, dont les interstices sont parfois occupés, du moins près de la surface, par de la terre végétale ; tantôt de plaques épaisses de 1 à 3 centimètres et disposées horizontalement ; dans ce dernier cas, les racines ne pénètrent jamais dans le sous-sol.

Les quelques analyses suivantes, dues à M. B. Chauzit, indiqueront d'ailleurs la teneur en calcaire des terres crayeuses du Texas où pousse naturellement le V. Berlandieri, et de celles où il est resté vert dans les Charentes :

Sol de Belton (Texas).....................	96.425 %
Sous-sol —	94.900
Sol de Temple (Texas) Nº 1...............	76.100
— — Nº 2...............	51.518

Sol de Austin (Texas)					79.480
Sous-sol —	—				90.650
Sol de la Champagne de Julliac-le-Coq (Charente)					43.600
Sous-sol de la Champagne de Julliac-le-Coq (Charente)					68.558
Sol de la Champagne d'Anjeac (Charente)					56.372
Sous-sol	—		—	— ..	75.350
Sol	—	de Cognac	—	..	48.553
Sous-sol	—		—	..	75.765
Sol	—	de Genté	—	..	32.375
Sous-sol	—		—	..	56.481

Si on compare ces analyses, par rapport au calcaire, à celle des autres régions crayeuses ou marneuses de la France où aucun cépage américain n'a prospéré, on verra que ces sols ont une teneur en calcaire qui n'est pas supérieure à celle des terrains que nous venons de citer, où le V. Berlandieri est resté vert.

Voici quelques analyses des sols les plus calcaires d'autres régions, d'après M. Chauzit et M. Margottet, exprimant la teneur en calcaire pour 100 :

Terre de Chevillon (Charente-Inférieure)...				54.463
Sol de Montels	—		...	52.750
Sous-sol —	—		...	64.820
Terre de St-Jean-d'Angely	—		...	59.555
Sous-sol	—	—	...	67.800
Terre de Conteneuil	—		...	48.243
Sous-sol	—	—	...	65.000
Sol de Vertus (Champagne-Marne)			...	52.534
Sous-sol —	—	—	...	64.905
Terre d'Oger	—	—	...	55.240
Sous-sol —	—	—	...	81.800
Sol d'Avize	—	—	...	42.338
Sous-sol —	—	—	...	69.455
Sol de Quissac (Gard)			...	59.720
Sol d'Aubais	—		...	72.450
Sol de Villeveyrac (Hérault)			...	54.650

Sol de Verchant	—	....	35.250
Sous-sol —	—	....	58.865
Sol de Leucate (Aude)...................			49.930
Sol de l'Aveyron....,....,....,.........			52.000
Terre de Daix (Côte-d'Or)...............			62.740
Sol de Beaune, clos de la Mousse (Côte-d'Or).			31.653
Sous-sol —	—	— ...	56.698
Sol de Volnay (Fremiet)	—	...	31.662
Sous-sol —	—	— ...	42.111
Sol de Chassagne (Grand-Clos)	—	...	62.135
Sous-sol —	—	— ...	57.298
Sol de Santenay (en Chaissay)	—	...	36.774
Sous-sol —	—	— ...	60.965

Les autres espèces de vignes qui ont été expérimentées dans l'arrondissement de Cognac, dans les terres crayeuses dont nous avons donné l'analyse, sont devenues complètement rabougries, contrairement au V. Berlandieri; la Folle-Blanche elle-même, franche de pied et plantée dans les mêmes conditions que le V. Berlandieri, n'était pas toujours exempte de chlorose.

Nous avons insisté, dans la première partie, sur le fait qu'un certain nombre de vignes américaines restaient parfois vertes dans les terrains crayeux, mais qu'elles jaunissaient rapidement et dépérissaient dès qu'elles étaient greffées. Il était important que la question du Berlandieri greffé en terres crayeuses fût résolue. Elle l'est aujourd'hui pour la plupart des terres calcaires. Un seul exemple avait été observé au Texas, à Belton, où, dans des calcaires crayeux des plus blancs, l'on avait planté de belles variétés de Berlandieri en 1884, dont on avait greffé quelques pieds en 1886; à la deuxième pousse de greffe, en 1887, les greffes étaient très vertes et très vigoureuses, les sarments avaient de 3 à 5 mètres de long.

Chez M. J.-E. Planchon, des Berlandieri ont été plantés en 1880 dans des terrains formés en partie par la dé-

composition de tufs quaternaires et riches en carbonate
de chaux; on les a greffés en 1882. Ils sont entremêlés
à beaucoup d'autres porte-greffes américains, tels que
Riparia, Taylor, Solonis, Jacquez. Sur 30 plants greffés,
25 ont repris et les greffes sont bien plus vigoureuses
que sur tous les autres porte-greffes. En outre, le tronc
du sujet est plus développé que celui du greffon. Chez
M. Bethmont, dans une mauvaise terre de groie, où plus
de 600 variétés ont été expérimentées, seul le Berlandieri a résisté. Les greffes, qui ont dix ans d'existence,
sont de plus en plus vigoureuses, bien qu'elles aient pour
greffon le Balzac ou Mourvèdre qui, on le sait, s'allie
en général très mal avec les vignes américaines. Dans
les champs d'expériences de la Station viticole de Cognac,
en terres très crayeuses, des greffes sur les belles variétés
de Berlandieri sont demeurées vertes et vigoureuses.

D'importantes reconstitutions avec Berlandieri greffés
ont été faites par M. Macquin, à Saint-Émilion (Gironde);
ces greffes, qui ont actuellement 6 et 7 ans, sont toujours
restées vertes et vigoureuses dans un sol calcaire où les
Solonis, Jacquez, etc., greffés avec les mêmes variétés,
ont jauni et dépéri. A l'École d'agriculture de Montpellier, les Berlandieri nº 1 et nº 2, greffés en Carignane depuis 4 ans sont d'une excessive vigueur et d'une
très grande fertilité, dans un terrain chlorosant par excellence où l'on n'a jamais pu maintenir aucun autre
porte-greffe, pas même les hybrides franco-américains. Il s'y est même produit un fait du plus haut intérêt. Les Berlandieri greffés n'ont jamais eu aucune
trace de chlorose, tandis que les Berlandieri nº 1 surtout, francs de pied, de même âge, et plantés côte à
côte avec les mêmes individus greffés, ont jauni. Ces
faits très nets et très tranchés, confirmés d'ailleurs par
d'autres résultats de même nature, prouvent que la

greffe, contrairement à ce qui a lieu pour la plupart des porte-greffes, ne diminue pas d'une manière sensible la puissance de résistance du Berlandieri à la chlorose. Et elle amène à cette déduction que, dans les terrains les plus chlorosants, les reconstitutions devront surtout se faire par greffés-soudés. Or comme l'on réussit les greffes-boutures de Berlandieri aussi bien que celles des porte-greffes à reprise facile, ainsi que nous le verrons, la reconstitution par cette espèce de la plupart des terrains crayeux et marneux nous paraît actuellement certaine.

Les Berlandieri résistent donc à la chlorose après greffage, ou s'il se produit, par exception dans les plus mauvais calcaires, de la chlorose à la première et deuxième année, elle est passagère et n'a pas d'importance, ainsi que nous l'avons dit dans la première partie, elle ne se manifeste pas à partir de la quatrième année. Mais il est absolument nécessaire, et c'est le cas d'y insister ici, que les Berlandieri porte-greffes soient bien sélectionnés et de la première vigueur. Les échecs observés sur quelques points avec des Berlandieri grêles, peu vigoureux, étaient prévus et n'infirment nullement la valeur des formes vigoureuses de cette espèce pour les terrains crayeux.

Le V. Berlandieri est une espèce remarquable comme facilité de reprise au greffage et comme productivité des greffes qu'elle porte. L'on a essayé sur elle divers cépages : Carignane, Aramon, Aspiran, Folle-Blanche, Cabernets, Merlot, Cinsaut, Pinot, etc..., tous s'y sont bien comportés. Il ne se produit pas de différence de grosseur entre le greffon et le sujet. Ainsi, chez M. J.-E. Planchon, les Berlandieri plantés en terrains de tufs quaternaires, en 1880, greffés en 1882 avec divers cépages, avaient, en 1895, une très grande vigueur, et le porte-greffe possédait un diamètre plus gros que le greffon. De même au mas de las Sorres, où sont les plus vieux Berlandieri greffés, en terrain riche et peu calcaire (greffes de 14 ans sur pieds de 16 ans), et qui sont les vignes américaines greffées donnant le plus de production pour les mêmes greffons. De même encore chez M. Macquin à Saint-Émilion, aux environs de Cognac, à l'École d'agriculture de Montpellier. Au point de vue de la perfection des soudures, de l'affinité, de la belle végétation et de la fructification des greffes, le Berlandieri est un porte-greffe remarquable. La précocité de la maturité des greffes sur Berlandieri est comparable, à las Sorres et à l'École d'agriculture de Montpellier, à celle des greffes sur Riparia (1).

La plupart des variétés du V. Berlandieri ont le défaut de ne pas reprendre de bouture. Et il est à noter que les formes les plus vigoureuses, à caractères des types des calcaires, sont celles qui offrent le plus de difficulté au bouturage.

La résistance au phylloxéra et la supériorité de résistance à la chlorose du Berlandieri sont actuellement hors de doute, mais la difficulté de multiplication de ce porte-greffe semblait le rendre inutilisable pour la culture et la reconstitution des terrains crayeux. Cette difficulté de multiplication est heureusement résolue actuellement d'une façon certaine, et lorsque la sélection et l'isolement des formes vigoureuses auront été faits d'une façon définitive, — ce qui est prochain —, l'emploi du Berlandieri sera d'un usage aussi commun que celui du Rupestris ou du Riparia. En effet les expériences de ces dernières années ont permis de trouver le moyen d'utiliser les Berlandieri aussi bien que les Riparias et les Ru-

(1) Voir à la partie GREFFAGE les chiffres de rendements comparatifs obtenus à Las Sorres sur Berlandieri et divers autres porte-greffes.

pestris. Sans entrer actuellement dans les détails que nous exposerons plus loin, nous dirons que les greffes-boutures de Berlandieri reprennent, dans les conditions ordinaires des pépinières bien conduites, aussi facilement que les greffes-boutures de Riparia ou de Rupestris. Pendant plusieurs années successives, les moyennes de reprises (premier choix) a été de 50 % à l'École d'agriculture de Montpellier. Lorsque l'on possède les bois de Berlandieri, il est donc facile d'avoir les greffés-soudés ; et cela aussi bien dans les parties les plus septentrionales que dans les régions méridionales de la France, car, à Thomery, M. Salomon a pu obtenir 40 % de reprises avec les greffes-boutures de Berlandieri, autant qu'avec les Riparias et plus qu'avec les hybrides franco-américains de Rupestris. En outre, les greffes boutures de Berlandieri sont toujours aussi bien soudées que celles obtenues sur la plupart des porte-greffes. Comme il est avantageux de ne faire la reconstitution des terrains calcaires qu'avec les greffés-soudés, et que ceux-ci sont facilement obtenus avec les bois de Berlandieri, l'utilisation de ce cépage n'offre plus de difficultés importantes.

La seule est celle qui consiste à avoir du bois de Berlandieri pour faire les greffes-boutures. Cette difficulté peut être facilement résolue par plusieurs procédés très pratiques. Le meilleur, à notre avis, consiste à greffer, à quelques centimètres sous terre, sur des Riparia, des Rupestris ou même des vignes françaises, des boutures de Berlandieri sélectionnées (n° 2, n° 1, Anjcac, Daignère, etc...). Les Berlandieri reprennent très facilement au greffage, que l'on fait en fente pleine, à l'anglaise, ou en fente de côté suivant la grosseur du sujet. Ils s'affranchissent, généralement, dans ces conditions. En tous cas, ils donnent rapidement, dès la première année qui suit le greffage, de beaux bois et des quantités de boutures que l'on utilise annuellement pour les greffes-boutures.

Pour avoir des pieds-mères, on peut encore avoir recours au marcottage d'été, au bouturage d'automne, ou au bouturage en pousse (1); mais le procédé du greffage

(1) Le marcottage d'été, en butte, donne des résultats pratiques pour la multiplication du Berlandieri; il a été employé avec succès par divers viticulteurs et peut certainement constituer un procédé courant. Dans certaines pépinières, l'on a obtenu facilement 40 belles marcottes par pied. Pour l'appliquer en grande culture, il suffit de greffer des boutures de Berlandieri, sélectionnés, sur des porte-greffes vigoureux et au-dessous de terre, dans des terrains meubles, frais et fertiles. On laisse le plus possible de coursons sur les greffes ainsi obtenues, en les maintenant très courts par la taille, de façon à faire former à la souche une tête de saule. On pince les jeunes pousses, pendant les mois de juin et de mai et à plusieurs reprises, pour forcer les bourgeons latents de l'empatement à se développer. Il se produit ainsi un grand nombre de jets que l'on enterre à leur base en juillet, en les recouvrant par de la terre meuble. On peut faire une entaille à la partie inférieure du sarment, et mettre une couche de fumier frais sur le sol, puis une couche de terre sur laquelle reposeront les bases des rameaux.—Un autre procédé permet d'obtenir de bons résultats; il consiste à pincer plusieurs fois les rameaux de l'année, aux mois de mai et de juin; il se développe par suite une assez grande quantité de ramifications secondaires sur les rameaux principaux. En juillet, les sarments principaux sont couchés autour de la souche sur une couche de terre meuble, reposant elle-même sur une couche de fumier frais, et fortement buttés; au préalable, on a fait une entaille à la base des ramifications secondaires.

M. Paulsen (voir *Revue de Viticulture*, tome IV. 1895) a obtenu en Sicile des réussites relativement élevées en bouturant les bois de Berlandieri dès que les bois (octobre) sont presque entièrement aoûtés. Les pépinières sont faites, avec ces bois, comme dans des conditions ordinaires; on a le soin, seulement, de butter fortement les boutures qui poussent bourgeons et racines au printemps suivant. On peut couper les sarments en octobre avant aoûtement complet et les mettre en pépinière au printemps.

Voici en quoi consiste le *Bouturage en pousse* : — Lorsque les feuilles sont tombées, au lieu de procéder, pendant l'hiver et avant le débourrement à la taille des souches et à la confection des boutures, on laisse les sarments sur la souche sans les couper. Les souches restent non taillées jusqu'au milieu du printemps, bien après le débourrement. Tous les bourgeons des sarments poussent au printemps. Lorsque ces bourgeons herbacés de l'année ont acquis une longueur de *trois* centimètres, on procède à la confection des boutures; c'est alors seulement qu'il faut tailler les souches. L'époque variera suivant les années. Les sarments sont sectionnés en

des bois Berlandieri sur souches préalablement plantées
(Riparia, Rupestris..., vignes françaises) nous paraît être
encore le moyen le plus pratique et le plus économique
de se procurer, en quantité, les bois nécessaires à la fabri-
cation des greffes-boutures.

Ses propriétés spéciales et uniques d'adaptation aux
plus mauvais sols crayeux font que le V. Berlandieri (ou
ses hybrides américo-américains) est la seule espèce qui
puisse permettre la reconstitution des terres à calcaires
crayeux, blancs et tendres, où toutes les vignes américaines ont périclité. Elle permettra par suite, quand elle
ou ses hybrides auront été multipliés en grand, de reconstituer tous les terrains douteux, et ils sont nombreux, pour lesquels, à défaut d'autres, on avait eu recours à divers porte-greffes qui y prospéraient assez
bien, mais y jaunissaient parfois (terres à Jacquez, à Solonis, etc.), et surtout ceux où la reconstitution était
considérée comme impossible. Tels sont : les tufs calcaires du Quaternaire dans le midi de la France, les
marnes jaunes et blanches, les calcaires lacustres de

boutures, comme cela se pratique normalement, les boutures ayant chacune quatre bourgeons ou plutôt, dans le cas actuel, quatre jeunes rameaux herbacés de 3 centim. de long. Le terrain de la pépinière a été préalablement préparé avec soin ; les *Boutures en pousses* y sont disposées avec
les soins voulus et en ayant soin de tasser fortement la terre ou le sable contre
leur base. Avant de planter ces boutures, on rase avec la serpette, par une
section nette, tous les rameaux herbacés jusqu'à leur insertion sur le sarment, aussi bien les deux rameaux supérieurs que les deux rameaux inférieurs. La bouture, ainsi préparée, est mise en terre et entièrement recouverte d'une forte butte jusqu'au bout supérieur, ainsi que cela se pratique dans les pépinières bien établies.

Le *Bouturage en pousse*, pratiqué dans ces conditions, nous a donné
pendant plusieurs années successives, et avec diverses variétés rebelles au
bouturage (Berlandieri, Mustang, Coriacea ...) des reprises moyennes
variant de 40 à 90 %. Malheureusement, quand on taille ainsi très tardivement, les mêmes souches pendant plusieurs années successives, il n'est pas
rare de constater une diminution progressive de vigueur qui peut aller
jusqu'au rabougrissement.

l'Éocène et du Miocène, les îlots crayeux du Crétacé ou
du Garumnien de ces régions; les terrains crayeux du
Crétacé, les terres de groie du Jurassique des Charentes, de la Vendée, de la Dordogne, du Saumurois; les
terres crayeuses du Crétacé de la Champagne (Marne),
de l'Yonne, de l'Aube, etc.; les marnes blanches de
l'Oolithe, du Bathonien dans le Jurassique de la Côte-
d'Or; diverses formations crayeuses provenant souvent
de sources calcaires et appartenant à diverses formations
géologiques dans diverses régions.

Mais il n'est pas dit que le V. Berlandieri, à cause de
sa résistance à la chlorose, ou à cause de ses grosses racines, doive être préféré pour les terres argilo-siliceuses,
siliceuses ou argileuses pour lesquelles l'on connaît,
d'une façon certaine aujourd'hui, des porte-greffes très
méritants.

V. CORDIFOLIA

a. **Description**. — Souche très vigoureuse, à port
grimpant, tronc très fort; bois de l'année luisant et couleur cannelle, avec bases des poils persistantes; vrilles
discontinues et nœuds aplatis. — Feuilles, jeunes : s'é-
talant aussitôt, d'un fauve vernissé; adultes (fig. 26) :
moyennes, cordiformes arrondies, entières, épaisses; sinus
pétiolaire profond et étroit; dents régulières, obtuses,
normales au limbe; face supérieure d'un vert foncé, luisante; face inférieure d'un vert plus clair et plus vernissée, avec nervures garnies de poils courts et souples;
pétiole avec sillon. — Grappe allongée, à grains lâches,
sphériques, noirs et luisants, à saveur âpre. — Graines
(fig. 27) moyennes, ramassées, à bec gros et court; chalaze ronde, raphé en mince cordon brusquement déli-
mité. — Racines assez fortes, dures.

b. **Variétés**. — Les variétés du V. Cordifolia ne sont pas très nombreuses, et, quoique l'espèce ne pré-

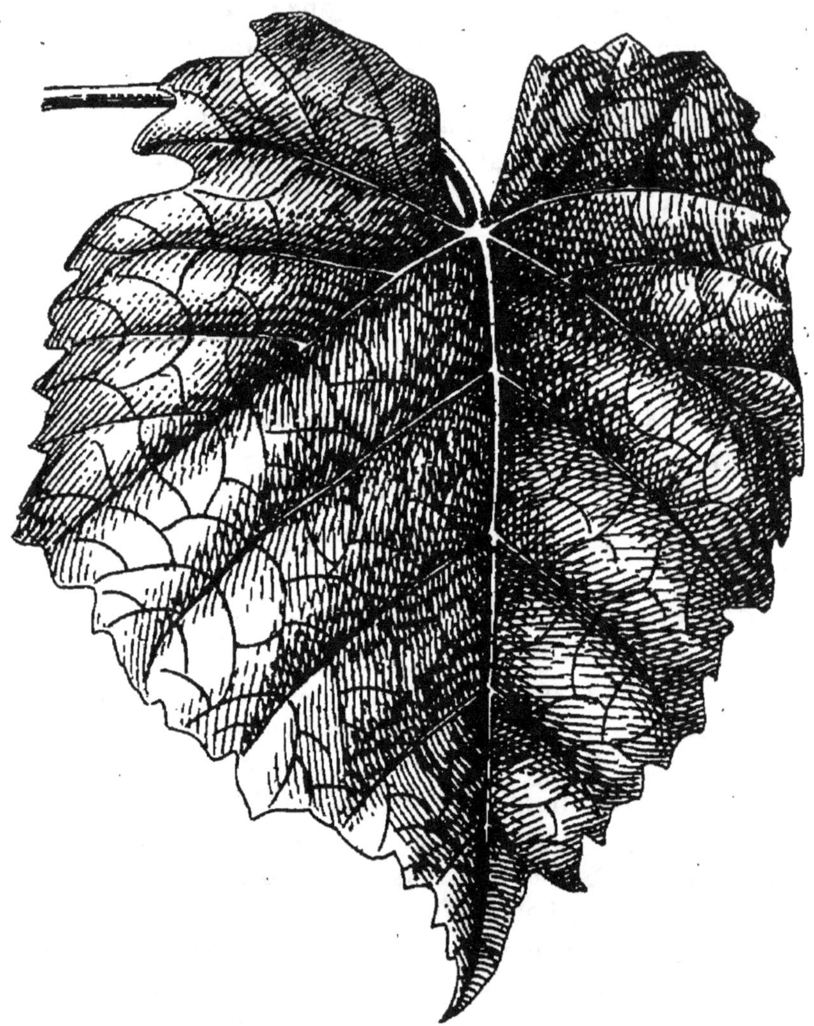

FIG. 26. — FEUILLE DE V. CORDIFOLIA.

sente pas un très grand intérêt au point de vue cultural, il est bon de les indiquer. Le V. Cordifolia est surtout une espèce qui habite les terrains riches, meubles, frais et profonds du bord des fleuves, où il est entremêlé avec les Riparias; elle est exceptionnelle, par le nombre des individus, dans les mauvais terrains calcaires; c'est le contraire de ce qui a lieu pour le V. Berlandieri, dont les individus sont surtout nombreux dans les terrains crayeux, et rares sur le bord des fleuves. Il semble donc qu'il devait être tout naturel que les Berlandieri importés en France réussissent dans les sols crayeux, puisque les formes de cette espèce sont surtout répandues dans des terres

Fig. 27. Graine de V. Cordifolia.

de cette nature, et que la réussite des Cordifolia dans ces mêmes terrains fut un accident, puisque ses variétés viennent surtout dans les terres siliceuses et fertiles. C'est, en effet, ce qui a lieu. La question n'a qu'un intérêt très secondaire d'ailleurs, car l'aire de dissémination du V. Cordifolia dans les terrains du Crétacé américain est une exception et ses formes, si elles réussissaient même en France, ne seraient pas supérieures à celles du V. Berlandieri, pour lesquelles la résistance à la chlorose est le cas général.

Ce que nous disons du V. Cordifolia s'applique au V. Cinerea; nous n'y reviendrons donc pas à propos de cette espèce.

Les variétés du V. Cordifolia comprennent plusieurs groupes. Les variétés de la Floride, très rares, ont les feuilles très minces, très vernissées et glabres sur les deux faces, excepté sur la face inférieure au point de jonction des nervures. Elles n'ont pas été importées en France et sont sans intérêt pour la reconstitution.

Les variétés les plus nombreuses, les seules qui aient été introduites en Europe, sont celles des terrains riches; elles ont, à l'état sauvage, une vigueur remarquable, supérieure à celle des Riparias, surtout par la grosseur du tronc. Elles se différencient par les dents, en deux séries, des feuilles qui sont d'un vert terne à la face supérieure, mais vernissées à la face inférieure. M. Millardet avait déjà distingué deux formes dans ce groupe : la *forme bronzée,* à face supérieure des feuilles d'un vert sombre, à rameaux, pétiole, nervures, etc., d'un violet bronzé, et la *forme jaune* à teinte générale plus claire, à face inférieure d'un vert jaunâtre vernissée, à bois et nervures clairs.

.A côté de cette dernière forme, peut être rangé le *V. Cordifolia sempervirens* (fig. 28) de M. T.-V. Munson, qui a été introduit en France en 1891 et qui serait, d'après lui, une des formes des calcaires. Les feuilles de cette variété sont très caractérisées; elles sont triangulaires, très longues, lancéolées, les deux bouts du sinus pétiolaire en ligne droite, étroites à la base, complètement glabres et très vernissées sur les deux faces, d'un vert plus foncé à la face supérieure, épaisses et coriaces. La nervure centrale qui part du pétiole est très proéminente; les autres nervures peu marquées partent à diverses hauteurs de la nervure principale. Le pétiole, court et grêle, porte un sillon profond limité par des poils nombreux, roides. Les jeunes rameaux, verdâtres, sont envinés au niveau des nœuds. C'est une forme très curieuse par ses caractères botaniques.

Les variétés qui sont représentées par des individus rares dans les terrains crayeux ont des feuilles moins allongées que celles des terrains riches, presque orbiculaires, plus petites, à dents rudimentaires, épaisses, coriaces, d'un jaune doré très luisant à la face inférieure, à bords du limbe incurvés. Certaines sont presque entièrement glabres, d'autres ont des poils roides, assez abondants, d'une couleur fauve sur les nervures de la face inférieure.

c. **Adap**   **tation et Culture**. — Le V. Cor-
diſolia est   une des espèces les plus répandues

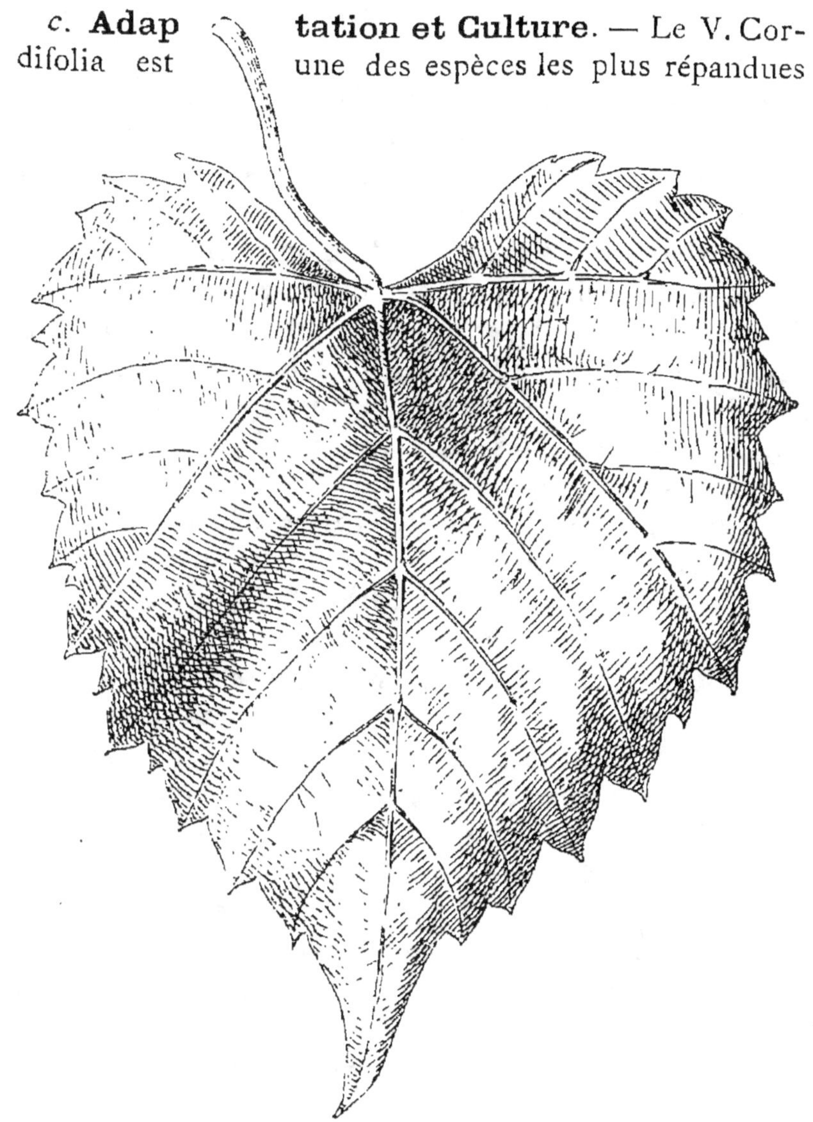

FIG. 28. — FEUILLE DE V. CORDIFOLIA SEMPERVIRENS.

aux États-Unis. Elle existe depuis les Grands-Lacs jusqu'à la Floride, abondante surtout dans les États du

Centre (Illinois, Tennessee, Missouri, Arkansas, nord du Texas, etc.), dans des régions, par conséquent, où les extrêmes de température sont très accusés.

Nous avons dit que le plus grand nombre des individus du V. Cordifolia habitait, dans le Centre et le Centre-Est, le bord des fleuves, où ils sont mélangés au V. Riparia dans des alluvions d'un noir grisâtre, fertiles, profondes, fraîches, mais non humides, sur les rives du Mississipi par exemple, où ils acquièrent leur plus grand développement. On les trouve souvent encore dans des terres caillouteuses, riches, généralement rouges, ou dans des terres siliceuses, à sables fins et fertiles (Silurien, Granitique, Dévonien).

Les formes des terrains calcaires existent (nord du Texas) dans des sols crayeux, blancs, plus siliceux et plus argileux que ceux du V. Berlandieri, ou parfois dans des terres d'argile blanche presque pure, comme dans le Tennessee. Leur vigueur est toujours bien inférieure à celle des formes des terrains riches; leurs feuilles se maintiennent cependant vertes dans les terrains les plus secs; il en est ainsi, par exemple, dans des terrains argilo-siliceux blancs du Missouri qui renferment jusqu'à 83 % d'argile.

Les Cordifolia qui ont été essayés en France ont toujours eu une vigueur remarquable dans les terrains non crayeux ou peu calcaires et surtout dans les sols argilo-calcaires, argileux ou argilo-siliceux secs. Le greffage réussit très bien sur cette espèce qui nourrit des greffes très vigoureuses, bien fructifères, à tronc gros. Dans les sols crayeux blancs, les formes essayées jusqu'à ce jour jaunissent rapidement et meurent parfois au bout de la première année.

Le V. Cordifolia est, en outre, assez rebelle au bouturage; mais il reprend mieux que le V. Berlandieri;

on a pu obtenir jusqu'à 60 % de reprise avec les boutures ordinaires. Pour les terrains où les formes les plus vigoureuses pourraient prospérer, d'autres espèces sont aussi vigoureuses et d'une reprise facile, et partant plus pratiques.

La résistance du V. Cordifolia est très élevée et peut être exprimée par 19. Nous verrons l'intérêt qu'ont les hybrides de cette espèce qui tiennent d'elle une vigueur remarquable et une grande résistance au phylloxéra.

V. CINEREA

a. **Description**. — Souche très vigoureuse, tronc fort; bois de l'année à côtes accusées, d'une teinte gris cendré avec nombreux poils courts et roides; vrilles discontinues. — Feuilles (fig. 29) cordiformes allongées, entières; sinus pétiolaire très profond, peu ouvert; larges dents obtuses; limbe avec nervures régulièrement imprimées à la face supérieure d'un vert grisâtre terne; face inférieure d'un vert cendré, terne, avec nombreux poils courts sur les nervures et sous-nervures. — Grappe grosse, à grains petits, serrés, sphériques, d'un noir foncé luisant, à saveur acidulée. — Graines (fig. 30) moyennes, un peu allongées; bec fin et court; chalaze petite, ronde; raphé en cordon filiforme qui contourne le pépin. — Racines grosses, charnues.

b. **Variétés**. — Les variétés du V. Cinerea ne sont pas très nombreuses. Certaines, que nous nommerons les *Cinerea glabres,* n'ont, contrairement aux formes les plus communes, que quelques poils floconneux et courts sur les nervures et sous-nervures de la face inférieure des feuilles âgées qui sont moyennes; elles habitent des terrains secs. Les formes *tomenteuses*, les plus nombreuses, ont les caractères généraux de l'espèce et habitent, comme le V. Cordifo-

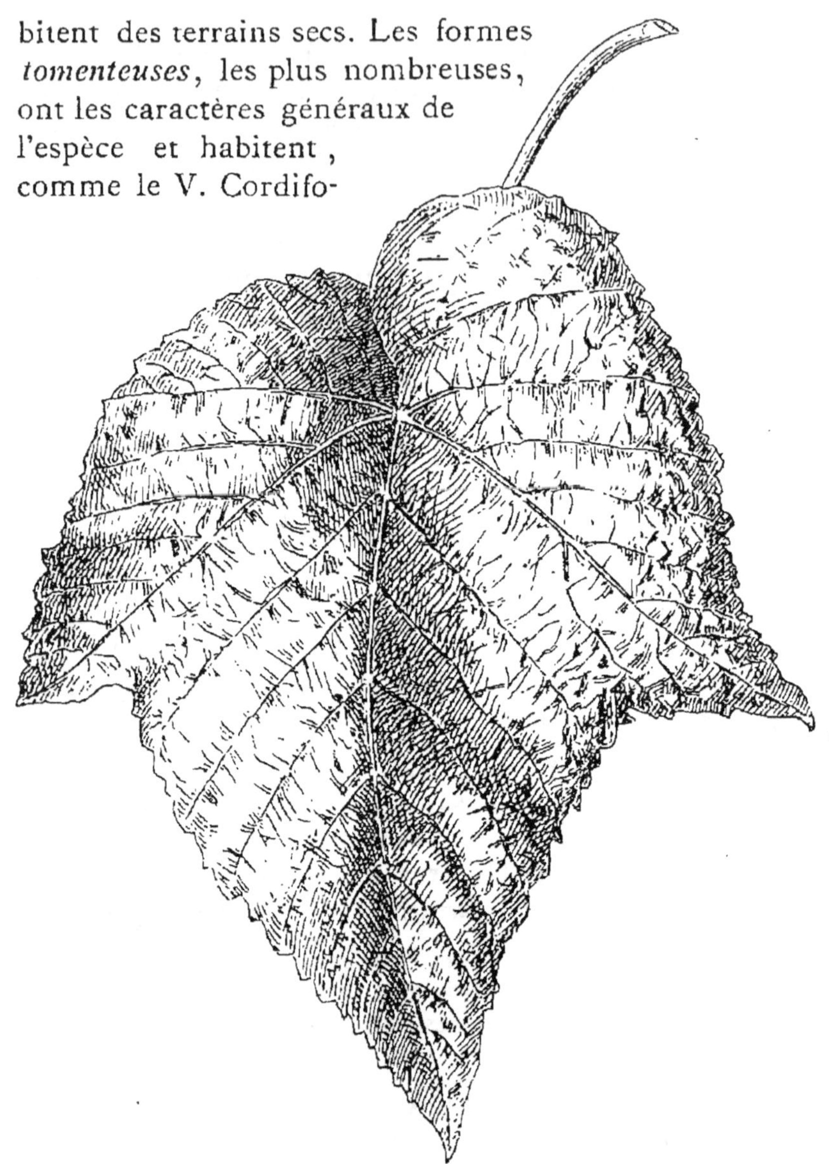

FIG. 29. — FEUILLE DE V. CINEREA.

lia, les terrains riches et frais du bord des fleuves et des cours d'eau. Un troisième ensemble de formes très

rares, auquel M. T.-V. Munson a donné le nom de
Wichita, est représenté par un petit nombre d'individus
dans les terrains calcaires, mais assez riches et
assez siliceux, du bord de la Rivière Rouge, dans
l'extrême nord du Texas ; les feuilles de ces
formes non introduites en France, sont orbiculaires, sous-moyennes, épaisses, à dents rudimentaires, à poils courts, roides et nombreux sur
les nervures principales de la face inférieure.

Fig. 30.
Graine
de V. Ci-
nerea.

c. **Adaptation et Culture.** — L'aire de distribution et d'adaptation du V. Cinerea en Amérique est
à peu près celle du V. Cordifolia, mais moins étendue ; elle va du centre de l'Illinois au Brazos-River dans
le Texas, et là elle est parfois mélangée, sur les rives de
ce fleuve, avec les formes de Berlandieri des terrains
riches, fait à noter et qui explique l'existence de nombreux hybrides Berlandieri-Cinerea, introduits récemment en France comme formes pures du V. Berlandieri.

Les terrains qu'habite le V. Cinerea sont ceux du V.
Cordifolia. Le Cinerea est cependant souvent seul et
abondant dans les bas-fonds marécageux et argileux, dans
les États, par exemple, qui bordent le golfe du Mexique.
C'est dans des terres de cette nature, argileuses, argilo-
calcaires, ou argilo-siliceuses que cette espèce à le mieux
prospéré en France, fait qui est en relation avec la grosseur de ses racines. Elle n'existe jamais dans les sables
siliceux en Amérique et elle a mal végété en France dans
des terres très meubles et sèches.

Nous ne reviendrons pas pour le V. Cinerea sur ce
que nous avons dit de la valeur relative des diverses formes du V. Cordifolia pour les divers terrains. Les formes de V. Cinerea des terrains riches, essayées en France

dans les sols crayeux, ont rapidement jauni et périclité.

Le bouturage de cette espèce est assez difficile, sa résistance au phylloxéra, pour la forme que nous avons étudiée, est représentée par la note 15.

En tant qu'espèce, le Cinerea n'a pas de valeur pour la reconstitution, sauf peut-être pour les terrains argileux et marécageux, mais elle a donné lieu à un grand nombre d'hybrides qui peuvent avoir de la valeur.

V. RUPESTRIS

a. **Description** (caractères généraux). — Souche vigoureuse, à port buissonnant, tronc court et fort; bois de l'année d'un rouge-brun et terne, ou luisant et châtain clair; vrilles discontinues. — Feuilles, jeunes : transparentes et brillantes, d'un rouge-roussâtre; adultes : petites, plus larges que longues, entières, en gouttière, à bords relevés, glabres, épaisses; sinus pétiolaire ouvert et presque nul; dents bien découpées, larges et obtuses, face supérieure d'un vert foncé et lustré, face inférieure d'un vert plus clair et vernissé. — Grappe petite, grains petits, subsphériques, d'un noir violacé, très colorés en rouge à l'intérieur, d'un goût franc. — Graines (fig. 31) petites, globuleuses; bec gros et court; chalaze allongée et peu saillante; raphé rudimentaire se confondant avec la chalaze. — Racines longues, grêles, très dures, ou fortes et charnues (Rupestris du Lot).

b. **Variétés.** — Les variétés du V. Rupestris sont très nombreuses. M. H. Jæger, qui a le premier étudié les variations que présente le V. Rupestris à l'état sauvage, a isolé plus de cent types. Le grand intérêt que présente cette espèce comme porte-greffe pour la reconstitution des vignobles, — valeur sur laquelle M. Millardet a le premier, croyons-nous, attiré l'attention des viticulteurs en 1882, — a été l'origine d'une sélection importante. En outre, les Rupestris ont été connus et importés au moment où l'on commençait à faire grand cas de la sélection des Riparias, et l'on peut dire que la sélection des formes a été poussée, pour cette espèce, plus loin que pour aucune autre. Il en est heureusement résulté que la plupart des mauvaises variétés ont été rapidement éliminées et que, dans la

Fig. 31. Graine de V. Rupestris.

culture, on possède, actuellement, surtout des formes de Rupestris très vigoureuses et très méritantes. Il est nécessaire pour le Rupestris, de même que pour le Riparia et le Berlandieri, de n'employer, pour la reconstitution, que des formes de première vigueur.

D'une façon générale, la grande vigueur, un tronc et des sarments forts, des feuilles épaisses et luisantes, sont la meilleure caractéristique des variétés supérieures de Rupestris. On doit rejeter de la culture toutes les variétés qui sont peu vigoureuses, à feuilles minces, d'un vert clair et terne; par l'emploi de ces variétés on court à un échec certain. La sélection des formes vigoureuses est plus importante peut-être pour le Rupestris que pour le Riparia, aussi importante en tout cas que pour le Berlandieri.

Les Rupestris rentrent dans deux groupes principaux, subdivisibles d'après les caractères des feuilles. Le premier groupe comprend les Rupestris à feuilles plutôt petites (comparativement); leur port est généralement plus buissonnant. On pourrait établir dans ce groupe deux subdivisions :

1° Les Rupestris à port très buissonnant, à ramifications secondaires et tertiaires très nombreuses et dressées, verdâtres et non luisantes à l'état herbacé, les rameaux principaux relativement courts; les feuilles, bien pliées, à bords parallèles presque appliqués et plans, paraissent comme imbriquées sur les rameaux; elles sont souvent minces, ternes à la face supérieure et d'un jaune verdâtre peu luisant à la face inférieure. Ces formes sont les moins vigoureuses, elles perdent facilement leurs feuilles qui tombent parsemées de nombreuses taches noires, petites et quadrangulaires; on doit les rejeter d'une façon générale;

2° Un groupe de Rupestris qui comprend les formes les plus vigoureuses, à tronc très gros, à sarments principaux plus ou moins traînants et forts, à ramifications secondaires assez nombreuses et dressées sur les rameaux principaux; à feuilles de dimensions moyennes dans les sols de fertilité ordinaire, lustrées sur les deux faces, avec les rameaux le plus souvent envinés à l'état herbacé. Parmi ces Rupestris, nous citerons parmi les formes les plus vigoureuses : *Rupestris Mission, Rupestris du Lot;* puis un second ensemble : *Rupestris Ganzin, Rupestris Martin,* etc., de Rupestris très méritants et très vigoureux.

Le second groupe principal est formé de tous les Rupestris à grandes feuilles, plus grandes que celles des formes précédentes dans des terrains de même nature, à port buissonnant, à ramifications moins nombreuses; les feuilles, pliées en gouttière, sont plus ouvertes et moins imbriquées sur les rameaux. La plupart de ces Rupestris sont très vigoureux, à sarments gros. Nous subdiviserons ce groupe en :

1° Rupestris à grandes feuilles épaisses, d'un vert très foncé à la face supérieure, peu gaufrées, ouvertes. Ex. : *Rupestris à feuilles métalliques* ou *R. metallica, Rupestris à pousses violacées,* etc.;

2° Rupestris à grosses feuilles charnues et très luisantes, ouvertes et parfois réfléchies sur les bords, souvent très gaufrées entre les nervures principales et secondaires. Ex. : *Rupestris École,* certains *Rupestris de Fortworth,* etc. ;

3° Rupestris à très grandes feuilles, bien planes, presque aussi larges que longues, à port non buissonnant. Ces Rupestris ont certainement subi l'action d'une hybridation avec d'autres espèces; nous les considérerons cependant comme des Rupestris purs. Ex. : *Rupestris du Kansas, Rupestris N° 62 de Jæger,* etc.

M. Mazade qui a publié une monographie d'une très grande valeur dans la *Revue de Viticulture,* sur les seules formes méritantes des Rupestris, monographie à laquelle nous empruntons la plupart des documents qui vont suivre, classe ces formes en trois groupes.

1° Rupestris à port buissonnant, à feuilles à bords très peu ondulés, régulièrement pliées en gouttière, généralement petites. Teinte générale jaunâtre. Ex. : *Rupestris Ganzin.*

2° Rupestris à port érigé, ramifications principales seules rampant sur le sol ; feuilles peu pliées en gouttière : sinus pétiolaire en forme d'accolade. Ex. : *Rupestris du Lot.*

3° Rupestris à port rampant et à feuilles à reflet métallique sombre : Ex. : *Rupestris Mission, Rupestris Martin, Rupestris métallique, Rupestris de Fortworth.*

Le tableau suivant donnera la valeur de la résistance phylloxérique dans un même terrain argilo-calcaire, peu fertile, de diverses formes de Rupestris étudiées au même âge.

	Résistance.
Rupestris Mission	18
Rupestris du Lot	16
Rupestris Ganzin	18
Rupestris Martin	18
Rupestris à pousses violacées	18
Rupestris à feuilles métalliques	16
Rupestris École	18
Rupestris de Fortworth (forme décrite)	18
Rupestris de Kansas	18
Rupestris N° 62 de Jæger	16
Rupestris Y	18
Rupestris α	18
Rupestris Arkansas (Jæger)	18
Rupestris de Cleburne —	16
Rupestris N° 66 —	18
Rupestris du Texas —	18
Rupestris N° 64 —	18
Rupestris N° 65 —	17

Rupestris Mission. — Cette forme de Rupestris existe
à l'École d'agriculture de Montpellier, où elle a été importée en 1887; c'est la seule qui ait persisté avec une vigueur et une grosseur de tronc remarquables, des feuilles
toujours vertes, dans un carré de Rupestris et de Riparia-
Rupestris établis dans un terrain argilo-calcaire, très sec
et peu fertile. Le port est très étalé, les sarments forts et
longs, à mérithalles de longueur moyenne, à ramifications secondaires relativement peu nombreuses, grêles et
courtes, les jeunes rameaux lisses, luisants, d'un jaune
vineux. Les sarments aoûtés sont d'une couleur noisette
claire, et rosés au niveau des nœuds; ils sont droits, cylindriques, à nœuds peu apparents. Feuilles (fig. 32)
plutôt petites, plus larges que longues, symétriques; elles
sont, ce qui est assez caractéristique, profondément creusées en gouttière avec les deux bords du limbe repliés un
peu vers le centre en dessus du plan de la feuille, la face

inférieure étant ainsi apparente sur une partie ; complètement glabres ; face supérieure d'un vert glauque, assez clair, face inférieure d'un vert jaunâtre ; deux séries de dents larges et courtes ; sinus pétiolaire en forme d'accolade (fig. 33). Pétiole d'un jaune rosé, assez long et grêle.

Rupestris du Lot. — Ce porte-greffe, un des plus méritants et un des plus employés actuellement dans la reconstitution à cause de sa valeur pour certains terrains calcaires, a des noms divers ; nous lui maintenons celui de *Rupestris du Lot* sous lequel il a été, pour la première fois, décrit et signalé par MM. Millardet et de Gramet. On le connaît encore sous les noms de : *Rupestris Phénomène* ou *Phénomène du Lot, Rupestris Sijas, Rupestris Monticola, Rupestris Saint-Georges érigé, Ru-*

FIG. 32. — FEUILLE DE V. RUPESTRIS MISSION.

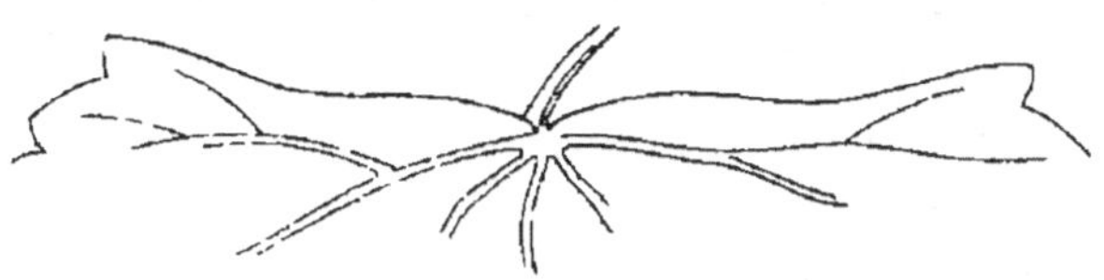

FIG. 33. — SINUS PÉTIOLAIRE DU RUPESTRIS MISSION.

pestris Lacastelle, Rupestris Colineau, Rupestris Reich... ; mais ces divers noms, qui ne sont que des synonymes, n'ont été donnés ou du moins imprimés que postérieurement à celui de *Rupestris du Lot*. Nous tenons cependant à la vérité de dire que M. Sijas a été un des premiers, sinon le premier, à isoler, dès 1879, ce Rupestris dans ses vignes de Montferrier (Hérault). Le nom de *Rupestris monticola* est complètement erroné ; rien n'a jamais démontré la parenté de cette vigne avec le V. Monticola et ce nom ne peut prêter qu'à confusion et à une confusion regrettable. Les caractères distinctifs du *Rupestris du Lot* sont les suivants, d'après M. Mazade : « Souche très forte, vigueur puissante ; port érigé (les ramifications principales seules rampent sur le sol) ; sarments noueux, très ramifiés ; mérithalles courts ; feuilles (fig. 34) très peu pliées en gouttière, à bords ondulés, brillantes, à reflet métallique, relativement minces ; sinus pétiolaire (fig. 35) en forme d'accolade ; dents irrégulières, bien coupées, relativement aiguës, celle qui forme le lobe terminal est assez effilée. Feuilles des dernières ramifications parfois extrêmement petites ; sommités des rameaux bronzées. Sous l'influence d'une sécheresse extrême les feuilles se plient en gouttière et le reflet métallique disparaît ; racines un peu moins grêles que celles de la plupart des autres Rupestris. »

La résistance au phylloxéra du *Rupestris du Lot* a été parfois mise en doute ; ses racines portent, dans certaines circonstances, de nombreuses nodosités et quelques tubérosités, mais ces lésions s'excorient de bonne heure et ne pénètrent jamais le cœur de la racine ; elles n'ont aucune action ou du moins une action insignifiante sur la bonne tenue et la vigueur réellement remarquable de ce porte-greffe dans les terrains qui lui conviennent. Les feuilles du *Rupestris du Lot* n'ont jamais de galles phylloxériques, ce qui est un fait assez exceptionnel : lorsque le phylloxéra les pique, la lésion se limite toujours à une déviation des nervures, mais les tissus piqués ne prolifèrent pas sous forme de galles.

L'extraordinaire vigueur du *Rupestris du Lot* dans la généralité des terrains, .une certaine résistance à la chlorose dans les sols calcaires, sa belle végétation dans les sols maigres et même les sols siliceux compacts ou dans les terres argileuses, où il végète puissamment à cause de ses grosses racines, en font un porte-greffe de premier ordre. Il communique aux greffes qu'il porte une puissante végétation, d'autant plus

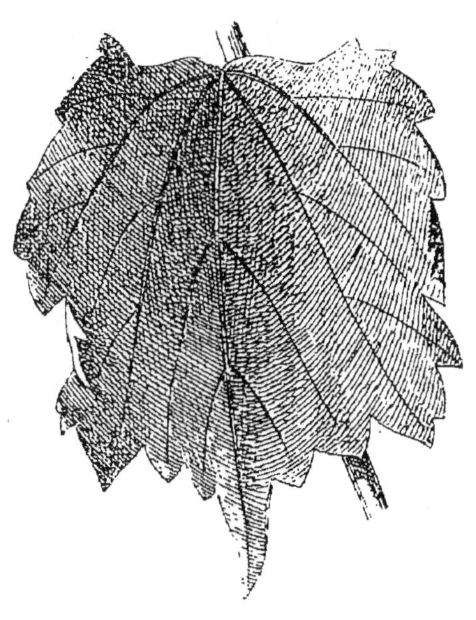

FIG. 34. — FEUILLE DE V. RUPESTRIS DU LOT.

grande que le terrain est plus fertile. Dans les sols très riches, si on ne modère pas cet excès de vigueur par des

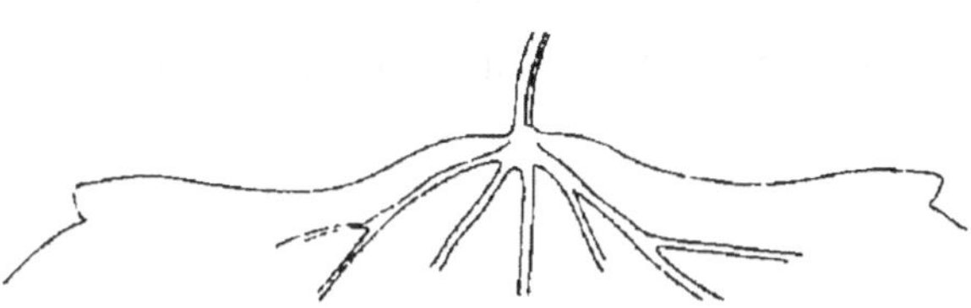

FIG. 35. — SINUS PÉTIOLAIRE DU RUPESTRIS DU LOT.

tailles appropriées, la coulure peut en résulter; mais c'est un inconvénient presque toujours sans gravité, et qu'il est très facile de corriger. Ce défaut relatif ne se produit jamais dans les terrains maigres qui sont aussi les milieux pour lesquels le Rupestris du Lot doit étre préféré.

Le *Rupestris du Lot*, franc de pied, est toujours infertile. Une forme, très semblable pour les caractères extérieurs avec le Rupestris du Lot, et que l'on a parfois appelée *Rupestris du Lot femelle* ou *Rupestris monticola femelle*, est fructifère; mais elle en diffère essentiellement, surtout par ses qualités moins parfaites de vigueur et de résistance au calcaire.

Rupestris Ganzin. — Cette forme, dit M. Millardet, qui l'a étudiée et dénommée, est originaire du Texas, d'où elle fut rapportée, vers 1874, par M. Charles Martin. M. le docteur Davin et M. G. Couderc la remarquèrent d'abord, la multiplièrent et la répandirent. En 1880, j'eus l'occasion de l'étudier chez M. Ganzin...» C'est un Rupestris qui avait été beaucoup propagé dans les terrains qui conviennent aux Rupestris; il est actuellement abandonné avec raison par suite de son infériorité par rapport au *Rupestris Martin*, qui lui est supérieur pour les terrains où il pourrait réussir.

Ses caractères sont : Souche vigoureuse, à tronc assez gros; jeunes pousses d'un rouge violacé foncé et luisant; ramifications secondaires assez nombreuses donnant à la souche un port plutôt buissonnant. Sarment assez gros, sinueux, à mérithalles assez longs, d'une couleur châtain vif à maturité. Feuilles (fig. 36) de dimensions moyennes, un peu plus larges que longues, sub-trilobées, pliées en gouttière évasée, symétriques; face supérieure d'un vert glauque assez clair et un peu luisant; face inférieure d'un vert plus clair et plus terne; deux séries de dents bien accusées; sinus pétiolaire (fig. 37) en V ouvert et profond; nervures fortes, proéminentes, colorées en rose terne, sur un assez grand parcours à partir de leur insertion, à la face supérieure. Pétiole rouge, assez fort, à rainure bien marquée et bordée de poils courts et roides.

Rupestris Martin. — Forme nommée par M. Couderc. Le meilleur de tous les Rupestris, à notre avis, pour tous les terrains secs, caillouteux, non calcaires et argilo-siliceux, et aussi un des porte-greffes qui ont la plus grande résistance phylloxérique.

Souche vigoureuse, à tronc fort; jeunes pousses envinées et luisantes; ramifications secondaires assez nombreuses; sarments gros, sinueux, d'un châtain foncé, terne, à mérithal-

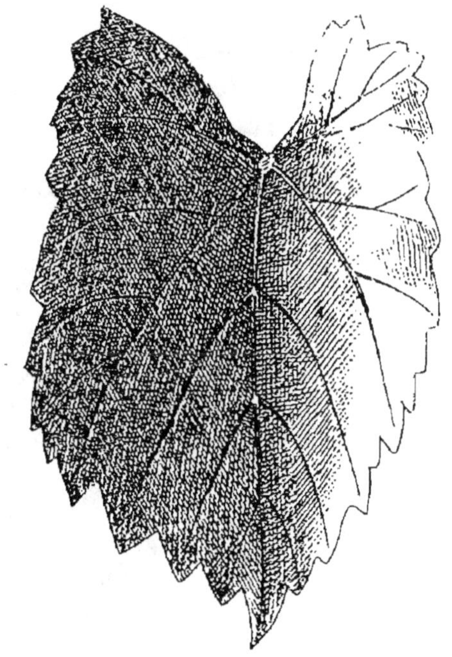

Fig. 36. — Feuille de V. Rupestris Ganzin.

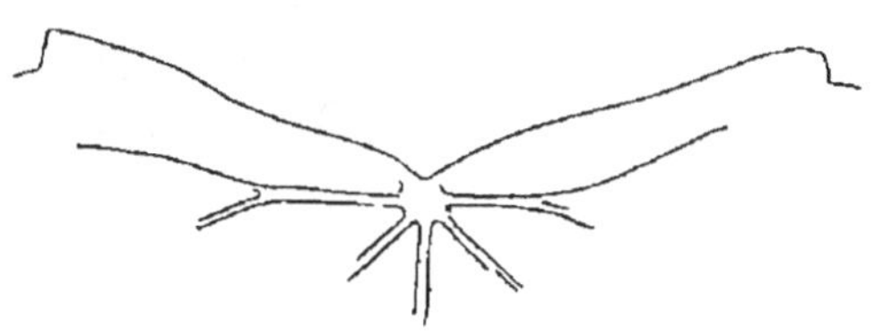

Fig. 37. — Sinus pétiolaire du Rupestris Ganzin.

les assez courts. Feuilles (fig. 38) moyennes, aussi larges que longues, creusées en gouttière large et gaufrée au centre et à bords ondulés, d'un vert glauque et terne à la face supérieure, d'un vert plus clair et peu lui-

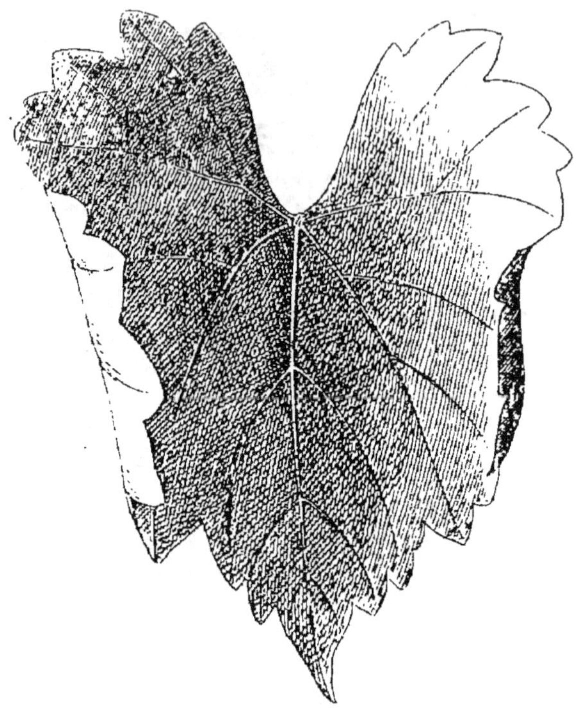

FIG. 38. — FEUILLE DE V. RUPESTRIS MARTIN.

sant à la face inférieure; sinus pétiolaire (fig. 39) en V
évasé; deux séries de
dents larges, et arron-
dies; nervures envinées
à leur insertion à la face
supérieure, avec poils
assez longs dans les an-
gles qu'elles forment à
leur insertion. Pétiole

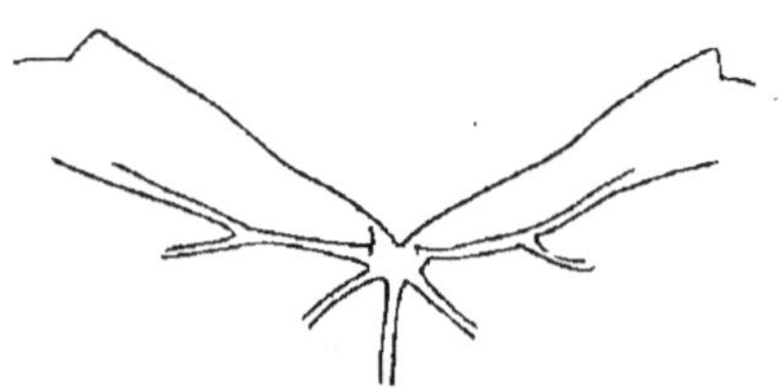

FIG. 39. — SINUS PÉTIOLAIRE DU RUPES-
TRIS MARTIN.

court et grêle, d'un vineux sale vers le sarment, à sillon
large.

Rupestris métallique. — Cet ensemble de formes dénommées encore : *Rupestris à feuilles métalliques*, *Rupestris metallica*, *Rupestris à feuilles plombées*, *Rupestris Saubens*, *Rupestris Giraud...* n'est pas sans mérite.
Si le Rupestris du Lot n'existait pas, ce sont certainement les Rupestris métalliques qui auraient été les plus
multipliés dans les terrains argilo-calcaires où le Rupestris du Lot occupe actuellement et occupera de plus en
plus la place prédominante. La vigueur des Rupestris
métalliques est un peu inférieure à celle du Rupestris
du Lot; leur résistance pylloxérique, — qu'ils tiennent
de leur parenté certaine avec le Mustang, — et d'où
dépend un peu leur infériorité relative de résistance à
la sécheresse, devront leur faire toujours préférer le
Rupestris du Lot.

Voici ce que dit M. Mazade d'une des meilleures formes
de Rupestris métallique : « Souche vigoureuse. Feuilles
(fig. 40) orbiculaires, brillantes, comme parcheminées,
très épaisses, à reflet métallique sombre; relativement
pliées en gouttière, bords tout à fait plans, différence
de dimensions très faible entre les feuilles des ramifications principales et des ramifications secondaires. Den-
ture régulière en scie, pétiole faisant un angle aigu
avec le limbe; ce qui donne aux rameaux dressés une rai-
deur spéciale; sinus pétiolaire profond, en V ouvert
(fig. 41). Bouquets de poils pelucheux disséminés sur les
sarments et sur les pétioles, bourgeons blanchâtres.
Racines jeunes, rouges. —Ce Rupestris est probablement
un hybride de Rupestris et de Mustang. Le tomentum qui
recouvre les bourgeons, les poils pelucheux nombreux,
disséminés par bouquets sur les sarments, la couleur et
la texture des feuilles, le rapprochent beaucoup de
certaines formes de Champin. Le R. métallique est
un Rupestris très vigoureux qui se comporte très bien

dans les coteaux secs des environs de Montpellier. »

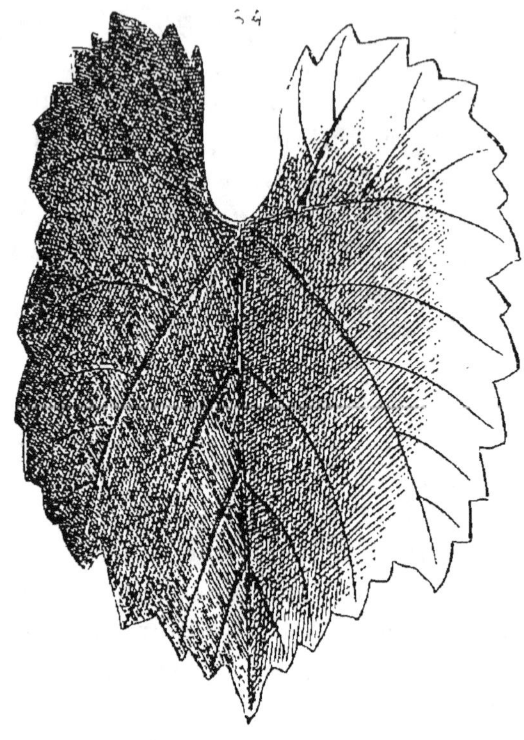

FIG. 40. — FEUILLE DE RUPESTRIS MÉTALLIQUE.

Rupestris à pousses violacées. — Souche à vigueur moins grande que celles des formes précédentes et moins méritante, défeuillaison précoce, port buissonnant. Sarments gros, d'une couleur noisette avec rayures plus fon-

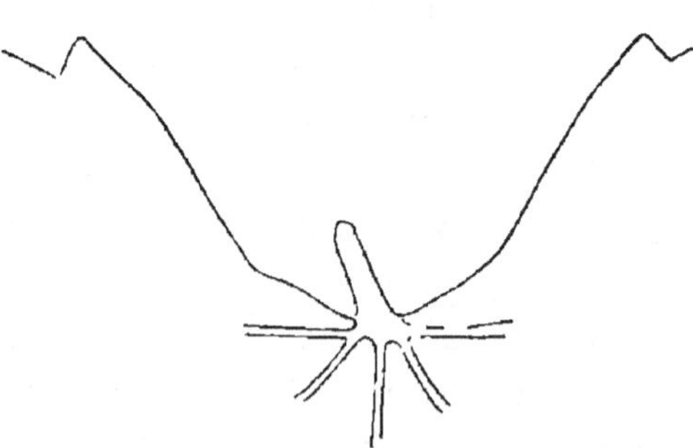

FIG. 41. — SINUS PÉTIOLAIRE DE RUPESTRIS MÉTALLIQUE.

cées vers leur point d'insertion; jeunes rameaux violacés. Feuilles grandes, un peu plus longues que larges, un peu minces; sinus pétiolaire ouvert, à bords droits; dents assez longues et aiguës, en deux séries; d'un vert assez foncé à la face supérieure. Petiole à rainure très accusée, d'une couleur violacée.

Rupestris École. — Cette forme très vigoureuse, à tronc très gros, existe dans les collections de l'École d'agriculture de Monptellier, depuis 1879; mais elle est très inférieure au *Rupestris Martin* et très sensible, comme lui, au calcaire. Souche à tronc très gros, à rameaux traînants, peu buissonnante; sarments d'un rose vineux pruiné, coudés au niveau des nœuds, mérithalles courts. Feuilles glabres, sub-rectangulaires, épaisses, creusées en gouttière largement ouverte, à bords un peu repliés en dessous, fortement gaufrées en long entre les nervures, d'un vert glauque assez luisant à la face supérieure, d'un vert plus clair et luisant sur le revers; nervures fortes, vertes, épaissies au niveau du pétiole; sinus pétiolaire en U très ouvert; une série de dents larges, peu marquées. Pétiole long et fort, à large rainure et aplati, coloré en vineux terne comme l'origine des nervures à la face supérieure.

Rupestris de Fortworth. — « Cette forme, dit M. Millardet, a été envoyée, en 1882, par M. Hermann Jæger, de Neosho, à M. de Grasset. Elle provient de Fortworth, dans le Texas. » Les Rupestris de Fortworth qui existent dans le commerce représentent un ensemble de formes, plutôt qu'une forme unique; ils sont inférieurs au *Rupestris du Lot*, mais ne sont pas sans valeur à cause de leur grande vigueur. Voici les caractères d'une des formes les plus vigoureuses :

Souche très vigoureuse, à tronc fort; jeunes pousses rosées; sarments assez gros, d'une couleur noisette clair et pruineux. Feuilles (fig. 42) très grandes, épaisses, d'un vert glauque clair et luisantes, gaufrées en long entre les nervures, à gouttière bien accusée, mais à bords du limbe un peu repliés en dedans; d'un vert jaunâtre clair et luisantes à la face inférieure; nervures transparentes et jaunes; dents en deux séries, larges et aiguës, sinus pétiolaire (fig. 43) profond, en V largement arrondi à sa base. Pétiole rosé clair.

Nous citerons parmi les autres Rupestris, comme étant assez vigoureux : les *Rupestris* N° 50, *Rupestris* N° 66, *Rupestris* N° 62, *Rupestris de Cleburne*, sélectionnés et nommés par M. Hermann Jæger; les *Rupestris Arkansas*, *Rupestris du Territoire Indien*, *Rupestris* N°ˢ 64, 65 et 75 sont morts de la chlorose, à l'École d'agriculture de Montpellier, à la troisième feuille, dans la même planche où le Rupestris Mission est toujours très vigoureux. Les Rupestris Jæger N° 62, 64, 65, 66, 68 sont les plus fertiles, mais ils ne présentent, à ce point de vue, aucun intérêt pour nos vignobles.

    c. **Adaptation et Culture.** — Le V. Rupestris occupe, aux États-Unis, une région assez étendue dans le Sud, depuis le point de jonction des fleuves Missouri et Mississipi jusqu'au sud du Texas, dans un ensemble de terrains qui appartiennent surtout au Carbonifère et au Silurien, et partiellement au Cambrien, au Crétacé et à l'Éocène. Au lieu de vivre dans les milieux ombragés des forêts vierges, comme la plupart des autres espèces, les Rupestris poussent toujours dans les milieux éclairés et dépourvus de toute plante ligneuse, le plus souvent dans le lit de ravins exposés aux rayons directs d'un soleil brûlant. Toute la région d'habitat du V. Rupestris comprend des terres beaucoup plus sèches et beaucoup plus brûlées par le soleil que les sols les plus arides de nos régions méridionales; mais il résiste, aux États-Unis, à des températures de — 28ᶜ C.

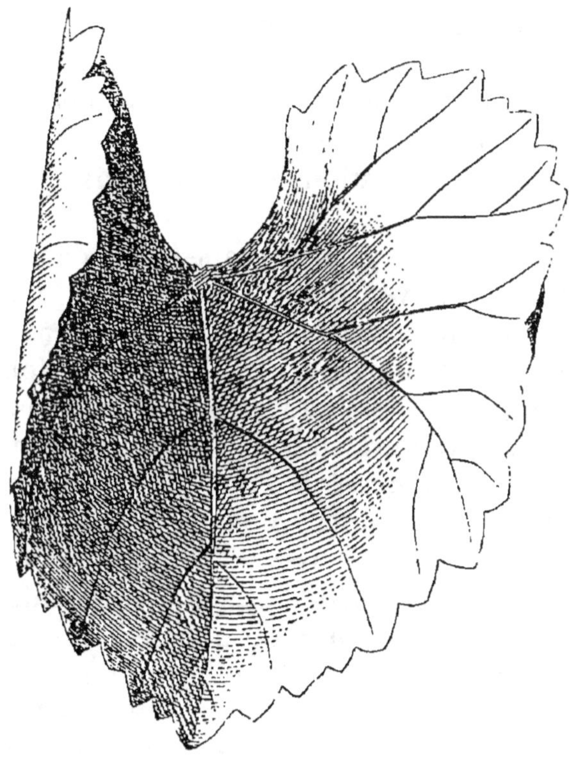

FIG. 42. — FEUILLE DE RUPESTRIS DE FORTHWORTH.

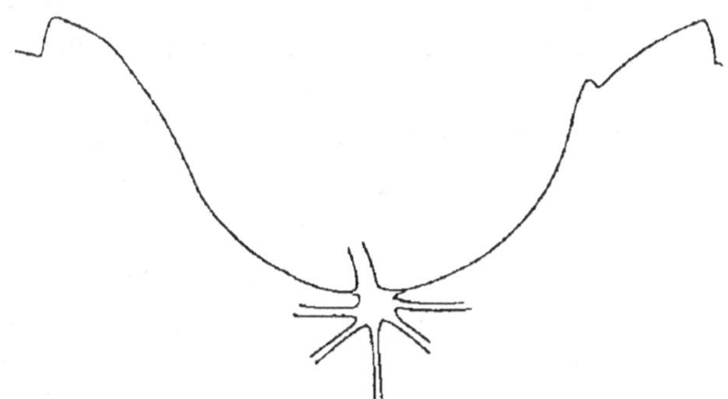

FIG. 43. — SINUS PÉTIOLAIRE DE RUPESTRIS DE FORTHWORTH.

sans être endommagé par le froid. En France, le Rupestris est l'espèce qui vient le mieux dans les terrains les plus secs et les moins fertiles ; il a subi les froids de l'hiver 1890-1891 et a supporté — 31° C dans la vallée du Rhône, au-dessus de Lyon. Cette résistance au froid, à la sécheresse et à la chaleur est bien acquise par suite des nombreuses plantations de Rupestris qui ont été faites en France.

Le Rupestris pousse, aux États-Unis, dans des sols peu fertiles ; c'est, avec le V. Berlandieri et le V. Monticola, l'espèce qui croît le plus vigoureusement dans les milieux les moins riches. La plupart des formes du V. Rupestris, et le plus grand nombre d'individus (États du Missouri, Territoire Indien, Arkansas), se trouvent dans le lit de ravins desséchés dont le sol est formé par des cailloux siliceux roulés, plus ou moins gros, entremêlés à une argile rouge très plastique ; le nombre des cailloux est parfois si considérable à la surface des ravins qu'ils paraissent constituer uniquement le sol, et au milieu d'eux émergent les gros troncs trapus de cette espèce rustique. Dans d'autres régions, les cailloux sont formés de tufs siliceux, plus ou moins décomposés, constituant un milieu encore plus sec et plus infertile. Dans le sud-ouest du Missouri les sols ont la même constitution, mais des fragments de calcaire, compacte, dur et cristallisé du Dévonien, remplacent le cailloutis siliceux ; enfin, dans les régions à Rupestris du Nord du Texas (Fortworth, Cleburne), le cailloutis calcaire provient de roches crétacées, mélangées à un sol argileux noirâtre, mais les fragments de roches sont durs, jamais tendres et crayeux. C'est de ces régions que proviennent le *Rupestris Mission* et le *Rupestris métallique ;* c'est là aussi qu'a probablement été recueilli le *Rupestris du Lot* dans un ensemble de Rupestris de Fortworth. Quand, aux État-

Unis, quelques pieds sauvages se trouvent par hasard
dans les sols provenant de la décomposition de craies,
ou dans des marnes jaunâtres et tendres, ils y ont une
faible vigueur et sont souvent chlorosés.

Voici la composition de deux terres d'Amérique (analyse de M. B. Chauzit), représentant le type de celles où
existent les Rupestris les plus nombreux et les plus vigoureux; ces analyses portent seulement sur la terre fine
dégagée des cailloux siliceux roulés qui formaient les 70
et 80 % de la masse totale.

	N° 1	N° 2
Argile	81.725	64.600
Sable	16.325	32.850
Calcaire	4.712	2.275

Ces propriétés d'adaptation, de sens absolument identique en France, sont prouvées par les nombreux exemples de reconstitution qui ont été faits avec le Rupestris,
et la valeur de cette espèce à ce point de vue est aujour-
d'hui bien connue. D'abord, les Rupestris ne sont pas
des porte-greffes pour les terrains crayeux, dans les craies
blanches, tendres et friables du Crétacé des deux Charentes, du Saumurois, dans les marnes crayeuses du Garumnien, en somme dans tous les sols à carbonate de
chaux abondant et soluble, toutes les formes de Rupestris se chlorosent rapidement, se rabougrissent et meurent. Le Rupestris est une des espèces les plus sensibles
à la chlorose dans les terrains crayeux, elle jaunit plus
que le Riparia. Dans les argiles compactes (Rupestris
du Lot excepté), dans tous les sols humides, d'autres espèces lui sont supérieures; il s'accommode des milieux
les plus secs et les plus infertiles; il est, dans ces conditions, supérieur à *toutes* les autres espèces, à tous les
autres porte-greffes américains.

Cette espèce est d'une très grande résistance au phylloxéra, ainsi que nous l'avons vu par les chiffres que nous avons donnés; sa vigueur est très grande, son tronc très fort, beaucoup plus fort que celui du Riparia, sans différence de grosseur entre le sujet et le greffon; les greffes qu'elle porte sont très vigoureuses, fructifères, à maturité hâtive: l'affinité au greffage avec les cépages européens est à peu près toujours également bonne. Enfin, le Rupestris reprend bien de bouture et de greffe-bouture.

Les terres où le V. Rupestris a réussi et réussira sont très nombreuses en France, dans les pays vignobles. Il est des vignobles entiers qui pourront être reconstitués presque partout par le Rupestris, la Loire-Inférieure et le Maine-et-Loire (Saumurois excepté) par exemple. Tous les sols caillouteux, à cailloux siliceux ou de calcaire dur, qu'ils soient en coteaux riches ou secs ou en plaines peu fertiles, tous les sols siliceux, à grains assez gros ou petits, doivent être reconstitués par le V. Rupestris, et ces natures de sols sont très nombreuses dans les régions viticoles de la France. Telles sont, par exemple, les terres du diluvium alpin, du diluvium de la Durance (Crau) et du diluvium pyrénéen du midi de la France; les alluvions modernes caillouteuses du Rhône, celles des garigues de l'Oxfordien, du Corallien, de certains calcaires durs de la Molasse de la même région; celles du Silurien du Nord de la France, à schistes durs et siliceux, du Carbonifère à cailloux calcaires durs; celles des terrains granitiques et caillouteux du pourtour du Plateau Central (Aveyron, Beaujolais), celles des calcaires durs du Jurassique, de l'Oxfordien et du Corallien des côtes du Rhône, de la Bourgogne; les sables caillouteux tertiaires de la Gironde, les graves; les alluvions anciennes de la Charente et du Rhône à fragments calcaires durs et siliceux mélangés, etc., etc.

Le V. Rupestris, nous l'avons dit, reprend bien de bouture et de greffe-bouture. On peut, avec des soins spéciaux, arriver à des reprises aussi considérables qu'avec les porte-greffes les plus parfaits à ce point de vue, le Riparia et le Vialla par exemple. Les reprises de bouture et de greffe-bouture sont allées, dans beaucoup de pépinières, à 80 et 90 %. Certains pépiniéristes considèrent même que le succès du greffage avec le Rupestris est plus complet qu'avec les autres porte-greffes, à cause de la vigueur des greffes et de la perfection des soudures. Le Rupestris reprend cependant assez difficilement quand on le greffe à un âge avancé. Il faut, pour faciliter la reprise des greffes-boutures et des boutures de Rupestris, les écorcer avec soin et enlever profondément les yeux qui sont mis en terre; nous y insisterons dans la partie relative au greffage.

Le V. Rupestris, non greffé évidemment, craint peu les maladies cryptogamiques des feuilles: les rameaux se défeuillent parfois de bonne heure à la base, mais c'est là un phénomène naturel que l'on observe constamment sur les individus à l'état sauvage en Amérique, et qui n'a aucune action sur la grande vigueur de cette espèce. Les taches noires que l'on observe souvent sur les feuilles, et que l'on attribue à la Mélanose, ne sont nombreuses que sur les variétés peu vigoureuses et sans valeur, et ne déterminent jamais le moindre affaiblissement des variétés les plus parfaites. Le Rupestris, d'une façon générale, est très sensible au pourridié dans les milieux humides; c'est l'espèce américaine qui le craint le plus, et on doit éviter de le cultiver dans les milieux à eau stagnante.

Nous verrons l'importance considérable qu'a eue le Rupestris comme élément d'hybridation, à cause de ses qualités primordiales de résistance au phylloxéra et de vigueur.

Mais parmi les diverses formes de Rupestris que nous avons citées, il faut, au point de vue de l'adaptation et de la reconstitution préciser quelles sont celles qui doivent être préférées dans les divers milieux. Seuls les Rupestris du Lot, Rupestris Martin, et Rupestris mission doivent rester actuellement dans la culture. Le *Rupestris Ganzin* par exemple est inférieur au *Rupestris Martin* comme vigueur et a les mêmes propriétés d'adaptation. Le *Rupestris métallique* et la plupart des belles formes de *Rupestris de Fortworth* ne valent pas le *Rupestris du Lot* qui prospère dans les mêmes milieux.

Le *Rupestris Martin*, à cause de sa grande résistance au phylloxéra, doit être toujours utilisé dans les milieux pauvres ou siliceux et caillouteux, *pas ou très peu calcaires*.

Le *Rupestris du Lot* peut remplacer actuellement le Solonis et le Jacquez dans les terres relativement calcaires et maigres, où l'on avait jadis recours à ces porte-greffes, et le Vialla dans les terres siliceuses compactes.

Le *Rupestris Mission* sera préférable au Rupestris du Lot dans les terrains relativement fertiles où ce dernier pourrait, par suite de son excès de vigueur, pousser les greffes à la coulure; ou encore dans les terrains où certaines vignes françaises, greffées en Rupestris du Lot, et normalement sujettes à la coulure, ne donneraient pas une fructification abondante et soutenue.

Le *Rupestris métallique* a une résistance à la chlorose qui est plus grande que celle du Martin, du Ganzin, elle n'égale pas celle du Solonis.

V. MONTICOLA

a. **Description** (caractères généraux). — Souche
peu vigoureuse, à port semi-grimpant, tronc grêle; bois

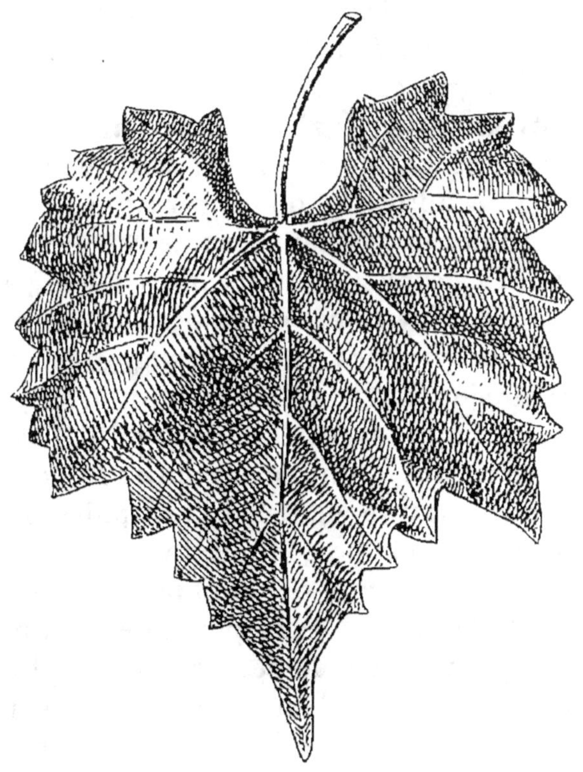

Fig. 44. — Feuille de V. Monticola (face supérieure).

de l'année ramifié, luisant, d'un brun acajou clair et bien
strié, vrilles discontinues. — Feuilles (fig. 44 et 45) petites, aussi larges que longues, subcordiformes, presque
entières, formant gouttière; sinus pétiolaire profond,
avec bords superposés; dents peu accusées, obtuses, nor-

males au limbe épais et peu bullé; face supérieure d'un vert foncé, luisant; face inférieure d'un vert plus clair et vernissé; jeunes feuilles d'un vert rosé. — Grappe petite, à grains sous-moyens, sphériques, noirs ou gris rosé, d'un goût franc et sucré. — Graines (fig. 46) moyennes de grosseur, subsphériques; bec court et épais, chalaze suborbiculaire, raphé en cordon mince très proéminent assez nettement séparé de la chalaze. — Racines dures, longues, assez grêles.

b. **Variétés, Adaptation et Culture**. — Jusqu'à ces dernières années, on ne connaissait que fort peu de variétés du V. Monticola; toutes, par suite de leur faible vigueur normale, étaient sans aucune valeur pour la reconstitution. Les explorations récentes faites par M. T. V. Munson dans l'extrême nord-ouest du Texas lui ont permis de découvrir des formes très vigoureuses en 1891 et plus récemment, en 1894, lors d'une nouvelle exploration qu'il a accomplie avec M. Salomon fils. Les variétés qu'ils ont recueillies et que nous cultivons depuis 1893 et depuis 1895 ont une vigueur et une puissance de développement que nous ne connaissions pas au V. Monticola. On ne peut encore se prononcer sur leur valeur culturale et d'adaptation, mais par suite des qualités de résistance phylloxérique, de résistance à la chlorose et à la sécheresse que possèdent l'espèce et les formes grêles que nous avions déjà en France, par suite aussi des milieux secs, infertiles, et calcaires que cette vigne habite au Texas, il est permis d'espérer que les formes vigoureuses pourront, dans l'avenir, avoir une valeur pour beaucoup de terrains calcaires ou crayeux secs. Le *V. Monticola* N° 1 qui est cultivé à l'École d'agriculture de Montpellier depuis trois ans présente une vigueur et une verdeur exceptionnelles dans un terrain relativement chlorosant. Le *V. Monticola Salomon* s'en rapproche par ses caractères et paraît encore plus vigoureux.

Le *V. Monticola* (V. Texana ou V. Foexeana) a une aire de distribution très limitée dans le centre du Texas,

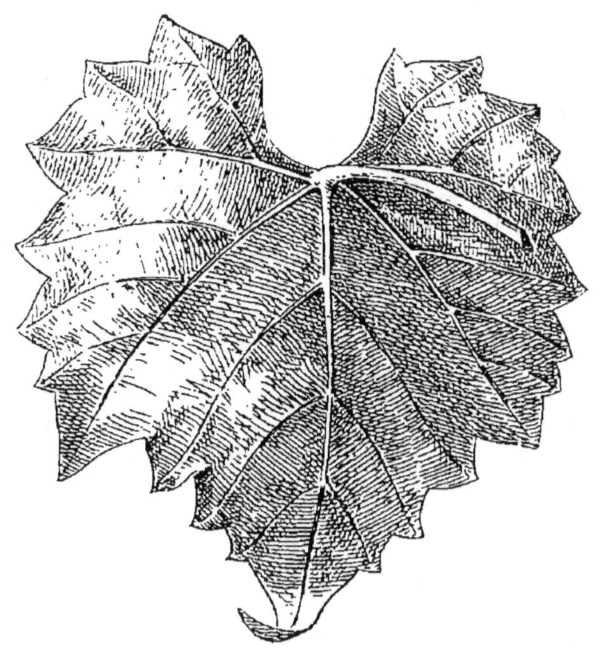

Fig. 45. — Feuille de V. Monticola (face inférieure).

où elle dessine un vrai cercle presque tout montagneux. Le V. Monticola habite exclusivement les montagnes peu élevées, et seulement le flanc des coteaux dans leur tiers supérieur, ou les plateaux étendus qui couronnent les collines texiennes. La caractéristique climatérique de ces régions est l'extrême sécheresse; les abaissements de température sont parfois assez grands en hiver, jusqu'à — 20° C. et en été le thermomètre marque souvent + 42° C. Le V. Monticola est toujours, dans les milieux les plus

Fig. 46. Graine de V. Monticola.

arides et les plus infertiles, d'un beau vert luisant.

Le V. Monticola ne pousse pas, comme le V. Berlandieri, dans les calcaires crayeux, blancs, tendres ou friables, mais il habite des sols dont la teneur en calcaire est assez élevée et qui ont une assez grande analogie avec les groies jurassiques des Charentes, dans lesquelles les porte-greffes ordinaires se chlorosent. Le sol des plateaux du comté de Bell, dans le Texas, où il est le plus abondant, est constitué par des fragments lamelleux de calcaires assez compactes, à texture lithographique, légèrement jaunes ou blanchâtres, avec incrustations siliceuses : ils sont entremêlés à de la terre meuble d'un aspect noirâtre, avec nombreux petits fragments de calcaire tendre et quelques rognons siliceux. Dans un de ces sols du Texas, l'analyse (de M. B. Chauzit) a donné 65 % de pierres, et 35 % de terre fine renfermant :

Argile	46.400 %
Sable	3.500 —
Calcaire	48.975 —

Le V. Monticola a probablement une grande résistance au phylloxéra et paraît d'une reprise de bouture assez difficile.

Le V. Monticola a donné naissance à un assez grand nombre d'hybrides sauvages avec les espèces du Texas ; nous les étudierons. Quelques viticulteurs ont voulu voir dans beaucoup de Rupestris vigoureux une influence hybridante du V. Monticola ; la chose paraît bien difficile à admettre comme un cas fréquent, si on considère surtout que le V. Rupestris et le V. Monticola habitent généralement, à l'état sauvage, des régions très éloignées.

Le V. Monticola est sans doute un excellent élément d'hybridation pour la création d'hybrides franco-américains, surtout si on s'en sert pour le combiner à des espèces ou à des variétés d'une grande vigueur et d'un fort développement.

Les principales formes de V. Monticola que nous avons sélectionnées et dénommées dans les collections de l'École d'agriculture de Montpellier sont actuellement assez nombreuses; nous ne donnerons les caractères essentiels que des principales. Parmi elles, le *Monticola Salomon* et le *Monticola Munson* n° 1 sont très vigoureux, à feuilles d'un vert intense, à rameaux forts et longs, à tronc gros; ils nous paraissent les meilleurs, et sont probablement les plus résistants à la chlorose.

Monticola Salomon. — Souche très vigoureuse; sarments forts, longs, à ramifications assez nombreuses et dressées; mérithalles assez courts, finement striés, d'une teinte vert clair à l'état herbacé, d'un jaune brunâtre avec bandes plus foncées à l'aoûtement, jeunes feuilles d'un vert clair, très luisantes. Feuilles adultes (fig. 47) relativement grandes, entières, excessivement épaisses, subcordiformes, très élargies vers le pétiole, à lobe terminal triangulaire bien découpé, creusées en gouttière suivant les trois nervures principales et relevés irrégulièrement sur leurs bords vers la face supérieure formant une coupe élargie; sinus pétiolaire très profond à bords tangents ou superposés; face supérieure d'un vert intense, vernissée; face inférieure d'un vert plus clair, très luisante; nervures très fortes avec poils pelucheux aux points de bifurcation. Pétiole très court, à angle droit avec le limbe, fort, garni de flocons disséminés de poils pelucheux; dents courtes, larges, nettement découpées en deux séries.

Monticola Munson n° 1. — Forme vigoureuse, se distinguant surtout de la précédente par des feuilles (fig. 48) irrégulièrement et inégalement ondulées sur les bords, relativement peu épaisses, d'un vert sombre; poils nombreux appliqués sur les sommités des sarments herbacés,

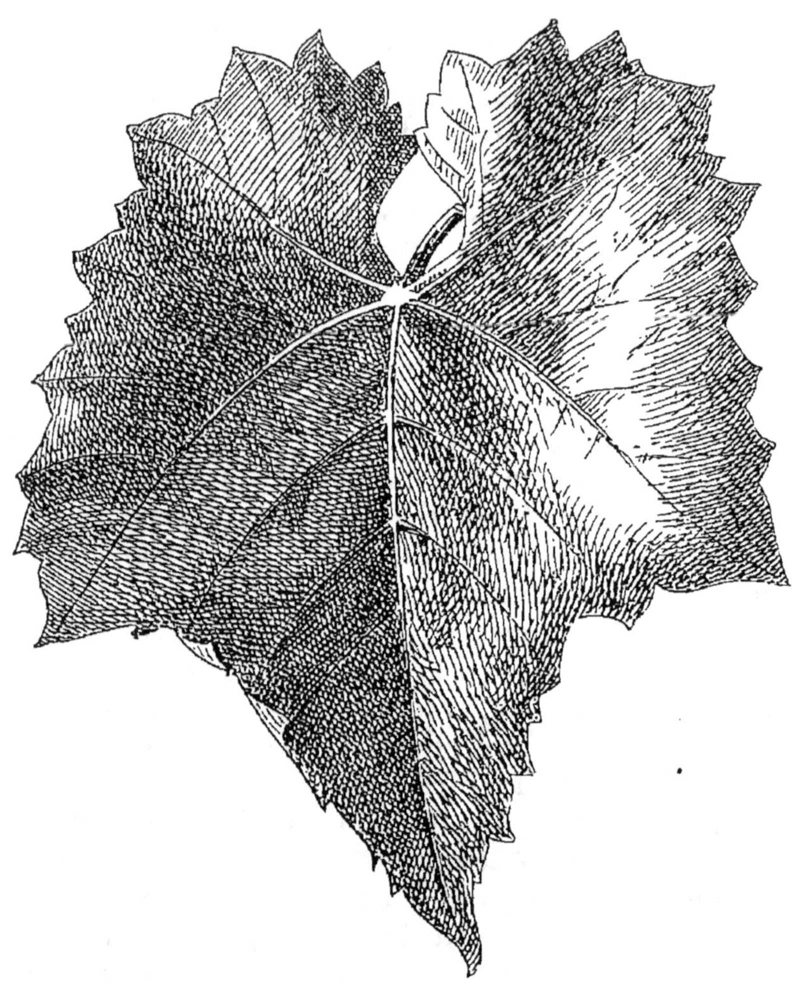

Fig. 47. — Feuille de Monticola Salomon.

ce qui leur donne une teinte blanchâtre.

Monticola Munson n° 2. — Cette forme ressemble beaucoup à la précédente par le teint, d'un vert foncé de son feuillage et les caractères de ses feuilles ; elle est un peu moins vigoureuse.

Monticola Munson nº 3. — Forme de vigueur moyenne, caractérisée surtout par une teinte

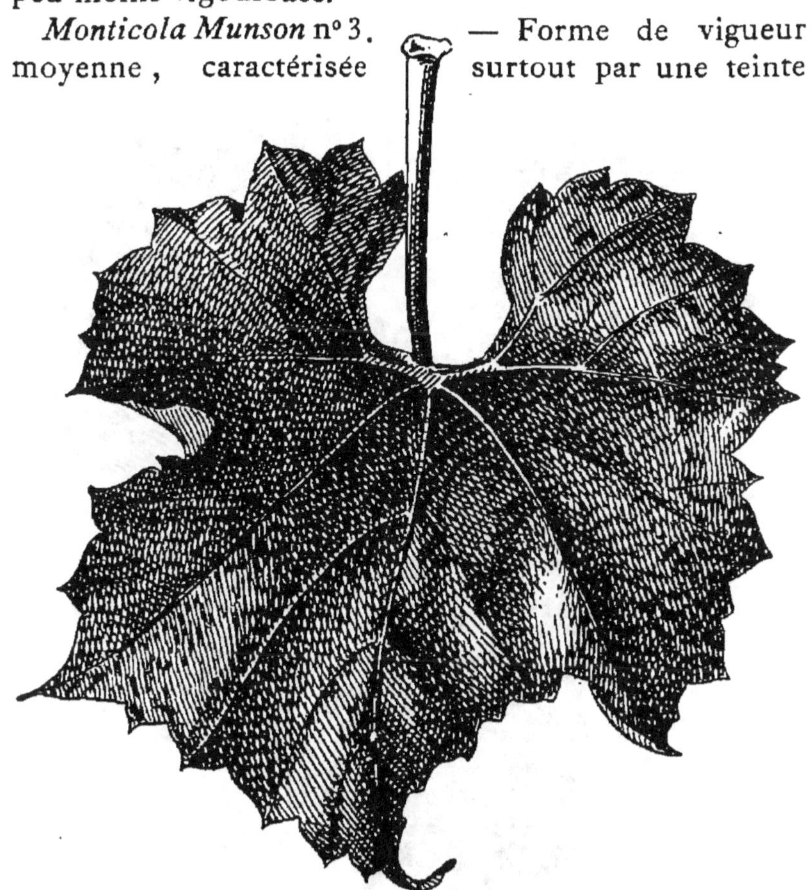

générale claire et par des feuilles (fig. 49) d'un vert jaunâtre, allongées (presque en fer de lance), planes, très luisantes.

Monticola Foexeana. — Une des plus anciennes formes introduites en France ; très inférieure aux précédentes à cause de sa faible vigueur ; elle est caractérisée par ses feuilles relativement grandes, épaisses, d'un vert sombre très brillantes, gon   dolées, le sinus presque fermé;

FIG. 49. — FEUILLE DE V. MONTICOLA MUNSON, Nº 3.

les dents larges et très courtes et son bois d'un rouge pourpre à l'aoûtement.

Monticola Texana. — Type des anciennes formes qui

existaient en France jusqu'à ces dernières années; elles ont une très faible vigueur et sont sans aucune valeur culturale. Feuilles (fig. 44 et 45) petites, d'un vert clair jaunâtre, parcheminées, à sinus ouvert, presque planes, à dents relativement aiguës.

V. ARIZONICA

Le V. Arizonica est toujours peu connu en France comme vigne de reconstitution, quoiqu'on le possède depuis assez longtemps dans les collections. Cette espèce a des rapports avec le V. Californica par les jeunes feuilles; ses feuilles (fig. 50) adultes, glabres, épaisses et petites, son port buissonnant, qui lui donnent un aspect assez comparable à celui du Rupestris, ses graines (fig. 51), la distinguent nettement de l'espèce californienne, mais les nombreux hybrides qui existent entre le V. Californica et le V. Arizonica peuvent souvent prêter à confusion.

Le V. Arizonica habite surtout l'Arizona et le Nouveau-Mexique, où il croît depuis les bords des cours d'eau jusque sur les collines les plus élevées et les plus arides, parfois dans des milieux caillouteux, calcaires et très secs. Il a été multiplié, comme porte-greffe, dans des terrains de même nature en Californie, où il est supérieur, ce qui n'est par surprenant, au V. Riparia. Il reprend bien de bouture et de greffe-bouture, et donne moins de rejets au greffage que le Rupestris; sa résistance au phylloxéra est assez élevée et peut être exprimée par le chiffre 16. Essayé dans les terres crayeuses de la Charente, le V. Arizonica y a un peu jauni, mais sans que cette jaunisse dégénérât en cottis. Il est donc peut-être un peu supérieur, à ce point de vue, au V. Riparia et à beaucoup de Rupestris, mais il est bien inférieur au V. Berlandieri; dans la série de la résistance à la chlorose, on pourrait le mettre après le V. Monticola.

Cette espèce ne nous paraît avoir aucun avenir, car dans les milieux où elle pourrait prospérer, le V. Berlandieri, le V. Riparia et le V. Rupestris lui sont toujours supérieurs.

V. RIPARIA

a. **Description** (caractères généraux). — Souche vigoureuse, à tronc moyen, sarments plutôt grêles, variables de teinte à l'aoûtement, du rouge pourpre au gris cendré; vrilles discontinues. — Feuilles, jeunes, s'étalant tardivement; adultes (fig. 53 et 54), moyennes ou grandes, plus longues que larges, entières, les cinq lobes indiqués par des dents plus développées; deux séries de dents aiguës et obliques; d'un vert foncé à la face supérieure, d'un vert plus clair, ou glabres ou faiblement tomenteuses sur les nervures, à la face inférieure. — Grappe petite, à grains petits, sphériques, pruinés, d'un noir violacé, acerbes. — Graines (fig. 52) très petites; chalaze peu saillante, s'atténuant en un raphé rudimentaire. — Racines longues, minces et grêles, très ramifiées, dures.

b. **Variétés**. — Le Riparia est certainement la vigne américaine qui a eu le plus d'importance pour la reconstitution des vignobles. C'est M. Millardet qui a le premier, en 1874, attiré l'attention des viticulteurs sur cette espèce. Avec M. Despetis, il a signalé aussi l'importance de la sélection des formes; ce sont MM. Bush et Meissner qui ont introduit, les premiers, le V. Riparia en France. C'est un fait connu de tout le monde, aujourd'hui, que les variations individuelles du V. Riparia sont très nombreuses. Le V. Riparia a une aire

de distribution très étendue en Amérique; ses fruits,
qui mûrissent de très bonne heure, sont facilement disséminés soit par les fleuves sur les rives desquels il croît, soit par les oiseaux et les

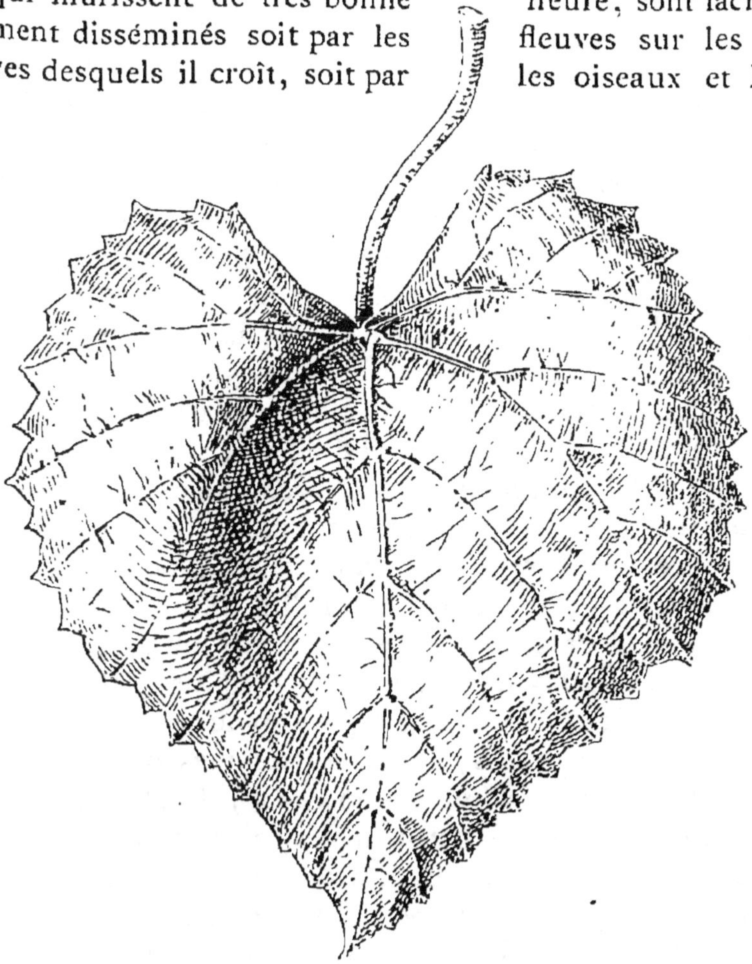

Fig. 50. — Feuille de V. Arizonica.

vents qui transportent les graines dans des milieux très divers. Le V. Riparia est, en outre,
mélangé à beaucoup d'autres espèces, et,
comme la floraison de certains pieds est presque continue pendant plusieurs mois, il s'est

Fig. 51.
Graine
de V. Arizonica.

formé beaucoup d'hybrides; nous en étudierons de bien caractérisés. Mais beaucoup d'entre eux n'ont subi qu'une influence hybridante fort restreinte de la part des au-

FIG. 52. GRAINE DE V. RIPARIA.

tres espèces et ne présentent, par rapport aux Riparias types, que des différences insignifiantes. Les Riparias à feuilles épaisses et luisantes ne sont probablement, ainsi que l'avait indiqué M. Millardet, que le résultat de l'hybridation avec le V. Cordifolia, qui, nous l'avons déjà indiqué, est mélangé presque toujours au V. Riparia. Nous considérerons ces formes, les plus méritantes, comme des Riparias purs.

On peut dire que la sélection des Riparias est aujourd'hui faite dans tous les vignobles. La plupart de ceux qui ont été conservés comme producteurs de bois sont des variétés de valeur; les formes à petites feuilles, peu vigoureuses, à tronc petit, ont été éliminées peu à peu et n'existent plus guère aujourd'hui.

D'une façon générale, de même que pour le Rupestris, les Riparias les meilleurs sont les plus vigoureux, et les plus vigoureux ont presque toujours un tronc gros, des feuilles épaisses, grandes, luisantes (types glabres) ou un peu ternes (types tomenteux). Il n'est pas indispensable, pour la reconstitution, d'avoir exclusivement recours aux formes dénommées, quoique le succès soit cependant plus assuré avec elles, mais on doit exclure, avec la dernière rigueur, toute variété peu vigoureuse, à feuilles petites et minces; c'est aussi important pour le Riparia que pour le Rupestris.

Les Riparias peuvent être compris en deux groupes principaux :

RIPARIAS TOMENTEUX. — Le tomentum à poils courts et abondants des rameaux et des nervures du revers des feuilles est surtout caractéristique; les feuilles sont d'un

vert foncé et terne à la face supérieure ; les dents longues ,
aiguës et peu obliques au plan du limbe, les graines
petites, les fruits pruinés ; le tronc plus fort que celui
des Riparias glabres. Ils comprennent deux subdivisions :
— 1º les *Riparias tomenteux à grandes feuilles*, les
plus vigoureux, poussant généralement sur le bord des
fleuves, dans les parties fraîches ; ils constituent d'excellents porte-greffes. Ex. : *Riparia Scribner,* un des plus
vigoureux Riparias et des plus méritants. D'une façon
générale, ces Riparias viennent mieux dans les terrains
humides que les Riparias glabres, leur tronc est souvent
plus gros. Nous ne les décrirons pas, car ils sont peu
variés ; les formes qui ont le bois violacé sont plus
vigoureuses que celles qui ont le bois grisâtre ; — 2º les
Riparias tomenteux à petites feuilles, qui viennent dans
les milieux plus secs, dans les anfractuosités des rochers ;
leurs feuilles sont plus épaisses, d'un vert moins intense
et plus terne à la face supérieure ; ils sont peu vigoureux
à l'état sauvage.

RIPARIAS GLABRES. — Ils sont les plus variés et rentrent
dans deux sous-groupes : 1º *Riparias glabres à feuilles
lobées ;* les feuilles sont trilobées ou quinquelobées, à
sinus profondément découpés, le plus souvent petites, à
nervures colorées en rose plus ou moins foncé. Ex. : *V.
Palmata* de Vahl. En général, tous les Riparias à feuilles
lobées sont peu vigoureux et inférieurs pour la culture
aux autres formes sauvages.

2º *Riparia glabres à feuilles entières ;* le lobe supérieur
est au plus détaché par des sinus triangulaires et peu
profonds, les autres lobes sont indiqués par un plus
grand allongement des dents de l'extrémité ; nous divi-
serons ce sous-groupe en : A. *Riparias à petites feuilles ;*
feuilles d'un vert terne et peu foncé à la page supérieure,
dents aiguës et obliques au plan du limbe, parenchyme

variable d'épaisseur suivant les individus; ils sont les plus sensibles à la chlorose et à l'anthracnose ponctuée et sans aucune valeur comme porte-greffes; B. *Riparias à grandes feuilles;* la plupart sont des porte-greffes de beaucoup de valeur, les plus propagés dans la culture; on peut les ordonner ainsi : — *a* : Riparias glabres à grandes feuilles entières, ternes; — *a'* à feuilles minces, la plupart des formes du Nord appartiennent à cette subdivision; ils sont parfois très vigoureux, mais leur tronc est de grosseur inférieure; — *a"* : à feuilles épaisses, les plus vigoureux et les meilleurs porte-greffes des Riparias glabres à grandes feuilles ternes, parmi eux surtout les Riparia Baron-Perrier, Riparia à bourgeons bronzés, Riparia à bois violet, Riparias N° 6 et N° 12 de la collection Meissner; — *b* : Riparia à grandes feuilles entières, luisantes et toujours épaisses, se subdivisant en : — *b'* : Riparias à feuilles un peu arrondies, lobe terminal obtus et dents subaiguës, tel le Riparia Territoire des Indiens; — *b"* : Riparias à feuilles allongées et luisantes, généralement gaufrées entre les nervures principales, tels : Riparia Scupernon, Riparia Grand glabre, Riparia Portalis ou Gloire de Montpellier..... La teinte du bois, l'acuité et l'allongement des dents, la coloration des nervures différencient les formes individuelles de ce deuxième groupe. Il est à remarquer qu'elles ont fréquemment les nœuds plus aplatis que les Riparias à feuilles ternes et des diaphragmes plus épais, caractères qui, avec le luisant des feuilles, semblent rappeler un mélange du V. Cordifolia, avec lequel elles vivent côte à côte. Les Riparias à feuilles luisantes, à cause de leur grande vigueur, ont le plus de valeur comme porte-greffes pour nos bons terrains.

Le tableau suivant résumera ce que nous venons de dire :

GROUPEMENT DES FORMES DU V. RIPARIA

I. Riparias tomenteux :

    1° à grandes feuilles. Ex. : Riparia Scribner, Riparia géant ou tomenteux du mas de las Sorres, Riparia violet, etc.

    2° à petites feuilles.

II. Riparias glabres :

    1° à feuilles lobées. Ex. : V. Riparia var. Palmata, etc.

    2° à feuilles entières :

        A : à petites feuilles.

        B : à grandes feuilles.

            a : à feuilles ternes :

                a' : à feuilles minces.

                a'' : à feuilles épaisses. Ex. : Riparia Baron-Perrier, Riparia à bourgeons bronzés, Riparia à bois violet, Riparias N° 6 et N° 12 de Meissner, etc.

            b : à feuilles luisantes et épaisses :

                b' : à feuilles arrondies. Ex. : Riparia Territoire des Indiens, etc.

                b'' : à feuilles allongées. Ex. : Riparia Scupernon, Riparia Portalis ou Gloire de Montpellier, Riparia grand glabre ou Riparia N° 13 de Meissner, etc., etc.

Voici quelle est la valeur respective des principales formes du V. Riparia au point de vue de la vigueur et de la résistance au phylloxéra; ces notes ont été recueillies dans les collections de l'École d'agriculture de Montpellier où ces variétés, de même âge, sont plantées, côte à côte, dans un même terrain :

	Résistance.	Vigueur.
Riparia Scribner	18	20
Riparia Portalis ou Gloire de Montpellier	18	20
Riparia Grand glabre ou N° 13 de Meissner.	18	20
Riparia Scupernon	18	17
Riparia Baron Perrier	18	16
Riparia tomenteux géant	18	19

Dans la collection Despestis, qui existe également dans

le même terrain, le *Riparia Duc de Palban* se rattache au Riparia Gloire de Montpellier comme vigueur et caractères, le *Riparia de Beaupré* au Riparia tomenteux géant, aux mêmes points de vue. Les autres formes sont inférieures. Nous signalerons encore, le *Riparia Martineau* ou *Gloire de Tourraine* qui nous paraît bien peu différer du Riparia Gloire et avec lequel nous le considérons comme identique.

Nous ne décrirons pas le *Riparia Fabre* ou *Martin des Paillères*, car il représente un ensemble de formes méritantes, mais non une forme unique, de même le *Riparia de las Sorres* qui comprend un ensemble de Riparias tomenteux ou glabres et très vigoureux. Nous devons signaler cependant parmi ces derniers une forme glabre sélectionnée par M. E. Durand sous le nom de *Riparia de las Sorres sélectionné,* et qui est la forme la plus vigoureuse de tout cet ensemble; ce Riparia, planté en 1876, avait 45 centimètres de circonférence au niveau du sol en 1891.

Nous ne décrirons que les *Riparia Portalis* ou *Gloire de Montpellier,* le *Riparia Grand glabre* ou N° 13 *de Meissner,* qui sont, avec raison, les plus estimés et les plus propagés, et nous rappellerons que parmi les Riparias tomenteux, le *Riparia Scribner* nous paraît avoir une valeur égale à celle de ces deux variétés, supérieure même dans les terrains compacts.

Riparia Gloire de Montpellier. — Le Riparia Gloire de Montpellier ou Riparia Portalis, Riparia Michel, Riparia Saporta, a été distingué pour la première fois par M. Louis Vialla. C'est une variété très vigoureuse, la plus vigoureuse avec le Grand glabre et le Scribner, à tronc plutôt gros. — Sarments étalés, longs, à mérithalles allongés, de grosseur moyenne, un peu coudés au niveau des nœuds, d'une couleur noisette clair, lisses,

un peu luisants et un peu pruinés au niveau des nœuds
lorsqu'ils sont aoûtés, jeunes rameaux teintés de pourpre clair. — Feuilles (fig. 53) grandes ou très grandes,

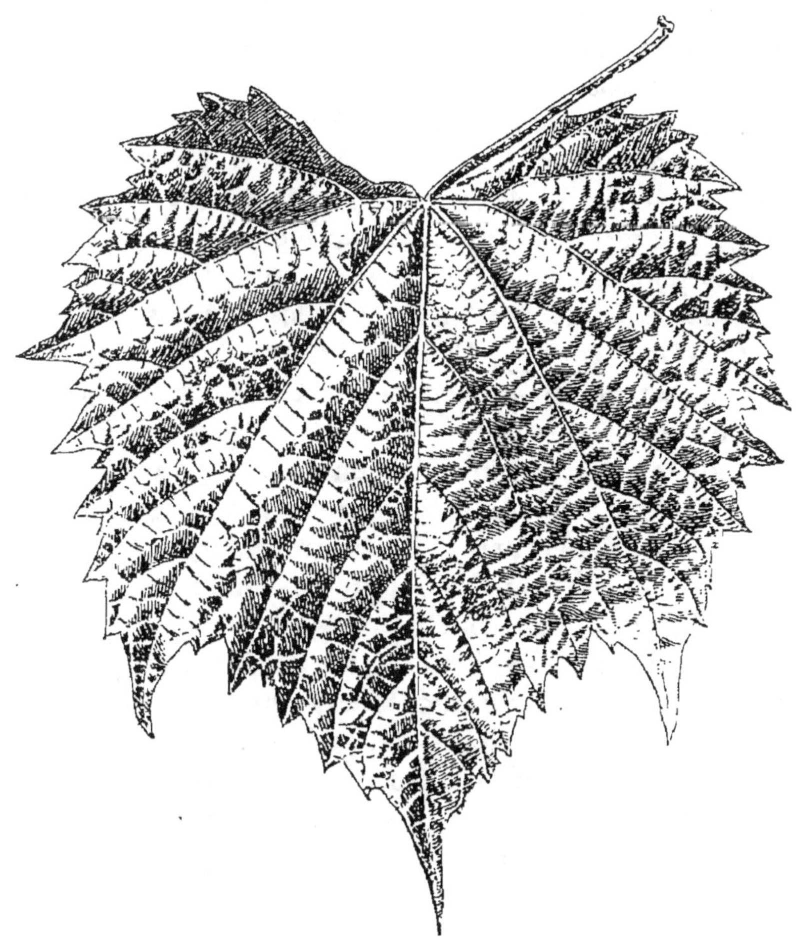

FIG. 53. — FEUILLE DE RIPARIA GLOIRE.

épaisses, allongées, avec lobes indiqués par un grand développement du limbe qui est terminé par une dent plus
longue, la dent du lobe terminal un peu recourbée en

dessous, assez régulièrement gaufrées entre les nervures principales qui sont envinées le plus souvent à leur origine; d'un vert foncé et assez luisantes à la face supérieure, d'un vert plus clair, avec poils roides sur les nervures, à la face inférieure; sinus pétiolaire profond, en U assez ouvert; deux séries de dents aiguës. Pétiole fort, d'un rose vineux.

Riparia Grand glabre. — Cette variété a été sélectionnée à Montagnac, par M. G. Arnaud; elle est identique au Riparia Nº 13 de la collection Meissner. — Sarments longs, à mérithalles allongés, moyens de grosseur, d'une teinte pourpre à l'état herbacé, d'un gris noisette, très pruinés et faiblement envinés au niveau des nœuds lors de l'aoûtement. — Feuilles (fig. 54) de dimensions moyennes ou sur-moyennes, cordiformes, les lobes latéraux supérieurs indiqués seulement par une dent plus longue, avec bords incurvés en dessous, d'un vert foncé lustré à la face supérieure, d'un vert jaunâtre, avec poils roides sur les nervures, à la face inférieure; dents aiguës, peu profondes; sinus pétiolaire en V largement ouvert.

c. **Adaptation et Culture**. — Le V. Riparia est très résistant au phylloxéra; les greffes qu'il porte sont très vigoureuses, très fructifères, à maturité hâtive. Toutes les formes de l'espèce s'enracinent très facilement de boutures et de greffes-boutures; elles peuvent même être greffées facilement en place lorsqu'elles ont un certain âge; elles portent assez bien la greffe de la plupart de nos cépages français.

Le V. Riparia est, en outre, très résistant au froid et peut être cultivé dans toutes les régions viticoles de l'Europe. Ce porte-greffe venant après les Concord, Taylor, Clinton, au début de la reconstitution par les vignes américaines, fut l'objet d'un engouement certainement exagéré; on eut le tort de croire qu'à cause de ses

grandes qualités de vigueur, de résistance et de productivité, il pouvait être cultivé avec 'succès dans
tous les terrains sans exception. Il eût été

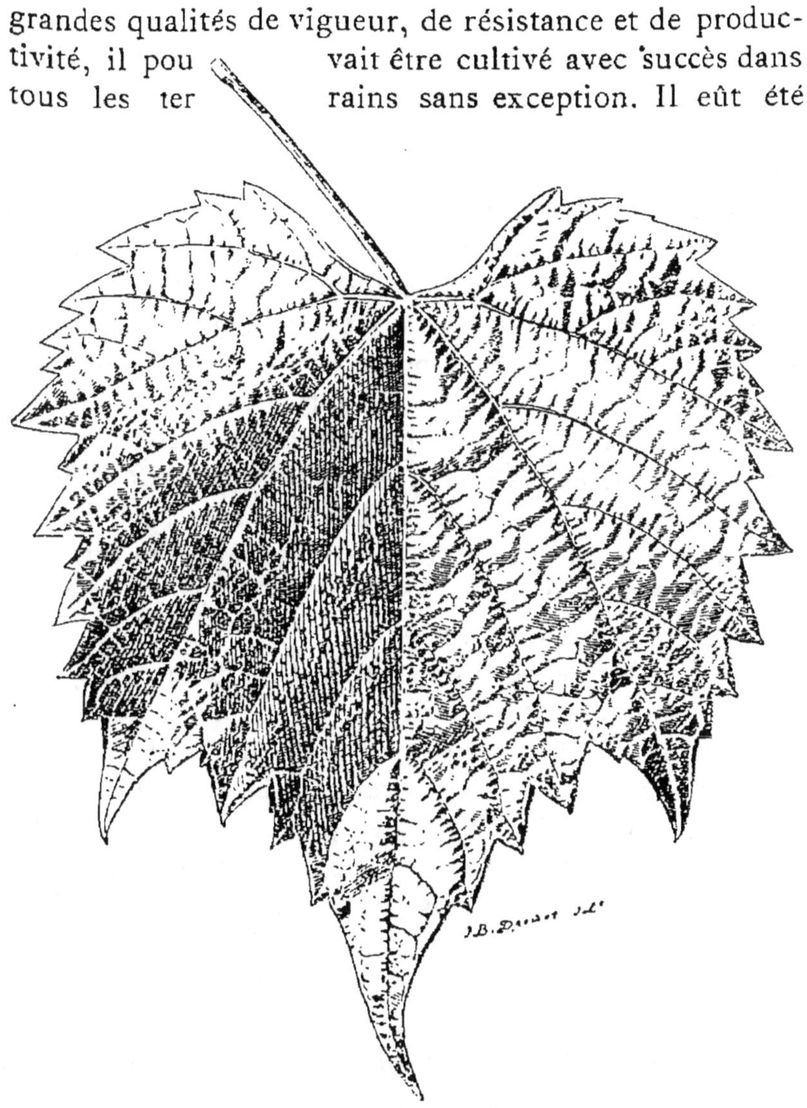

FIG. 54. — FEUILLE DE V. RIPARIA GRAND GLABRE.

nécessaire, pour cette espèce surtout, de connaître les
milieux dans lesquels elle poussait en Amérique. On
mit indifféremment le Riparia dans tous les terrains,

dans les terrains les plus siliceux comme dans les terrains les plus calcaires. Il s'ensuivit des insuccès retentissants qui firent douter un moment des vignes américaines et amenèrent une réaction qui fit délaisser le Riparia pendant un certain temps. Les propriétés du Riparia sont bien connues aujourd'hui, car ce porte-greffe a servi à reconstituer certainement près de 500,000 hectares sur les 700,000 de vignes américaines qui existent en France; le Riparia est employé, avec raison, comme un des meilleurs porte-greffes américains.

Le V. Riparia est l'espèce américaine dont l'aire géographique est la plus étendue aux États-Unis; il y existe depuis le centre du Canada, par conséquent dans des régions très froides, jusqu'au Texas et à la Louisiane au sud, et jusqu'aux Montagnes Rocheuses à l'ouest. Il est surtout abondant dans les États qui bordent l'Atlantique et dans ceux du Centre.

Dans sa limite nord de distribution géographique, le Riparia supporte des froids de — 30° C. et résiste, dans le sud, à des températures élevées. A cause de son débourrement précoce, ses premiers bourgeons sont très sensibles aux gelées de printemps, mais, lorsqu'ils sont détruits, il en repousse de grandes quantités sur le tronc ou à la base des coursons; ce n'est donc pas un défaut au point de vue de la production du bois et cela n'a aucune importance quand il est greffé, car, nous le verrons en étudiant le greffage, ce débourrement précoce du sujet ne hâte pas le débourrement des greffes qu'il porte.

Le Riparia craint les milieux très secs, surtout lorsqu'ils sont peu fertiles, il est peu vigoureux dans ces sols et la différence de grosseur entre le sujet et le greffon, qui est constante avec toutes les formes, est alors exagérée; nous y reviendrons à propos du greffage. Le Riparia n'est bien vigoureux à l'état sauvage que dans des milieux frais; c'est sur les rives sableuses et fraîches du bord des fleuves qu'il acquiert le plus grand développement en Amérique. Il en est de même en France où le Riparia vient beaucoup moins bien dans les terrains très secs que dans les sols frais; il redoute cependant les milieux humides et marécageux.

Le Riparia croît, aux États-Unis, dans diverses natures de sols qui appartiennent aux formations primitives ou à leurs dérivés et aux formations actuelles, un petit nombre aux formations secondaires ou tertiaires. Les terres d'alluvion, les terrains riches siliceux ou argilo-siliceux rouges, caillouteux ou non, les sables frais et fertiles, les terrains formés de débris calcaires durs, mais frais et riches, sont les seuls milieux où il acquiert un beau développement. Les terrains des bords du Mississipi, où ont été cueillis par M. Meissner les Riparias qui ont été importés en si grand nombre en France, sont constitués par des alluvions argilo-siliceuses, à grains fins, d'un noir grisâtre et d'une très grande fertilité, reposant sur des calcaires durs ou sur des bancs lamelleux d'argile noir bleuâtre. Comme exemple, un de ces terrains, très fertile, renferme au point de vue physique :

```
Argile............................................  65.020
Sable.............................................  27.500
Calcaire..........................................   7.273
```

Dans la Virginie, d'où il a été aussi importé beaucoup de Riparias, les sols sont argilo-siliceux, riches, d'un rouge foncé, entremêlés de cailloux siliceux. Dans le nord de l'État de New-York, les terrains à Riparia proviennent de la décomposition de schistes dévoniens et constituent un terrain argilo-sableux, peu caillouteux et très riche; dans le Delaware et le Maryland, les Riparias

sont dans des sables humifères, très riches, rouges, grisâtres, ou gris jaunâtres. Sur les bords des Grands Lacs,
ils poussent dans des terrains meubles qui proviennent
de la décomposition des roches calcaires dures du Dévonien, très fertiles, quoique un peu calcaires; lorsque,
par exception, les cailloux calcaires sont abondants et
tendres, les Riparias n'existent plus, ou si quelques
pieds se trouvent par hasard dans ces milieux, ils sont
chétifs, jaunes et rabougris. Les Riparias sont rares aussi
et chlorosés, à l'état sauvage, dans les marnes jaunes et
les calcaires du Kentucky et des environs de Sandusky.

C'est dans les calcaires tendres et dans les marnes calcaires jaunes ou blanches de diverses formations que les
Riparias ont donné lieu, en France, à des insuccès nombreux. Ils sont parfois verts et assez vigoureux dans ces
milieux, surtout lorsque le terrain est riche, mais seulement tant qu'ils ne sont pas greffés; dès qu'on les greffe,
ils se chlorosent, se rabougrissent et meurent rapidement. Le V. Riparia craint moins le calcaire que le V.
Rupestris ou que le V. Æstivalis, mais dans les sols
où le carbonate de chaux est assez abondant, les terrains seraient-ils riches, il succombe à la chlorose.
Dans les milieux non calcaires, secs et peu fertiles, il
n'a qu'un faible développement, nourrit des greffes peu
vigoureuses et qui présentent, ainsi que nous l'avons
déjà dit, une très grande différence de grosseur entre le
greffon et le sujet. Le Riparia est donc un plant des terrains non calcaires ou peu calcaires, très fertiles naturellement ou enrichis par d'assez fortes fumures. Dans
ces milieux, aucun autre porte-greffe ne lui est supérieur; les nombreux exemples de reconstitution qui
existent actuellement en France le prouvent d'une façon
indiscutable.

Le Riparia doit, par suite, jouer encore le rôle principal comme élément de reconstitution dans les terres siliceuses, argilo-siliceuses, argilo-calcaires, silico-calcaires, meubles, profondes, fraîches et fertiles. Lorsque le sous-sol est calcaire et non friable, mais surmonté d'une épaisseur de sol peu calcaire, même de 35 à 50 centimètres, il réussit très bien dans ce milieu si le sol présente les qualités de fertilité qui lui sont nécessaires et si, au défoncement, on a le soin de ne pas attaquer le sous-sol ou de ne pas le mélanger au sol. Une épaisseur de sol non calcaire moindre, reposant sur un sous-sol calcaire, est parfois suffisante dans les régions du Nord, du centre et du Sud-Ouest, où les sécheresses peu fréquentes et de peu de durée permettent aux racines de vivre à la surface dans la terre non calcaire. C'est encore le porte greffe à préférer dans les terres rouges, caillouteuses et peu calcaires, lorsque le sol, profond de 50 centimètres au moins, est assez riche, meuble et sain. Ces diverses natures de terrains sont fréquentes dans les régions viticoles françaises. Le badigeonnage au sulfate de fer (procédé Rassiguier) pourrait augmenter encore l'aire de culture du V. Riparia dans des terrains assez calcaires.

V. RUBRA

Le V. Rubra est une espèce très rare en Amérique; elle est limitée en deux ou trois points des bords du Mississipi et du Merrimac, dans des alluvions sableuses, très riches, fraîches et humides, où elle acquiert un faible développement. Elle existe dans quelques rares collections, d'où elle n'est jamais sortie. Le V. Rubra est cependant d'une très grande résistance au phyl-

Fig. 55.
Graine de
V. Rubra.

loxéra , d'après M. Millardet, mais sa faible vigueur constante fait qu'elle n'offre aucun intérêt pour la culture; elle n'a de valeur que comme élément d'hybridation.

II. — ESPÈCES DE VIGNES ASIATIQUES

Les principales espèces de vignes asiatiques sont :
V. Coignetiæ Pulliat, V. Thunbergi Siebold et Zucc.,
V. Lanata Roxburgh, V. Pedicellata Lawson, V. Romaneti Romanet du Caillaud, V. Davidi ou Spinovitis Davidi Romanet du Caillaud, V. Amurensis Ruprecht, V. Pagnuccii Romanet du Caillaud.

Toutes ces espèces ont, pour la plupart, au point de vue de l'adaptation de même qu'à celui des caractères généraux, d'assez grands rapports avec le V. Labrusca. On sait que le détroit de Behring, qui sépare l'Asie de l'Amérique, est limité sur les deux continents par des terres qui appartiennent à la même formation géologique (tertiaire); la diffusion des mêmes espèces, sur les deux continents, a donc pu avoir lieu à une époque, et les types actuels peuvent provenir d'une origine commune.

Les espèces asiatiques sont peu résistantes au phylloxéra; voici les chiffres qui expriment la valeur de cette résistance pour les trois les plus connues :

    V. Coignetiæ.. 3
    V. Amurensis....................................... 2
    V. Thunbergi....................................... 1

Ces espèces, essayées en France, n'ont bien réussi, quand elles n'ont pas été détruites par le phylloxéra, que dans les sols très riches, meubles, profonds et surtout frais. Elles paraissent exiger, en outre, une atmosphère plutôt humide; les années de grande sécheresse, elles se développent peu et se dépouillent de leurs feuilles de bonne heure. Elles sont, en outre, presque aussi sensibles à la chlorose que le V. Labrusca, surtout le V. Thunbergi et le V. Coignetiæ; le V. Amurensis, qui est une plante plus chétive, ayant quelques caractères de V. Vinifera, est un peu plus résistant au calcaire. Ces vignes n'ont évidemment aucune valeur pour la culture, même dans les régions très froides et humides pour lesquelles le V. Coignetiæ avait surtout été conseillé.

Nous craignons que cette conclusion ne soit à appliquer aux *vignes de M. Caplat,* qui proviennent de semis de Coignetiæ et qui, d'après son obtenteur, auraient donné des résultats encourageants dans l'extrême nord de la France. L'origine de ces vignes permet, en tous cas, d'affirmer à priori leur non-résistance au phylloxéra.

III. — V. VINIFERA

Il est utile, pour ce que nous aurons à dire sur les hybrides de V. Vinifera et de vignes américaines, de connaître quelles sont les propriétés d'adaptation et de résistance de cette espèce qui a donné naissance à tous les cépages européens cultivés.

Les caractères botaniques du V. Vinifera et de ses innombrables formes dérivées sont concentrés exclusivement dans la graine. Les caractères du tronc, des rameaux, des feuilles, des fruits sont très variables et offrent, on peut le dire, toutes les nuances. La graine (fig. 56), à caractères constants, est de grosseur variable, mais elle est toujours allongée; le bec est nettement séparé et relativement très long; la chalaze est déprimée, peu apparente et toujours reportée vers le tiers supérieur de la graine; ces caractères du bec allongé et de la situation de la chalaze ne se retrouvent dans aucune autre espèce.

Fig. 56. GRAINE DE V. VINIFERA.

Notons encore, comme fait constant, la reprise facile de bouture de tous les cépages qui proviennent du V. Vinifera, le goût franc des fruits qui sont juteux, non pulpeux et non foxés, parfois à saveur particulière, comme dans les Muscats, Cinsaut, Cabernet-Sauvignon. Enfin, un caractère très fixe et important au point de vue de l'adaptation est celui des racines qui sont grosses, tendres et charnues. Ce caractère des racines grosses explique que les cépages issus du V. Vinifera prospèrent d'une façon générale dans les sols très compacts.

Le V. Vinifera réussit, cependant, à peu près également bien, au point de vue végétatif, dans toutes les natures de terrains, même dans les plus meubles, depuis les terres les plus siliceuses jusqu'aux terres les plus calcaires. Mais dans les sols blancs, crayeux, tendres, les cépages issus de cette espèce se chlorosent partiellement, surtout les années à printemps humides ; nous en avons cité des exemples dans la première partie de ce travail. Nous avons dit aussi que cette chlorose n'était que passagère et peu importante. Si on compare, au point de vue de la sensibilité à la chlorose, le V. Vinifera aux autres espèces et surtout aux espèces américaines, on peut en conclure qu'il est très résistant et de beaucoup supérieur à ces dernières; seul, le V. Berlandieri a presque la même résistance à la chlorose que le V. Vinifera.

Au point de vue de la résistance au phylloxéra, toutes les formes, sans exception, sont d'une résistance nulle. Certains cépages doivent à leur grande vigueur une durée un peu plus longue, tels, par exemple, le Colombeau, l'Etraire de l'Adhui, le Psalmodi, etc.; mais tous finissent par succomber aux attaques de l'insecte. Cette non résistance au phylloxéra peut, de même que la résistance à la chlorose, se transmettre aux hybrides qui proviennent du V. Vinifera, et leur sélection, à ce point de vue, doit être faite avec la plus grande rigueur.

IV. — HYBRIDES

A. HYBRIDATION

a. **Historique**. — Les hybrides de vignes ou produits du croisement de deux espèces différentes sont excessivement nombreux et variés à l'état sauvage, ainsi que l'on s'en rendra compte par l'étude qui va suivre. La possibilité du croisement de deux espèces, donnant des individus d'une fécondité indéfinie, a été niée pendant longtemps et mise en lumière surtout par les travaux de Darwin. M. Millardet a, le premier, attiré l'attention sur la complexité d'origine de certaines formes de vignes américaines et déterminé nettement leur nature hybride; il a, en outre, insisté sur ce fait que les hybrides d'espèces étaient toujours féconds et que leur fécondité se poursuivait et se maintenait, d'une façon pour ainsi dire indéfinie, dans les combinaisons les plus complexes et d'ordre très divers; non seulement des hybrides de deux espèces, mais des hybrides de trois, quatre et cinq espèces sont fertiles et donnent des graines, origines d'individus fertiles eux-mêmes et dont la fertilité se poursuit dans les générations encore plus éloignées.

La vigne est certainement une des plantes chez lesquelles les phénomènes de croisement sont le plus fréquents à l'état sauvage et le plus faciles à produire artificiellement. Les hybrides sauvages sont si variés en Amérique que l'on pourrait ordonner entre plusieurs espèces des séries de formes à caractères intermédiaires qui rendraient la délimitation spécifique fort difficile. Il est fort probable que les cépages issus du V. Vinifera, fixés et sélectionnés par une longue série de générations, sont en partie le résultat de croisements divers. Mais, au terme botanique du mot, les croisements entre deux individus de même espèce donnent non des *hybrides*, mais ce que l'on nomme des *métis*. Ainsi que l'a confirmé à nouveau M. Millardet, dans un remarquable travail sur l'hybridation de la vigne (Essai sur l'hybridation de la vigne. *Revue des Pyrénées*, 1891), il n'y a pas de différence, dans les vignes, entre un métis et un hybride. Que le croisement ait lieu entre deux individus de même espèce ou entre deux individus d'espèces différentes, les hybrides ou les métis qui en résultent sont de fécondité égale.

La création de nouvelles variétés de vignes par le semis ou par l'hybridation a été tentée depuis fort longtemps. Vibert, Robert Moreau, Courtiller, Besson...., en France, ont fait de nombreux semis pour l'amélioration des raisins de table. Les semis de vignes avaient été pratiqués anciennement en Amérique. Les viticulteurs des États-Unis avaient cherché, dans le semis, les moyens de produire de nouvelles formes, qui, dans leur pensée, devaient être mieux adaptées aux conditions climatériques qu'ils supposaient être la seule cause de leurs insuccès dans la culture de la vigne. C'est aussi dans ce but qu'ils songèrent plus tard à créer de nouvelles variétés par l'hybridation. Roger, Arnold, Underhill, Dr Wylie, Allen, Rickett, Adlum, Bull, Bush et Meissner, Hermann Jæger, T.-V. Munson, etc., ont obtenu par ce moyen de nombreuses formes, dont nous étudierons un certain nombre qui ont été introduites et multipliées en France.

En France, les premiers essais d'hybridation ou de métissage ont été faits par Louis et Henri Bouschet; ils ont commencé leurs recherches en 1828 et ont doté les vignobles méridionaux de cépages d'une réelle valeur (Petit-Bouschet, Alicante-Bouschet, Grand noir de la Calmette, etc.). Louis et Henri Bouschet avaient procédé, pour la première fois, dans un but défini; les croisements qu'ils pratiquaient reposaient sur une idée première. Ils voulaient infuser, par le croisement, la coloration intense des fruits du Teinturier aux cépages à grand rendement du midi de la France, et ils sont parvenus à réaliser les combinaisons qu'ils voulaient obtenir.

Mais l'hybridation a pris beaucoup d'importance surtout avec la crise phylloxérique et la reconstitution obligée des vignobles par les vignes résistantes. Cette importance a été et est actuellement la conséquence directe des résultats et des insuccès obtenus par la culture des cépages américains.

Les premières tentatives d'hybridation ont été faites dans le but de créer, par le croisement des vignes américaines avec les cépages issus du V. Vinifera, des formes fructifères et résistantes. Devant la difficulté des résultats à obtenir, et à cause des qualités supposées d'affinité au greffage que devaient avoir ces hybrides par suite de leur parenté avec le V. Vinifera, on a pensé à utiliser les plus vigoureux et les plus résistants comme porte-greffes.

Lorsque les espèces et variétés américaines ont été bien connues dans leurs propriétés d'adaptation, on a dirigé les combinaisons de façon à unir au V. Vinifera les vignes américaines qui avaient des qualités spéciales pour des terrains déterminés, et, par suite, à créer des porte-greffes résistants, d'une affinité au greffage complète et d'une adaptation déterminée.

Devant encore la difficulté, dans les combinaisons des vignes françaises avec les vignes américaines, d'obtenir la résistance phylloxérique, la nouvelle voie, poursuivie avec raison depuis peu, est celle de la création d'hybrides (américo-américains) entre vignes américaines résistantes et douées naturellement de propriétés d'affinité et d'adaptation différentes que l'on cherche à fusionner par l'hybridation.

Il se peut enfin que l'on parvienne à créer des producteurs de mérite fructifère réel, adaptés aux divers terrains, résistants au phylloxéra et aux diverses maladies cryptogamiques. Mais ces succès possibles paraissent de plus en plus aléatoires. Il n'en est pas moins vrai cependant que l'hybridation est entrée dans une voie toute nouvelle qui peut, dans un avenir encore éloigné, être féconde en résultats ; il en est qui sont acquis aujourd'hui.

Le fait important, et qui donnerait aux hybrides de V. Vinifera porte-greffes une très haute supériorité —, si leur résistance au phylloxéra était certaine, pour ceux que l'on connaît actuellement du moins —, est celui qui résulte de la grande affinité au greffage que possèdent ces hybrides pour les diverses vignes françaises. Nous avons vu, dans la première partie de ce travail, l'influence qu'avait le greffage sur la résistance et les propriétés d'adaptation des porte-greffes ; plus l'affinité sera élevée et moins cette influence du greffage sera accusée. Les hybrides de V. Vinifera possèdent ces qualités d'affinité à un degré plus élevé que les vignes américaines pures, et l'affinité des hybrides sera d'autant plus grande que les générateurs américains l'auront eux-mêmes plus marquée.

La fécondation artificielle, pratiquée dans le but d'obtenir des producteurs directs ou des porte-greffes résistants, d'une adaptation plus étendue, d'une plus grande affinité au greffage, a été faite par plusieurs viticulteurs français ; elle est d'ailleurs d'une exécution facile et à la portée de tous.

Nous en exposerons rapidement les principes et la technique, en ayant recours soit aux recherches que nous avons faites en collaboration avec M. G. Foëx, soit à celles de M. Millardet qui a étudié, avec détails et une autorité incontestable, la question sous ses diverses phases. Dès avant 1880, époque à laquelle il a commencé, avec M. Ch. de Grasset, les hybridations dans divers sens, M. Millardet avait attiré l'attention sur l'importance des résultats à obtenir en viticulture par ce procédé. M. Ganzin s'était sérieusement occupé de l'hybridation artificielle de la vigne à la même époque, et il l'a depuis poursuivie avec succès ; il a publié le premier travail sur cette question en 1881 (De l'hybridation artificielle et des services qu'on peut en attendre pour l'avenir de la viticulture, *Revue scientifique*, 1881). Il nous sera permis de noter ici que les hybridations entre vignes américaines et vignes françaises avaient été commencées à l'École d'agriculture de Montpellier, par M. G. Foëx, en 1876, et qu'elles ont été continuées par lui et par nous dans les voies nouvelles qui étaient indiquées par la constatation des faits.

M. Couderc a poursuivi, avec des efforts dignes d'éloges, l'étude et la pratique de l'hybridation depuis 1880. Nous citerons encore, parmi les hybrideurs dont les noms sont les plus connus des viticulteurs, — et nous en oublions sans doute, — MM. Davin, Castel, V. Malègue, Seibel, Terras, etc.

b. **Fécondation de la vigne**. — Les phénomènes de la fécondation de la vigne, base de l'hybridation, ont été étudiés avec soin en 1882 et encore récemment (1891) par M. Millardet ; M. E. Rathay a complété, en 1888, les premiers travaux de M. Millardet sur l'organisation morphologique des fleurs des divers cépages.

On sait que l'on a soutenu pendant longtemps que la disposition des fleurs de vignes s'opposait d'une façon absolue aux phénomènes de la fécondation croisée. Les cinq pétales de la vigne, au moment de la floraison, qui commence à 15° et qui a lieu surtout entre 15° et 20° C. (Millardet), se détachent seulement par leur base d'insertion sur le réceptacle et restent toujours soudés par leur sommet, formant ainsi capuchon (fig. 57).

On a admis longtemps qu'au moment où la corolle se détache, le capuchon était rabaissé vers le pistil et appliquait sur lui les étamines; la déhiscence des anthères se produisait à ce moment et le pollen se déposait sur le stigmate. Toute action du pollen étranger à la fleur aurait été ainsi empéchée. Dans cette interprétation du phénomène antérieur à la fécondation, il serait difficile d'expliquer comment il peut exister des hybrides spontanés.

Les phénomènes se passent autrement dans la plupart des cas, ainsi que l'a observé M. Millardet (fig. 58). La déhiscence de la corolle est provoquée par le redressement des étamines qui soulèvent le capuchon. Avec une température convenable, la corolle finit par se séparer et par tomber. Les étamines sont alors dressées contre le pistil; mais, dès que la corolle est tombée, elles s'écartent lentement du pistil et se disposent obliquement par rapport à lui; au bout de cinq à dix minutes « les anthères oscillent sur leur point d'attache de manière à tourner en dehors la face qui était primitivement accolée au stigmate et sur laquelle se produisent les fentes qui donnent issue au pollen ». Le pollen ne tombe en poussière que lorsque les anthères ont subi ce mouvement de rotation. L'auto-fécondation de la vigne est donc prévenue par une dis-

position physiologique des organes floraux, et la fécondation croisée est, par suite, presque toujours forcée.
M. Millardet a cité, cependant, quelques
cas rares de fleurs spéciales qu'il nomme
encapuchonnées (Malbec, par exemple)
pour lesquelles la corolle ne tombe pas
normalement ou accidentellement (cas de
coulure par suite des conditions atmos-
phériques) et pour lesquelles l'autofécondation peut avoir lieu. M. Rathay et
nous mêmes avons observé assez fréquemment l'autofécondation.

Fig. 57.
FLEUR NORMALE
DE VIGNE.

Le pollen est transporté, par l'action du vent ou par
les insectes, d'une fleur à une autre fleur du même cépage ou sur des individus différents; il est déposé sur le
stigmate, humecté à ce moment par un liquide spécial,
sur lequel il émet les tubes polliniques qui parcourent
le style et vont féconder les ovules.

Les phénomènes sont les mêmes, d'après M. Millardet,
pour les vignes cultivées et pour les vignes sauvages;
chez ces dernières, l'écartement des étamines et le mouvement de rotation des anthères sur le filet sont encore
plus accusés. Ce processus de la floraison est constant

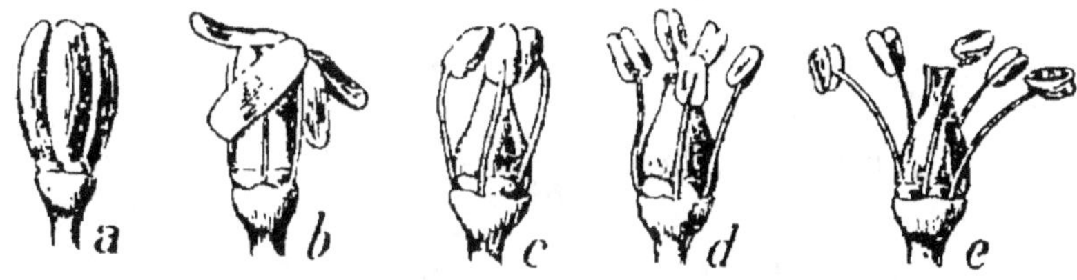

Fig. 58. — ÉPANOUISSEMENT DE LA FLEUR DU CHASSELAS, SUIVANT L'ORDRE
DES LETTRES (d'après M. Millardet).

chez toutes les fleurs hermaphrodites qui ont des étamines longues.

Les travaux de M. Millardet et de M. E. Rathay (*Die Geschlechtsverhaeltniss der Reben*, Vienne, 1888) ont déterminé exactement les faits observés précédemment, surtout par J.-E. Planchon, sur les différences de constitution des fleurs. A l'état sauvage, beaucoup d'espèces ont des fleurs mâles ou hermaphrodites; beaucoup

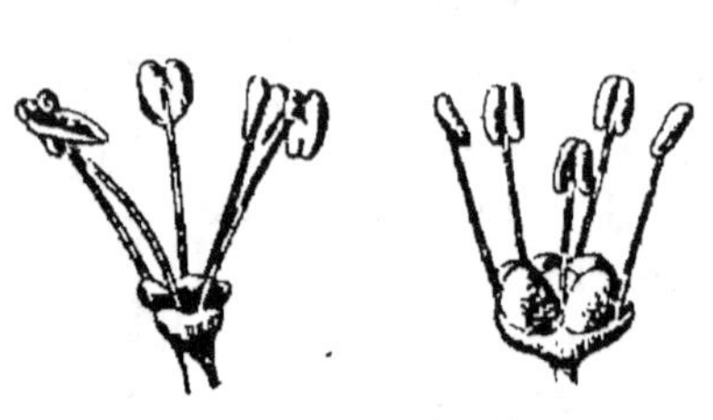

Fig. 59. — FLEURS MALES.

d'individus de Rupestris, de Berlandieri, par exemple, ont exclusivement des fleurs mâles (fig. 59); le pistil est avorté et réduit à un petit mamelon, autour duquel sont dressés les longs filets (beaucoup plus longs que ceux des fleurs hermaphrodites à étamines longues) des étamines qui restent droites après la floraison, et dont les anthères s'ouvrent

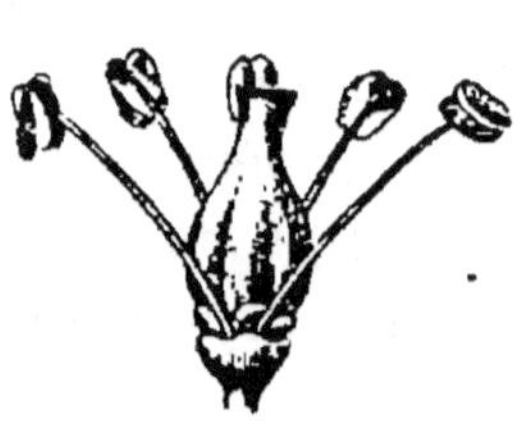

Fig. 60. — FLEURS
A ÉTAMINES LONGUES.

aussi en dehors, offrant ainsi une action très grande et directe au vent qui entraîne leur poussière pollinique.

Dans les vignes cultivées ou sauvages à fleurs hermaphrodites, on distingue deux sortes de fleurs : les unes à étamines longues (plus longues que le pistil) (fig. 60), dont nous venons d'esquisser le phénomène de floraison et la fécondation; les autres, les moins

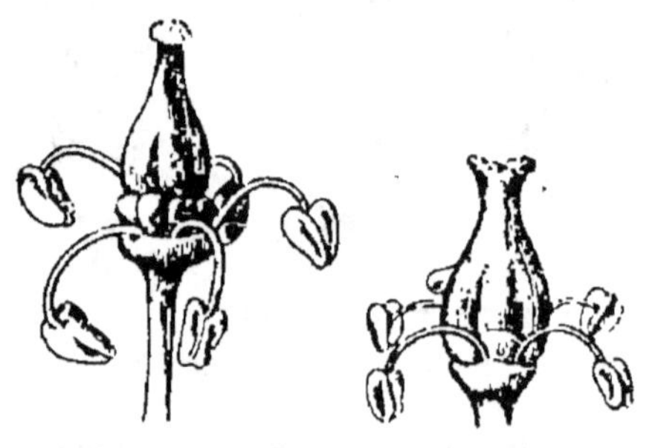

Fig. 61. — FLEURS A ÉTAMINES COURTES.

nombreuses, à étamines courtes. Dans celles-ci, les étamines, plus courtes que le pistil, ont leurs anthères appliquées sous la couronne du stigmate. Quand la floraison a lieu, ces fleurs à étamines courtes recourbent entièrement leur filet et rejettent leur anthère sous la base du pistil (fig. 61). D'après M. E. Rathay, le pollen des fleurs à étamines courtes diffère morphologiquement de celui des fleurs à étamines longues et n'est pas susceptible de germination; il en conclut qu'il ne peut servir à opérer l'hybridation. M. Millardet ne pense pas, d'après les résultats d'hybridation qu'il a obtenus avec du pollen des fleurs de cette nature, que le fait soit constant.

D'après M. Rathay, à l'état cultivé, les fleurs à étamines courtes devraient être fécondées par du pollen d'autres cépages à étamines longues, sans cela il y aurait coulure. C'est ce qu'ont d'ailleurs démontré d'une façon très pratique les expériences de M. A. Jurie (*Revue de Viticulture*, 1895). Le cas des fleurs à étamines courtes est à peu près constant pour les espèces sauvages à fleurs hermaphrodites. Ces observations nous serviront dans un instant pour tirer quelques déductions.

c. **Technique de l'hybridation**. — Lorsque l'on veut croiser deux cépages dont la floraison est à peu près simultanée, l'opération est facile. Mais c'est un cas exceptionnel surtout dans les hybridations entre vignes américaines et vignes françaises; certaines vignes américaines, comme le V. Riparia, fleurissent 15 jours (1)

(1) Voici les époques extrêmes de floraison observées pour quelques cépages à l'École nationale d'agriculture de Montpellier :

V. Rotundifolia......................	9 juillet au	14 juillet.
V. Labrusca (Concord).............	17 mai —	1ᵉʳ juin.
— (Isabelle)...............	15 mai —	25 mai.
V. Candicans......................	13 mai —	25 mai.
V. Lincecumii (Neosho)...........	1 juin —	11 juin.
V. Berlandieri....................	18 juin —	26 juin.

ou trois semaines avant les cépages du V. Vinifera;
d'autres, comme le V. Berlandieri, fleurissent, au contraire, de 10 à 15 jours après.

Quand la vigne qui doit servir d'élément mâle et fournir le pollen fleurit avant le pied qui sera fécondé, on
trouve presque toujours des fleurs provenant de grappes
en retard ou de grappillons poussés sur les rameaux secondaires; ces fleurs peuvent fournir un pollen propre à
la fécondation. Si les distances étaient trop grandes, il
faudrait songer à retarder la floraison. Le meilleur
moyen consiste à pincer les rameaux, à plusieurs reprises
si c'est nécessaire; si l'on pratique cette opération assez
tôt, il se développe de nouvelles grappes de fleurs sur
les rameaux secondaires. On peut agir inversement et
hâter le moment de la floraison, soit du pied femelle,

V. Cordifolia	29 mai	au	9 juin.
V. Cinerea	19 juin	—	25 juin.
V. Rupestris	15 mai	—	21 mai.
V. Riparia	24 avril	—	19 mai.
Solonis	14 mai	—	23 mai.
Taylor	11 mai	—	22 mai.
Clinton	11 mai	—	22 mai.
Champin	25 avril	—	21 mai.
Huntingdon	10 mai	—	21 mai.
Vialla	5 mai	—	20 mai.
Cornucopia	8 mai	—	22 mai.
Elvira	11 mai	—	26 mai.
Black Pearl	14 mai	—	22 mai.
Triumph	4 juin	—	15 juin.
York-Madeira	24 mai	—	2 juin.
Othello	12 mai	—	28 mai.
Noah	24 mai	—	28 mai.
Canada	20 mai	—	22 mai.
Autuchon	15 mai	—	25 mai.
Herbemont	3 mai	—	12 juin.
Cynthiana	31 mai	—	10 juin.
Jacquez	30 mai	—	10 juin.
V. Vinifera (Aramon)	24 mai	—	7 juin.
—　　(Chasselas)	20 mai	-	3 juin.

soit dans d'autres cas (Berlandieri, Cinerea, etc.), du pied
mâle. Pour cela, on peut rapprocher les rameaux à fleurs
le plus près possible de la surface du sol, ou placer les
souches en serre, sous châssis établis en plein vignoble,
etc.

La simultanéité des floraisons étant assurée, les pieds
mâles et femelles déterminés, on choisit la grappe à féconder. Il faut que celle-ci paraisse vigoureuse et normalement développée; lorsque quelques fleurs, qu'on
supprime d'ailleurs, commencent à s'épanouir, c'est le
meilleur moment pour procéder à l'opération. On réserve sur le milieu de la grappe de trente à cinquante
fleurs bien gonflées. Avec une petite pince, à mors plats,
on saisit le capuchon de la corolle, en exerçant une légère pression et tirant un peu en même temps vers la
partie supérieure. Les pétales se détachent par la base et,
avec un peu d'habileté, on les enlève en même temps
que toutes les étamines. Si les pétales ne se séparaient
pas, on les saisirait vers leur point d'insertion, en les
désarticulant successivement. Lorsque deux ou trois pétales sont disjoints, l'ensemble de la corolle se détache
facilement. On supprime les étamines qui n'auraient pas
été enlevées en les saisissant par le filet, et on s'assure,
avec la loupe, qu'il n'y a pas de pollen sur le stigmate
ainsi isolé. L'opération faite sur toutes les fleurs, on re-
tranche les parties de la grappe non réservées.

Des grappes du cépage qui remplit les fonctions de
mâle ont été préalablement recueillies en pleine floraison. On les agite au-dessus des fleurs à féconder en pro-
menant les étamines naturellement déhiscentes, — ou
rendues déhiscentes par une exposition de quelques minutes au soleil (Millardet), — au-dessus des stigmates;
l'on se rend compte, avec la loupe, que ceux-ci sont im-
prégnés de pollen. Le pollen peut, ainsi que l'a indiqué

M. Millardet, être recueilli et séché à l'air libre quelques jours avant; il conserve sûrement son action fécondante pendant une dizaine de jours et peut-être davantage. La poussière de pollen, ainsi préparée, peut être projetée sur les stigmates des fleurs préparées.

Les fleurs pourraient rester à l'air libre, mais il est bon de prendre une précaution complémentaire. On emprisonne la grappe dans un sac de gaze gommée, maintenu ouvert par un fil de fer disposé en spirale dans l'intérieur, afin que le pollen étranger des variétés qui fleurissent en même temps ne vienne fausser les résultats recherchés, car il se pourrait qu'en tombant accidentellement sur le stigmate, ce pollen, ayant peut-être plus d'affinité sexuelle que celui qui aurait été déposé, se développât plus rapidement. Il est bon, en outre, de mettre dans le sac de gaze un fragment de grappe du pied mâle en floraison, destiné à fournir du pollen, si par hasard la fécondation n'avait pas lieu avec celui que l'on avait déposé.

Il suffit d'un temps relativement court pour que la germination des grains de pollen s'accomplisse sur le stigmate et que le tube pollinique parcoure le court canal stylaire du pistil des fleurs de vignes fécondées. En général, dès que le tube pollinique a pénétré jusqu'à l'ovule, le stigmate et le style se flétrissent. On pourrait donc enlever le sachet de gaze peu après; par précaution, on le laisse une huitaine de jours. La grappe fécondée ne doit pas rester à l'air libre; on l'emprisonne dans un sac à mailles assez larges jusqu'au moment de la maturité, pour éviter que les grains fécondés ne soient détruits par les oiseaux, par accident, etc.

Il n'est pas possible de reconnaître, dans la plupart des cas et sur les grains mêmes, si la fécondation a eu lieu. Ainsi que l'a fait remarquer M. Millardet, et ainsi que nous l'avons observé bien souvent nous-mêmes, l'action du croisement sur les fleurs fécondées d'espèces différentes ne se traduit pas sur le grain même qui résulte de la fécondation. Mais cette action a lieu dans le cas du croisement de deux variétés de même espèce (métissage) et a été indiquée tout d'abord par Henri Bouschet, qui avait observé que des grains d'Aramon et de Chasselas, préalablement fécondés par des cépages à jus rouge (Petit-Bouschet, Teinturier), avaient le jus rouge après fécondation, tandis que les grains de la même grappe non fécondés conservaient leur jus blanc. Nous avons vérifié nous-mêmes le fait sur des Rosaki et des Chasselas que nous avions fécondés par l'Alicante-Bouschet; les grains fécondés de Rosaki et de Chasselas, naturellement blancs, avaient le jus et la peau rosés ou rouges. Pareils faits n'ont pas été constatés dans les cas de croisements entre deux espèces (hybridation).

d. **Semis et Sélection**. — Les grains de raisin sont cueillis bien mûrs et on les laisse sécher avant de les séparer de la pulpe. On les prépare au printemps suivant, en les mettant dans l'eau pour séparer les pépins; les graines qui sont mauvaises surnagent, les bonnes tombent au fond. On les enlève; on les met, pendant 24 ou 48 heures, tremper dans l'eau et on les stratifie, pendant une vingtaine de jours environ, dans du sable légèrement humide.

Il est utile de faire les semis dans de grands pots à fleurs, où l'on met, avec une terre meuble et déjà riche, du terreau bien décomposé. On soigne mieux ainsi les semis qu'en pépinière et qu'en jardin, où des graines accidentelles pourraient d'ailleurs amener des confusions. Quand on fait des semis de nombreuses hybridations, il faut apporter beaucoup d'ordre et de méthode dans l'étiquetage, et isoler les graines de la même série dans un ou plusieurs vases. Le sol est toujours maintenu un peu frais pour aider à la germination des graines qui sont enfouies à 4 ou 5 centimètres au plus; la surface est recouverte d'un paillis de fumier assez décomposé. La germination a lieu, dans la plupart des cas, environ un mois après le semis. S'il est possible de maintenir les vases à l'abri du froid, dans des serres par exemple, le semis sera pratiqué dès le mois de février; on ne le fait que fin mars ou avril dans le cas contraire. Quand les jeunes plants ont 5 ou 6 centimètres de haut, on sarcle les plantes étrangères. Les seuls soins que l'on doive donner consistent à maintenir la surface du sol des vases bien meuble et à pratiquer en été des arrosages fréquents mais non abondants. On doit surtout traiter avec soin les jeunes plants de semis, sans exception, contre les maladies cryptogamiques par la bouillie bordelaise et le soufre, car ils sont très sensibles dans leur jeune âge.

Les semis peuvent acquérir un développement relativement grand la première année; il faut les transplanter l'année suivante, en les espaçant aux distances normales et au moins à 1 mètre ou $0^m,80$. On commence alors à les observer et à les sélectionner.

La sélection, pour les individus porte-greffes, doit être faite au point de vue de la résistance au phylloxéra, de la vigueur, de l'adaptation, de l'affinité au greffage, de la faculté du bouturage; en outre, pour les producteurs directs, la sélection doit porter, en dehors de la résistance au phylloxéra, de la vigueur et de l'adaptation, sur la fructification, la productivité, le goût et la qualité des fruits, leur précocité; elle peut aussi porter sur la résistance aux maladies cryptogamiques.

Le bouturage, l'affinité au greffage, la vigueur, la résistance aux maladies cryptogamiques peuvent être jugés relativement vite et facilement. L'adaptation, ainsi que nous l'avons vu dans la première partie, doit être jugée, pour les porte-greffes, après le greffage, et on peut la considérer comme déterminée au bout de 3 ou 4 ans de greffe. La productivité exige un plus long temps, beaucoup de semis ne se mettant à fruit qu'au bout de 3, 4, 5, 6 ans; mais on peut aller plus rapidement en greffant les sarments des jeunes plants de semis sur des sujets vigoureux; le greffage hâte la mise à fruit. On peut en outre, en sélectionnant avec soin les rameaux les plus fructifères d'hybrides à grappes bien constituées, augmenter la productivité; on sait aussi que le greffage sur des sujets âgés est le moyen le plus pratique de multiplier rapidement une variété qui offre les qualités recherchées.

Mais, dans tous les cas, une des études les plus importantes est celle qui est relative à la résistance des hybrides au phylloxéra, qualité première de toute vigne nouvellement créée aujourd'hui. Il faut au moins 7 ou 8 ans d'observations attentives pour juger parfaitement de la valeur de résistance d'un cépage. Plusieurs méthodes ont été proposées pour arriver rapidement à ce résultat. Le moyen le plus certain consiste à planter les plants de semis dans un milieu phylloxéré ou que l'on phylloxère artificiellement par l'apport annuel de racines ou de galles (fig. 62 et 63) couvertes d'insectes. On doit aussi planter en même temps quelques racinés de Rupestris, Riparia, Vialla, Solonis, Jacquez, York., etc., tous cépages dont on connaît la résistance. Cette étude doit se faire en plein champ et dans des milieux artificiels, en pots. L'examen comparé de l'état de leurs racines et de celles des nouveaux cépages permet d'être fixé, au bout de très peu de temps, sur la résistance de ces derniers au phylloxéra. Seulement avant de conclure définitivement on se rappellera que beaucoup de vignes non

résistantes ont les radicelles moins atteintes de nodosités
que les vignes résistantes. On doit, chaque année, observer les semis et s'assurer, par l'examen des nodosités
et des tubérosités (Fig. 64, 65, 66, 67, 68), si les
plants offrent des garanties suffisantes de résistance ; il

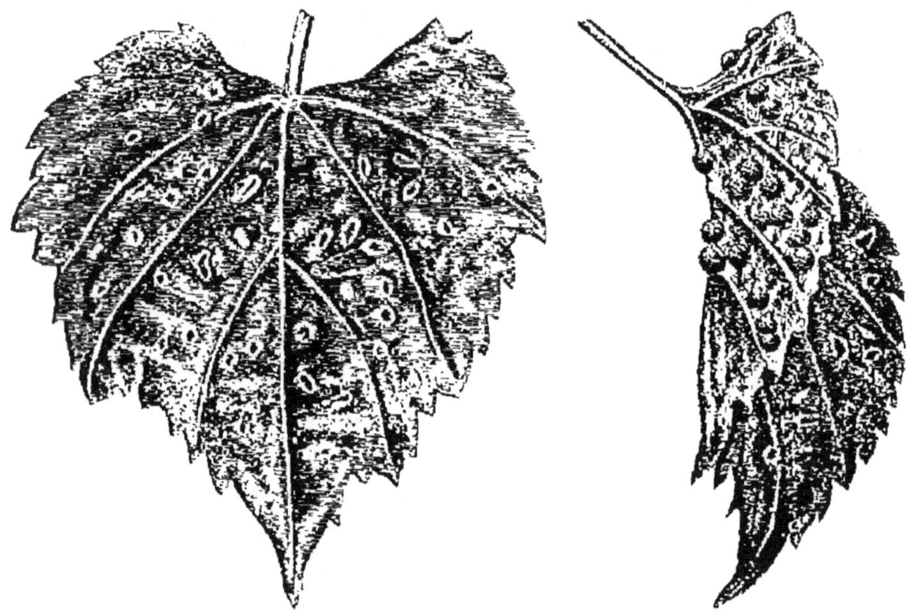

FIG. 62. — FACE SUPÉRIEURE D'UNE FEUILLE
MONTRANT L'OUVERTURE DES GALLES PHYL-
LOXÉRIQUES.

FIG. 63. — FEUILLE RETOURNÉE
MONTRANT LES GALLES PHYL-
LOXÉRIQUES.

est même mieux, quoique la chose ne soit pas indispensable, de les planter dans des terrains relativement secs
pour que l'action du sol ne vienne pas troubler celle du
phylloxéra. Si, pendant plusieurs années, on constate
que les racines ne portent pas de tubérosités en présence
de l'insecte, mais seulement des nodosités, la résistance
est à peu près assurée. Il vaut certainement mieux constater sur les racines quelques nodosités, plutôt qu'une

absence complète de toute lésion, car cela prouve que le phylloxéra a pu se développer dans les milieux où sont essayés les hybrides. Nous l'admettons d'autant plus que l'indemnité absolue des cépages américains, et à plus forte raison de leurs hybrides avec le V. Vinifera, n'existe pas, excepté peut-être pour les Muscadinia et les Ampelopsis.

e. **Croisements et Combinaisons.** — Peut-on tracer des règles précises qui aident à prévoir les résultats à obtenir et à diriger dans les essais d'hybridation? Les nombreux travaux qui ont été faits, à ce point de vue, sur des plantes diverses, par Darwin, Gärtner, Wichura, Decaisne, Naudin, Nietner, Nœgeli, Focke, etc., ont fixé seulement les conditions générales de l'hybridation et des résultats obtenus, mais n'ont pas permis de tracer des règles pour ainsi dire fixes et mathématiques pour

FIG. 64. — NODOSITÉS ET RENFLEMENTS (*a*) SUR RACINES DE VIGNES.

préciser dans quelles proportions ont lieu les mélanges,

la fusion ou la juxtaposition des caractères et des propriétés des plantes unies dans les individus qui résultent de leurs croisements. La résultante des diverses
combinaisons que l'on peut réaliser par l'hybridation
des vignes est certainement difficile à indiquer. « C'est
là encore un sujet bien obscur, dit M. Millardet, qui
ne pourra être abordé avec fruit que lorsque plusieurs
années d'observations seront venues compléter mon expérience actuelle. »

Il est cependant un certain nombre de faits bien acquis
ou que l'on peut prévoir à peu près sûrement et dont
la plupart ont été mis en lumière par M. Millardet. Nous
croyons utile de les indiquer rapidement, ou du moins
de les énumérer, en les examinant au point de vue de la
résistance au phylloxéra, de l'adaptation, de l'affinité
au greffage, de la productivité des hybrides résultant du
croisement des vignes américaines avec les cépages issus
du V. Vinifera.

Il est un fait d'abord dont on doit tenir compte dans
les hybridations : c'est celui qui est relatif à l'infécon-
dité du pollen des fleurs à étamines courtes, c'est-à-dire
de toutes les fleurs hermaphrodites des vignes sauvages.
Si les observations de M. E. Rathay sont confirmées,
comme elles paraissent devoir l'être dans un grand
nombre de cas, le pollen de ces fleurs ne doit pas être
employé comme élément mâle dans les fécondations,
puisqu'il paraît probable qu'il n'est pas apte à germer.

M. Millardet a mis en évidence un fait important,
d'ailleurs confirmé par d'autres observateurs, et qui paraît bien acquis quant à la transmission de la résistance
aux individus hybrides. Il est d'abord évident que la résistance des hybrides de V. Vinifera sera toujours inférieure à celle de la vigne américaine employée dans
l'hybridation, mais qu'elle sera d'autant plus accusée

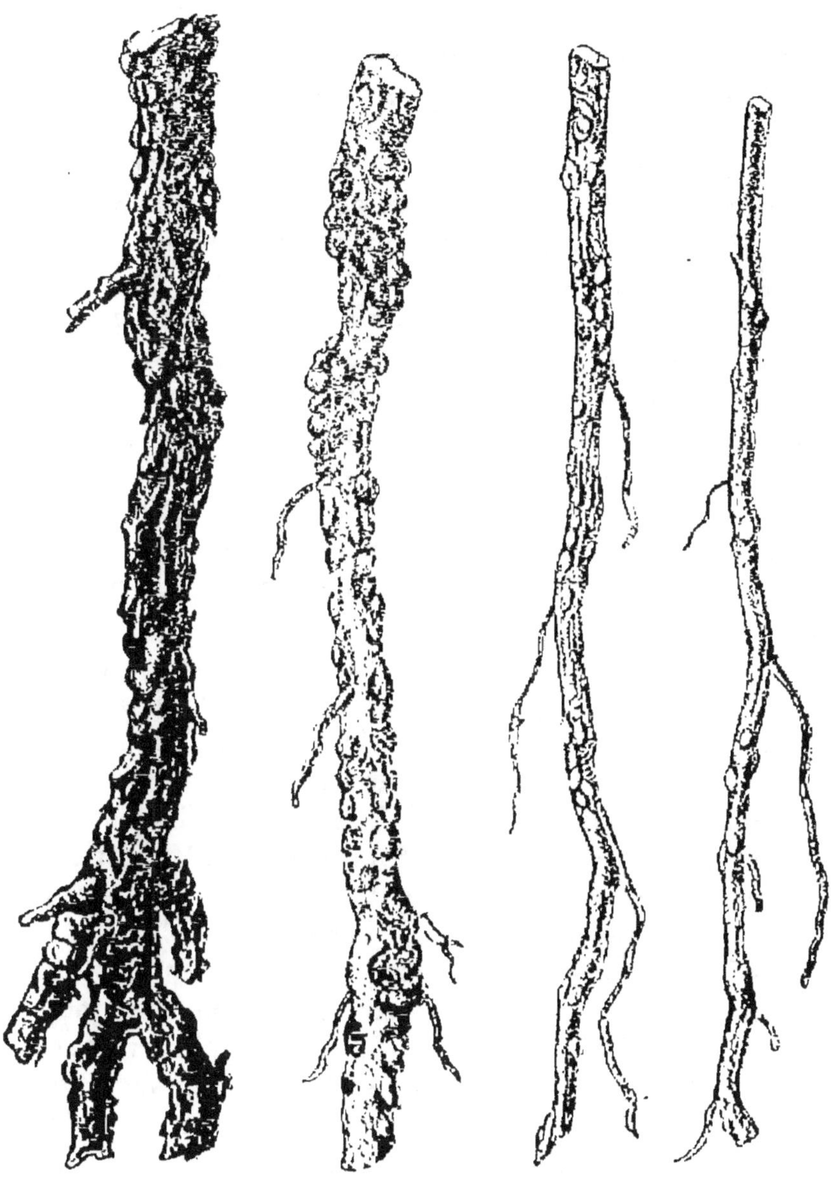

FIG. 68. — GROSSES TUBÉROSITÉS CONFLUENTES ET PÉNÉTRANTES.

FIG. 67. GROSSES TUBÉROSITÉS CONFLUENTES.

FIG. 66. TUBÉROSITÉS NON PÉNÉTRANTES.

FIG. 65. TUBÉROSITÉS NON PÉNÉTRANTES SUR RACINE DE VIGNE AMÉRICAINE.

que la vigne américaine employée sera elle-même plus résistante; un Vinifera × Rupestris devra *à priori* être plus résistant qu'un Vinifera × Californica. Il peut cependant, — et cela se produit dans tous les cas divers que nous allons examiner, — y avoir des exceptions; la fixité absolue dans les résultats obtenus par les mêmes éléments dans l'hybridation n'existe pas, mais il n'en est pas moins certain qu'il y a toujours une fixité relative résultant des éléments mis en jeu. Le fait le plus important à retenir, à ce point de vue, est celui qui est relatif aux hybrides américo-américaines. Il est incontestable, et les faits d'ailleurs l'ont démontré, que les hybrides résultant de l'union d'espèces américaines résistantes entre elles, offrent, au point de vue de la résistance, une garantie constante qui n'est jamais acquise dans les cas où l'élément Vinifera entre plus ou moins en jeu.

Ce que nous disons de la résistance s'applique, quoique d'une façon moins accentuée, à la vigueur. Un même Vinifera uni à un Rupestris et à un Mustang, ou à un Monticola et à un Æstivalis, donnera des produits Vinifera × Rupestris ou Vinifera × Candicans plus vigoureux que le Vinifera × Monticola ou le Vinifera × Æstivalis : les exceptions sont cependant beaucoup plus nombreuses ici que dans le cas précédent.

Il est encore acquis que lorsque la vigne américaine, un Rupestris, par exemple, sert d'élément mâle, les individus qui résultent de son union avec le Vinifera sont d'autant plus résistants et plus vigoureux que le pollen a été pris sur des individus mâles, ou, mais à un moindre degré, sur des individus à étamines longues, s'il en existe pour les vignes sauvages.

Enfin, à ce même point de vue de la résistance, — et les observations récentes de M. Millardet, ainsi que celles

que nous avons faites sur les nombreux hybrides de l'É-
cole d'agriculture de Montpellier, le mettent bien en
lumière,— la combinaison des deux éléments de l'hybridation a une grande importance. Lorsque la vigne américaine résistante joue le rôle de père, la résistance est
généralement plus accusée que lorsque l'inverse a lieu;
un Vinifera × Rupestris est plus résistant, en général,
qu'un Rupestris × Vinifera. Par contre, ce dernier genre
d'hybridation, dans lequel l'élément Vinifera joue le rôle
de père, donne plus souvent des individus féconds et fructifères.

L'affinité au greffage des hybrides pour les divers cépages issus du V. Vinifera est d'autant plus grande que les
parents ont eux-mêmes plus d'affinité pour ces cépages.
Par exemple, un Labrusca × Rupestris aura cette propriété plus accusée qu'un Rotundifolia × Rupestris.
Tout hybride binaire qui renfermera un élément Vinifera aura plus d'affinité pour les vignes françaises qu'une
espèce pure américaine ou qu'un hybride binaire de vignes américaines, et d'autant plus que l'espèce américaine sera elle-même d'une affinité plus grande. Un Labrusca × Vinifera ou un Berlandieri × Vinifera auraient
les propriétés d'affinité plus accusées pour le Vinifera que
des hybrides à mélanges proportionnellement égaux de
Rotundifolia × Vinifera ou de Lincecumii × Vinifera.

Quant à l'adaptation, il est évidemment à prévoir que
les éléments combinés donneront à la combinaison résultante leurs propriétés acquises. L'étude que nous allons faire des hybrides le prouvera d'une façon très nette.
Comme le Vinifera vient à peu près également dans tous
les milieux, il est à présumer que les hybrides de Vinifera et d'une espèce américaine auront une aire d'adaptation plus étendue que les espèces elles-mêmes ou que
les hybrides de ces espèces; par exemple, un Vini-

fera $\times$ Labrusca ou un Vinifera $\times$ Riparia viendront dans un plus grand nombre de sols qu'un Riparia $\times$ Labrusca. Et, par suite aussi, un Vinifera $\times$ Berlandieri s'accommodera mieux du calcaire et aura, au plus haut degré, les propriétés d'adaptation aux terrains crayeux, propriétés plus élevées par exemple que celles d'un Vinifera $\times$ Rupestris et d'un Vinifera $\times$ Riparia, et nos nombreuses expériences prouvent qu'il en est bien réellement ainsi.

Mais ici, comme dans tous les autres cas, il peut aussi y avoir des exceptions; les individus qui résultent des croisements héritent non seulement des propriétés des parents, mais ils en acquièrent eux-mêmes de nouvelles. Nous en verrons quelques cas importants au point de vue de l'adaptation (Solonis, Riparia $\times$ Rupestris, etc.).

Nous n'avons considéré, jusqu'à maintenant, que des hybrides résultant de l'union de deux espèces, les hybrides binaires. Quant aux hybrides produits par des combinaisons plus complexes, par l'union de deux, trois, quatre ou cinq espèces différentes, il n'est pas aussi facile de préciser les résultats à obtenir. Il est cependant à prévoir que les espèces dominantes imprimeront aux hybrides leurs propriétés spécifiques. Mais ici les exceptions peuvent être encore plus grandes que dans les cas précédents, à cause des variations qui résultent, dans les semis d'hybrides ternaires, quaternaires ou plus complexes, des phénomènes de dissociation et d'atavisme.

Il est enfin un fait indiqué, croyons-nous, pour la première fois en 1886, par M. Millardet, relativement à la création d'hybrides résistants producteurs directs. Ce fait est moins acquis que ceux que nous venons d'indiquer, mais nos observations et celles de plusieurs hybrideurs semblent le rendre probable. Nous avons dit que les hybrides de Vinifera et de vigne américaine, dans lesquels la vigne américaine joue le rôle de père sont généralement peu fructifères et plus résistants, et que par contre, les hybrides de vignes américaines par Vinifera sont peu ou point résistants et plus fructifères. La fixation de la productivité dans les hybrides binaires paraît donc difficile à obtenir : elle sera en tout cas fort difficile. Les hybrides ternaires ou plus complexes, à éléments de Vinifera dominants, pourront peut-être permettre d'y arriver; mais leur résistance nous paraît bien difficile à obtenir, si nous en jugeons par les faits acquis actuellement.

Il est certain, en tous cas, que les semis, sans hybridation nouvelle, de graines d'individus hybrides au premier degré, permettront, plus que toute hybridation nouvelle, d'obtenir des individus fructifères et peut-être résistants. La variation par fragments, par suite des phénomènes nombreux et complexes de dissociation et d'atavisme, se produit dans ce cas à un degré beaucoup plus élevé et dans les sens les plus divers; c'est donc dans ces variations que l'on a le plus de certitude d'obtenir des vignes fructifères et douées d'une certaine résistance.

B. HYBRIDES DE VIGNES AMÉRICAINES
(AMÉRICO-AMÉRICAINS)

Hybrides de V. Labrusca et de V. Æstivalis. — Les hybrides de V. Æstivalis et V. Labrusca sont rares en Amérique à l'état sauvage; ils sont vigoureux seulement dans les terrains sableux et riches. Ils n'ont pas été introduits en France et ne paraissent d'ailleurs présenter aucun intérêt cultural.

York-Madeira. — A ce groupe se rattache, d'après

M. Millardet, l'York-Madeira, une des variétés américaines les plus anciennement in   troduites en Europe, probablement avant l'é   poque de l'invasion de l'oïdium ; il est à peu   près inconnu aux

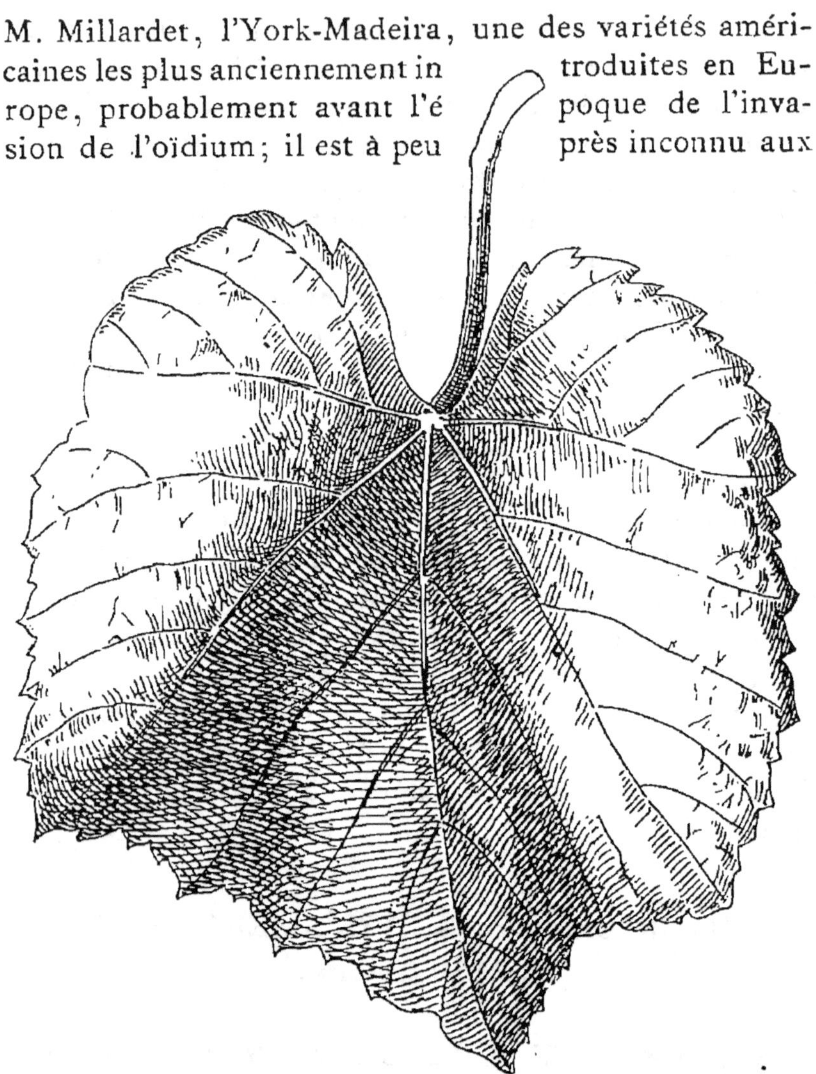

Fig. 69. — Feuille d'York-Madeira.

États-Unis. Sa résistance au phylloxéra, contrairement
à ce que l'on a dit bien souvent, est relativement peu
élevée et peut être représentée par la note 11. Son développement, même dans les milieux et les régions où

le phylloxéra ne le déprime pas, est lent. Il ne réussit bien que dans les régions du Nord, où il constitue un excellent porte-greffe, mais uniquement dans les terrains assez frais, caillouteux et à base siliceuse, ou formés d'un cailloutis calcaire dur; il égale en vigueur les autres porte-greffes dans les terres fortes argilo-siliceuses. Or, dans ces milieux, les Rupestris lui sont de beaucoup supérieurs.

Dès que les terrains sont peu fertiles, l'York reste très faible; ses greffes sont peu vigoureuses, elles portent cependant beaucoup de fruits, mais des fruits qui mûrissent mal. Dans les calcaires crayeux, il jaunit rapidement; il a cependant une résistance relative à la chlorose, dans les bonnes terres de groies par exemple, mais sa vigueur y est trop faible pour qu'il puisse y être utilisé, malgré sa bonne reprise au greffage et la perfection des soudures qu'il donne avec la plupart des variétes françaises. Il se multiplie aussi facilement par bouture, propriété qu'il tient du V. Labrusca. C'est en somme un porte-greffe qui peut réussir là où viendraient, dans le Nord et le Centre, les bonnes variétés de Rupestris, mais qui est bien inférieur à celles-ci. Dans les régions chaudes, le phylloxéra le déprime, excepté dans les terres fertiles et fraîches, où les Riparias lui sont de beaucoup supérieurs.

Les raisins assez nombreux qu'il porte sont très foxés et âpres : on ne peut donc l'utiliser comme producteur direct. Il est cependant cultivé pour ses fruits en quelques points de l'Italie, dont les populations rurales s'accommodent de son vin comme boisson, faute de mieux.

Hybrides de V. Labrusca, V. Æstivalis et V. Cinerea. — Dans ce groupe sont compris, d'après M. Millardet, des cépages que l'on considérait comme des

Æstivalis purs, tels le *Cynthiana* ou *Norton's Virginia*, l'*Hermann*, la *Pauline*. Nous y comprendrons encore trois hybrides : un *Concord* $\times$ *Cynthiana*, produit par M. T.-V. Munson, le *Balsiger's* (Cynthiana $\times$ Martha), le *Gold coin* (Cynthiana $\times$ Martha). Ces trois derniers hybrides (Æstivalis — Cinerea — Labrusca[2]) sont des créations sans intérêt pour nous.

Le Cynthiana, l'Hermann et la Pauline redoutent le calcaire à un très haut degré; ils ont donc conservé, à ce point de vue, les propriétés spéciales des deux espèces principales dont ils sont originaires et aussi celles du V. Labrusca, si, comme le pense M. Millardet, cette espèce a eu une part dans leur origine. Leur résistance au phylloxéra est la suivante :

Cynthiana...................................... 14
Hermann....................................... 10
Pauline.. 12

L'Hermann et la Pauline n'ont jamais existé que dans les collections, mais le Cynthiana a été propagé dans quelques vignobles français exclusivement comme producteur, à cause du goût franc, de la teinte foncée et brillante de son vin. Il n'a prospéré, en France, que dans les terres rouges, caillouteuses et à base siliceuse; c'est dans les terrains de même nature qu'il est à peu près exclusivement cultivé en Amérique et surtout dans la Virginie. En outre, dans les régions chaudes et sèches, le Cynthiana, même dans ces terrains, vient mal; il exige un climat assez tempéré et plutôt frais; il a réussi, par exemple, dans les terres granitiques du nord de la Drôme, tandis qu'il vient très mal même dans les terrains du diluvium alpin du midi de la France. C'est un cépage abandonné aujourd'hui et qui n'est d'aucune utilité directe pour la reconstitution. Les Rupestris viennent mieux que lui là où il pourrait réussir. Il se multiplie difficilement de bouture comme le V. Cinerea et le V. Æstivalis.

Hybrides de V. Labrusca, V. Æstivalis et V. Rupestris. — Ce sont des croisements de York-Madeira avec le V. Rupestris. Obtenus artificiellement en France, quelques-uns d'entre eux ont une certaine résistance au phylloxéra; par contre, comme leurs générateurs, ils redoutent beaucoup les terrains calcaires, ils jaunissent l'année même de la plantation et la deuxième année, même non greffés, ils sont en partie disparus. Ce groupe d'hybrides ne peut donc fournir aucun cépage pour la reconstitution des terrains calcaires.

Hybrides de V. Labrusca, V. Æstivalis, V. Rupestris et V. Riparia. — Ces hybrides sont jusqu'ici issus du croisement du York-Madeira avec les Riparia-Rupestris. Le sang d'Æstivalis et de Labrusca qu'ils contiennent a diminué les facultés d'adaptation que les Riparia-Rupestris auraient pu leur transmettre. Ils jaunissent beaucoup dans les terrains crayeux des Charentes et n'offrent par suite à peu près aucun intérêt.

Hybrides de V. Labrusca et de V. Cordifolia. — On ne trouve quelques hybrides de Cordifolia-Labrusca, à l'état sauvage, que dans les milieux où ces deux espèces sont mélangées (les terrains riches et siliceux), dans les États du nord des États-Unis et surtout dans la Virginie. Ils n'ont pas été essayés en France et leur origine permet de présumer que leur valeur serait inférieure, au point de vue de l'adaptation, à celle d'autres porte-greffes bien connus.

Hybrides de V. Labrusca et de V. Riparia. —

Les hybrides sauvages de V. Riparia et de V. Labrusca sont très nombreux dans les forêts des bords de l'Atlantique, en Amérique; nombreux aussi sont ceux qui ont été créés par semis direct et par hybridation. Les premiers n'ont pas été introduits en France; ils sont d'ailleurs peu intéressants pour la culture; ils existent dans les mêmes sols fertiles et siliceux que le V. Labrusca ou que le V. Riparia.

Parmi les cépages qui sont des hybrides du V. Riparia et du V. Labrusca, ainsi que l'a démontré M. Millardet pour la plupart d'entre eux, nous citerons : le *Taylor* et ses semis : *Noah*, *Elvira*, Faith, Transparent, Montefiore, Amber Queen, Etta et Elvira N° 100 de Jæger, etc. (ces deux derniers sont des semis d'Elvira) : le *Clinton* et ses semis : *Vialla*, *Blach Pearl*, Bacchus, Ariadne, etc.; enfin, les *Oporto*, Blue Dyer, Uhland, Marion, Conqueror, Sack, Iron clad, Luty, Ferrand's Michigan, Missouri Riesling, Grein's golden, etc.; et une série de formes qui sont certainement hybrides de V. Riparia et qui possèdent les caractères du V. Labrusca à un très haut degré, tels : *Catawba* et ses semis : Diana, Iona, Mottled, Jefferson (hybride de Concord $\times$ Iona). Nous pourrions citer des hybrides plus complexes, tel : Empire State (Clinton $\times$ Hartford prolific), etc.

Le V. Labrusca a transmis à ces hybrides une grande affinité au greffage, un tronc gros, mais aussi une résistance plus ou moins limitée aux attaques du phylloxéra, d'autant plus limitée que l'influence du Riparia est moins accusée (Iron clad, Luty, Missouri Riesling, Catawba, Diana). La plupart sont cependant plus résistants que le V. Labrusca. Voici la valeur de la résistance des principaux d'entre eux :

Taylor	13	Oporto	12
Noah	14	Blue Dyer	9
Elvira	10	Uhland	9
Clinton	8	Marion	16
Vialla	12	Catawba	4
Black Pearl	12	Diana	4
Bacchus	8		

Ces hybrides ont des racines plus grosses (Taylor, Clinton, Vialla) que le V. Riparia, qu'ils tiennent du V. Labrusca. Comme les espèces dont ils sont originaires, ils redoutent beaucoup le calcaire (Vialla), mais moins cependant que le V. Labrusca.

Taylor. — Le Taylor a été très employé comme porte-greffe; il constitue des vignobles importants, dans le midi de la France, qui ont actuellement 19 ans d'âge et sont greffés depuis 17 ans. Ce cépage est un excellent porte-greffe, s'alliant très bien avec la plupart des variétés françaises, à tronc gros, donnant une bonne productivité aux greffes qu'il porte et une maturité précoce. Quand il est dans les terres qui lui conviennent (terres franches, fraîches, sols de marnes et d'argiles bleues assez riches et frais), il constitue un excellent porte-greffe, et le phylloxéra ne l'affaiblit pas trop; mais dans les sols calcaires, secs, peu riches, et dans les terres peu fertiles et sèches, il succombe rapidement au phylloxéra. C'est un des cépages qui ne sont suffisamment résistants que lorsqu'ils sont bien adaptés; ses racines grosses font qu'il s'accommode mieux que le Riparia des terres compactes. Le Taylor est aujourd'hui délaissé, et d'autres porte-greffes lui sont supérieurs dans les rares milieux où on devrait l'isoler.

Le Taylor craint beaucoup moins la chlorose que les cépages issus du V. Labrusca; tant qu'il n'est pas trop phylloxéré, il résiste même mieux au calcaire que le

Riparia, le Rupestris, etc.; c'est pourquoi il est, sans doute, un hybride plus complexe que ne l'admet M. Millardet; peut-être a-t-il quelques traces de sang de V. Vinifera?

FIG. 70. — FEUILLE DE NOAH.

Noah. — Cépage vigoureux, à gros tronc, venant bien dans les bons sols un peu compactes et frais, mais redoutant beaucoup les calcaires crayeux, même franc de pied, contrairement à ce que l'on a dit parfois. Il est inférieur comme porte-greffe à beaucoup d'autres et n'a aucun mérite spécial. C'est un des cépages américains à fruits blancs des plus productifs, mais ses fruits sont foxés, et les eaux-de-vie que l'on obtient de ses vins conservent toujours un goût particulier qui les fait délaisser par le commerce; il n'y a aucune comparaison à établir avec les eaux-de-vie qui proviennent de la Folle-Blanche; d'ailleurs, dans les Charentes, il est peu cultivé et on ne le trouve guère que dans les terrains siliceux; dans les terres calcaires il meurt. C'est un cépage sans valeur actuelle. Ses eaux-de-vie sont *mortes* au sortir de la chaudière.

Elvira. — L'Elvira est plus productif encore que le Noah, mais ses fruits blancs sont foxés et sa résistance au phylloxéra est très inférieure; il craint autant le calcaire que ce dernier hybride et il exigerait des terres riches, fraîches, à cause de sa sensibilité au phylloxéra; donc cépage sans valeur, à abandonner et abandonné d'ailleurs complètement. L'Elvira N° 100 de M. Jæger est plus productif, mais possède les mêmes défauts originels.

Clinton. — Avant la connaissance et la multiplication des Riparias, des Jacquez, Rupestris, etc., le Clinton avait été assez employé, comme porte-greffe, dans le midi de la France; il est aujourd'hui complètement abandonné, car là où il réussit (terres meubles, fertiles, profondes, fraîches et non calcaires), les Riparias lui sont de beaucoup supérieurs et sont surtout plus résistants au phylloxéra.

C'est le Clinton qui a fourni les premiers exemples de l'influence combinée de l'adaptation et du phylloxéra. Dans les terrains calcaires, et même dans les terrains peu fertiles et secs, qui ne s'opposent pas au développement de l'insecte, il disparaît très rapidement. Dans les terrains parfaits pour ce cépage, l'insecte l'affaiblit relativement peu; il existe encore, dans des alluvions riches

(Hérault) et fraîches, des greffes sur Clinton de 18 ans ; elles sont généralement très vigoureuses, excepté les années de grande sécheresse pendant lesquelles le phylloxéra contrarie beaucoup   leur vigueur normale dans ces milieux.

FIG. 71. — FEUILLE DE CLINTON.

C'est l'action relativement faible du phylloxéra qui explique encore que, dans certaines régions du Centre et dans des terrains non calcaires, le Clinton, vendu et propagé parfois sous le nom de *Plant Pouzin*, puisse donner quelques résultats culturaux comme producteur direct (Ardèche). Ses fruits produisent cependant des vins qui, quoique n'étant pas très foxés, sont cependant inférieurs, et par le greffage sur Riparia l'on obtiendrait, dans les milieux où le Clinton peut être cultivé, des résultats bien supérieurs comme quantité et qualité de vins. Le Clinton est donc à délaisser complètement dans toutes les régions. Sa grande sensibilité au calcaire a été constatée en Amérique, dans les îles du lac Érié, où il se rabougrit rapidement dans les calcaires tendres du Dévonien, en de nombreux points en France, et surtout dans les terres crayeuses des Charentes, où, en l'absence du phylloxéra, il meurt au bout de deux ans, plus tôt que le Noah et le Vialla.

Le Clinton reprend facilement de bouture : il donne de bonnes reprises à la greffe et s'allie bien avec la plupart de nos vignes.

Vialla. — Cépage obtenu d'un semis de Clinton, propagé par M. Laliman et dédié par lui à M. Louis Vialla. Sa nature hybride a été déterminée par M. Millardet. C'est un des porte-greffes qui ont joué un rôle très important dans la reconstitution des vignobles du Centre; il en a formé la base, par exemple, dans les terres granitiques, à base siliceuse, du Beaujolais, et c'est en effet un porte-greffe qui peut prospérer dans les régions du Nord et du Centre, là où sa résistance relative est favorisée par le climat et le sol. Dans les régions sèches et chaudes du midi de la France, où dans les terrains secs et après plusieurs années de sécheresse successives, le phylloxéra l'affaiblit et rend parfois ou peut rendre sa culture à peu près impossible; nous avons développé ces faits dans la première partie de cet ouvrage. Le Vialla avait été limité dans le Centre, le Nord et le Sud-Ouest, où il était exclusivement cultivé dans les terres à base siliceuse, assez légères.

FIG. 72. — FEUILLE DE VIALLA.

Il était exclu, d'une façon absolue et avec raison, de tous les terrains calcaires; c'est le porte-greffe, parmi ceux qui ont été les plus usités, qui craint le plus le calcaire.

Dans les terres siliceuses, et assez fertiles, il a une très grande vigueur et c'est un de ceux qui y réussissent le mieux; son excès de vigueur entraîne même parfois la coulure. Le Vialla est, de toutes les vignes américaines, celle qui reprend le mieux de bouture et de greffe-bouture; à la greffe sur table, il donne une proportion de reprises très élevée. Les greffons français se soudent très bien, le tronc reste fort, la productivité est assez grande et la maturation normale. Il s'allie bien au greffage avec toutes les variétés françaises et, entre autres, avec le Gamay qui est cependant difficile à ce point de vue.

Le Vialla a rendu d'incontestables services dans les terres siliceuses ou silico-argileuses, saines et assez riches du Centre, du Nord et du Sud-Ouest; nous pensons que, pour ces terrains et ces régions, l'on peut actuellement avoir recours à des porte-greffes qui ont une valeur d'adaptation égale et une valeur de résistance phylloxérique bien supérieure; tels le Rupestris du Lot, le Rupestris Martin, etc., etc.

Le *Franklin*, qui ressemble beaucoup au Vialla, a, au point de vue de l'adaptation et de la résistance, les mêmes qualités et les mêmes défauts; mais il lui est inférieur comme vigueur. Le *Ferrand's Michigan* est aussi vigoureux que le Vialla et présente les mêmes avantages; de même l'*Oporto,* qui est peut-être supérieur comme vigueur au Vialla dans le centre de la France et aussi comme résistance à la chlorose, il se rapproche en effet plus du Riparia.

Quelques autres hybrides de Labrusca et de Riparia ont été obtenus en France; ils ont toutes les aptitudes des précédents et aussi les mêmes défauts plus ou moins accusés suivant qu'ils se rapprochent davantage de l'un ou de l'autre de leurs générateurs.

Hybrides de V. Labrusca, V. Riparia et V. Rupestris. — Hybrides obtenus artificiellement en France. Leur résistance au phylloxéra est plus grande que celle des précédents, le Labrusca n'entrant que pour un quart dans leur constitution. Peu connus encore, ils n'ont été expérimentés jusqu'ici que dans les sols crayeux, où ils jaunissent beaucoup.

Le *Huntingdon* est un hybride de ce groupe, multiplié dans quelques vignobles du Sud-Ouest et du Centre. Cette plante rapelle beaucoup le Rupestris par ses feuilles et son port, et le Labrusca par le goût désagréable de ses fruits. Il est assez fructifère, mais il est peu vigoureux et ne vaut rien comme producteur direct. Il ne redoute pas trop le calcaire et, dans quelques terres de groie des Charentes, il végète vigoureusement, non greffé, tant que le phylloxéra ne l'a pas attaqué. Ses propriétés d'adaptation lui viennent très probablement de la combinaison Riparia-Rupestris qui est intervenue dans sa formation.

Taylor Narbonne. — Cette vigne proviendrait du semis d'une graine de Taylor, fait par M. Narbonne. M. Despetis l'a étudiée avec grand soin dans son domaine des Yeuses (Hérault) où elle a donné, en terrains calcaires, des résultats indiscutables, affirmés dans une étude documentée publiée par M. Jules Pastre.

L'ensemble des caractères du *Taylor Narbonne* rappelle assez celui du Taylor. Mais on peut se demander s'il n'y a pas eu une influence hybridante du Riparia qui le rapprocherait de certains types de *Riparia* × *Rupestris*, ce qui expliquerait sa résistance relative au calcaire.

Quoi qu'il en soit de sa parenté réelle, le Taylor Narbonne a une résistance au calcaire comparable à celle des *Riparia* × *Rupestris* et même supérieure à la plupart d'entre eux. Il peut donc, à ce point de vue, être utilisé pour la reconstitu tion. Quant à sa résis-

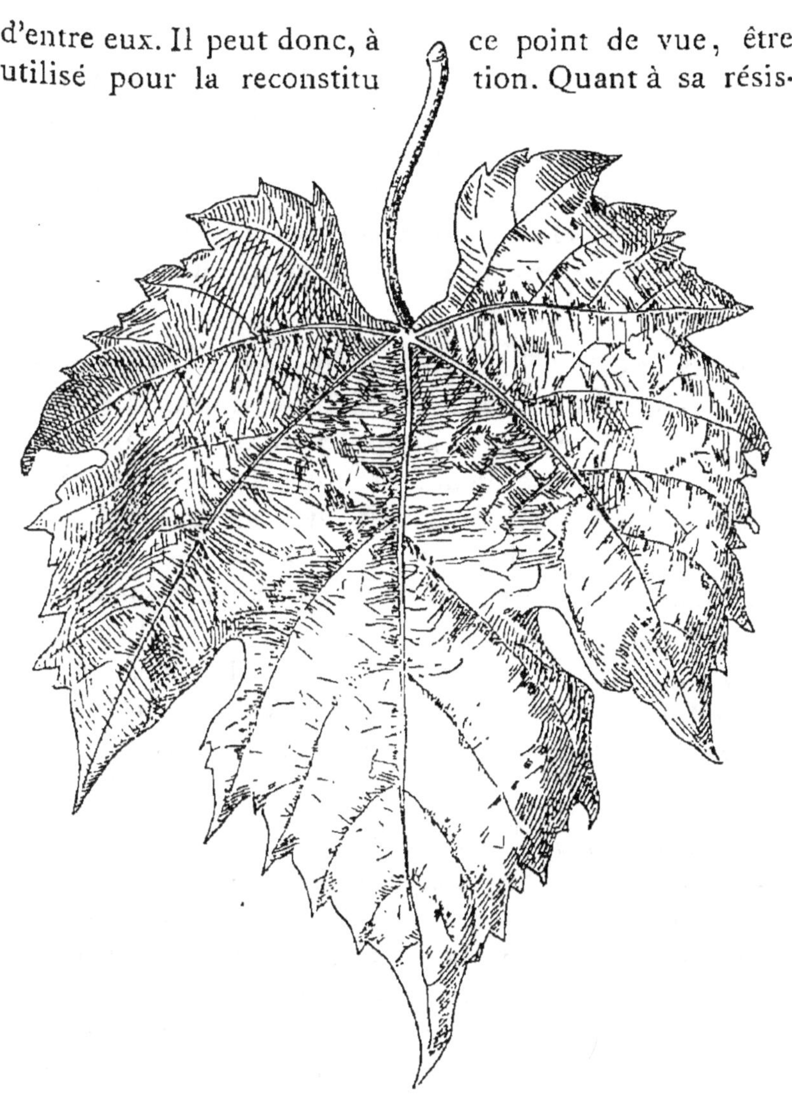

tance phylloxérique, M. Despetis, qui l'a étudiée pendant plusieurs années, la croit élevée; elle est, en tous cas, supérieure à celle du Solonis.

La figure 73 donne très nettement les caractères des feuilles du *Taylor Narbonne* qui sont beaucoup plus découpées que celle du Taylor. Ce cépage est vigoureux, il reprend très bien de bouture, il donne des greffes fructifères et s'allie avec la plupart des vignes françaises. Si sa résistance phylloxérique s'affirme, il pourra être utilisé dans les mêmes milieux que ceux où l'on mettait le Solonis.

Hybrides de V. Californica et de V. Arizonica. — Les hybrides de V. Californica et de V. Arizonica sont très nombreux ; on trouve une série successive de formes intermédiaires entre les deux espèces. Introduits en France presque toujours comme V. Californica ou V. Arizonica purs, ils sont restés dans les collections ; ils sont inférieurs, comme vigueur, au V. Californica et, comme résistance, au V. Arizonica. Ils semblent exiger des terrains plus riches que ceux où pourrait réussir cette dernière espèce, et ne présentent par suite aucun intérêt. Ils craignent la chlorose comme le V. Rupestris.

Hybrides de V. Candicans et de V. Berlandieri. — Par suite de la cohabitation du V. Berlandieri et du V. Candicans sur les bords des fleuves ou sur les coteaux du Texas, par suite aussi de la floraison presque continue de cette dernière espèce, il s'est produit, à l'état sauvage, un très grand nombre d'hybrides de V. Berlandieri et de V. Candicans. On trouve tous les intermédiaires entre ces espèces et leur nombre est pour ainsi dire infini ; beaucoup de formes de Berlandieri considérées comme pures, à poils laineux abondants sur les jeunes feuilles ou sur les jeunes rameaux, ne sont que des hybrides de Candicans plus ou moins accusés. Le *Berlandieri Planchon* en est un exemple.

Ces hybrides sont rarement isolés sur les coteaux crayeux du Texas, où on les trouve presque toujours dans des terres riches et fraîches; un certain nombre, ceux surtout qui ont conservé au plus haut degré les caractères de Berlandieri, sont parfois dans des terrains secs et peu fertiles, rarement marneux et d'un gris bleuâtre. En outre, l'influence du Mustang, au point de vue de l'adaptation, a diminué la résistance à la chlorose du Berlandieri; aussi, ces hybrides, ceux du moins que l'on a expérimentés dans les craies de Cognac, sont-ils assez sensibles à la chlorose. Le Mustang a en outre diminué la résistance naturelle du Berlandieri au phylloxéra, mais il lui a communiqué une très grande vigueur.

Certains hybrides de Berlandieri et de V. Candicans (forme Barnes) sont des vignes d'une vigueur extraordinaire.

Les *Berlandieri-Candicans* tiennent du Mustang des racines fortes; ils ont, des deux espèces, le défaut d'être difficiles au bouturage. M. T.-V. Munson a cependant isolé trois formes que nous nommons *Berlandieri-Candicans* N° 1, N° 2, N° 3, qui reprennent assez bien de bouture et qui sont assez vigoureuses. La résistance au phylloxéra et la vigueur relative des souches plantées côte à côte dans un sol assez calcaire sont, pour les principales formes de Berlandieri-Candicans, les suivantes.

	Vigueur.	Résistance.
Berlandieri-Candicans N° 1	15	15
— — N° 2	16	15
— — N° 3	17	15
Berlandieri-Candicans Barnes ...	20	15
Berlandieri-Candicans Bouisset..	17	16

Les expériences faites dans les craies de Cognac ont

démontré, ce qui était à prévoir, que ces cépages n'avaient qu'une résistance limitée à la chlorose. On ne pourrait les essayer que dans certains terrains marneux et blanchâtres, dans lesquels la proportion de calcaire ne serait pas trop élevée.

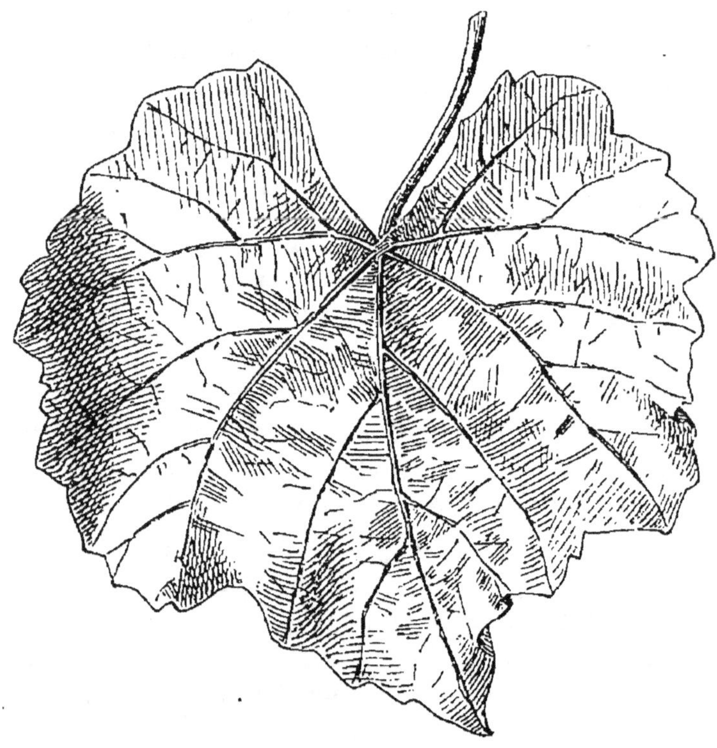

FIG. 74. — FEUILLE DE BARNES.

Barnes. — Forme isolée par M. T.-V. Munson, reprenant assez mal de bouture, la plus vigoureuse et d'une vigueur extraordinaire, à tronc très gros, sarments très forts, peu cannelés, d'un brun noirâtre. Feuilles (fig. 74); moyennes, très épaisses, subcordiformes, en gouttière peu accusée, très vertes et luisantes, sinus pétiolaire ouvert en V assez profond; face inférieure d'un vert terne avec poils pelucheux sur les nervures principales qui sont fortes et dépourvues des poils roides du V. Berlandieri; dents à peine indiquées par un mucron. La plupart des Berlandieri-Candicans n'ont pas de poils roides sur les nervures. Cette forme a jauni, à la première année, dans les craies de Cognac.

Berlandieri-Candicans Bouisset. — Forme isolée et dénommée par M. T.-V. Munson; elle serait, d'après lui, à reprise facile. Cette forme est certainement un hybride de Berlandieri et de Mustang; elle paraît assez peu vigoureuse, elle a beaucoup jauni dans les craies de Cognac. Son port est buissonnant et ses sarments à mérithalles courts, d'une couleur noisette, ternes; les cannelures des sarments sont à peine indiquées et les flocons de poils laiteux sont nombreux sur les jeunes rameaux. Les feuilles sont petites, très épaisses, un peu creusées en gouttière, mais à bords plans; dents rudimentaires; sinus pétiolaire en V peu profond et largement ouvert; face supérieure d'un vert foncé et luisant, face inférieure glabre et d'un vert plus clair, presque terne. Pétiole grêle, avec poils laineux.

Lovelady. — Forme isolée par M. T.-V. Munson et ayant beaucoup de caractères du Mustang; elle possède les sarments cannelés du V. Berlandieri. Feuilles moyennement grandes, épaisses et planes, ternes, à sinus pétiolaire profond, en losange fermé sur les bords extérieurs, nervures principales garnies de longs poils laineux et blancs à la face inférieure. Ce cépage n'a pas été expérimenté en France et ne paraît pas supérieur au Mustang; il reprendrait assez bien de bouture.

Hybrides de V. Candicans et de V. Rupestris. — Ces hybrides existent depuis longtemps en

France; ils ont été déterminés, pour la première fois, par J.-E. Planchon, sous les noms
de *V. Champini* ou *Vignes Champin*. Leurs
caractères généraux les rapprochent beaucoup, au point de vue ampélographique, des
Monticola-Candicans et des Berlandieri-Candicans. Les Rupestris-Candicans compren-

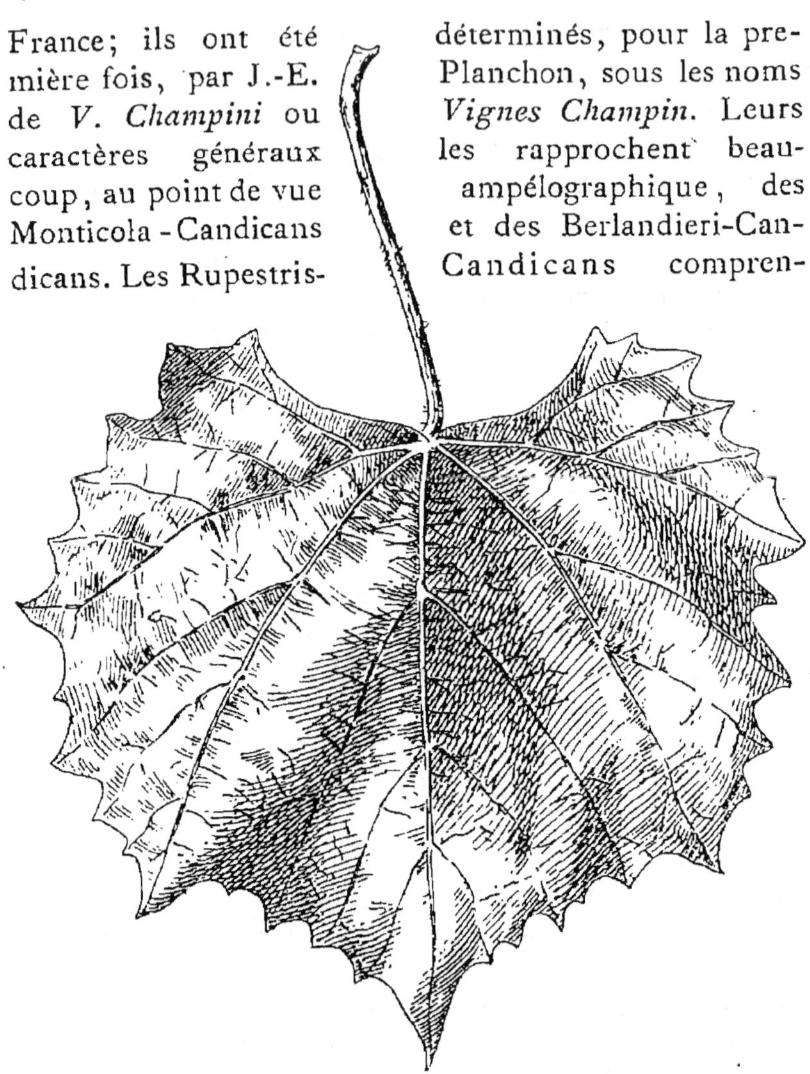

FIG. 75. — FEUILLE DE CHAMPIN.

nent une série de formes très nombreuses, intermédiaires entre le Rupestris et le Candicans; certains ont le
port buissonnant et les feuilles petites, luisantes, pliées

en gouttière comme le Rupestris, d'autres ont les feuilles planes, consistantes, assez grandes et se rapprochent davantage du Mustang; toutes ont les poils pelucheux caractéristiques du Mustang sur les jeunes feuilles et les rameaux. Les formes à feuilles petites et luisantes peuvent être comprises sous le nom de *Champin glabres;* les autres, à feuilles plus grandes et bien tomenteuses, sous le nom de *Champin tomenteux.* Les premiers ont une résistance représentée par le chiffre 14; les seconds, plus vigoureux, ont cependant une résistance plus faible qu'ils tiennent du Mustang, elle peut être exprimée par le chiffre 12. Toutes ces formes reprennent assez mal de bouture; les formes glabres plus facilement que les formes tomenteuses, ce qui semble s'expliquer par la prédominance du Rupestris. On peut, cependant, les multiplier très facilement par le marcottage d'été; l'expérience en a été faite assez souvent. M. Champin a isolé cinq numéros; quatre formes différentes ont été classées à l'École d'agriculture de Montpellier.

Les Champin poussent dans le Texas (environs de Cleburne), dans des terres (Crétacé) dont le sol noirâtre et caillouteux est assez riche et calcaire; le sous-sol est formé de roches calcaires, assez dures, lamelleuses et entrecoupées par des bancs d'argile bleuâtre ou de marnes bleues. Voici la composition de l'un de ces sols (analyse de M. B. Chauzit) :

Argile	26.250
Sable	14.120
Calcaire	59.055

Mais on n'observe jamais les Champin dans les calcaires crayeux.

Les Champin ont résisté, en France, beaucoup plus

que les Riparias et même que les Jacquez dans des terres assez calcaires; dans les calcaires crayeux, ils jaunissent sans se rabougrir, mais dépérissent vite dès qu'ils sont greffés. Dans certaines marnes jaunâtres du Miocène du midi de la France, on a essayé la culture des formes les plus vigoureuses greffées avec divers porte-greffes; elles y ont donné de bons résultats, depuis neuf ans, là où des plantations de Riparia et de Jacquez avaient disparu sous l'action de la chlorose.

En somme, les Champin ont une résistance relative à la chlorose, mais très inférieure à celle du Berlandieri ou de ses hybrides; comme ils sont moins résistants au phylloxéra, de vigueur seulement égale ou moindre que ces derniers et qu'ils ne reprennent pas mieux de bouture, il n'y a aucun intérêt cultural à les multiplier.

Hybrides de V. Candicans et de V. Monticola. — Les Monticola-Candicans sont aussi variés et aussi vigoureux que les Berlandieri-Candicans. Ils habitent des terres moins riches que ces derniers, parfois même assez calcaires, mais on ne les observe pas à l'état sauvage dans les calcaires crayeux; le sol formé de terre rouge noirâtre, plus ou moins profond, repose sur des calcaires lithographiques fendillés et fissurés. Dans ces milieux relativement secs et peu fertiles, une forme surtout de ces hybrides, la plus intéressante, le *Monticola-Candicans de Belton,* y a une vigueur extraordinaire et une grosseur de tronc remarquable. Les caractères de ces hybrides offrent tous les intermédiaires entre ceux du Mustang et ceux du Monticola. Il est évident que plus l'influence du Mustang sera grande et moins la résistance à la chlorose sera accusée, plus le Monticola domine et plus aussi la vigueur est faible.

M. T.-V. Munson a isolé deux formes de ces hybrides. L'une, le *Gwyn grape,* du comté de Lampasas, a des

feuilles moyennes, minces et lustrées, à petites touffes
de poils pelucheux sur les nervures de la face inférieure,
à larges dents triangulaires bien découpées, à tablier presque nul. L'autre, le *Sanford grape* du comté de

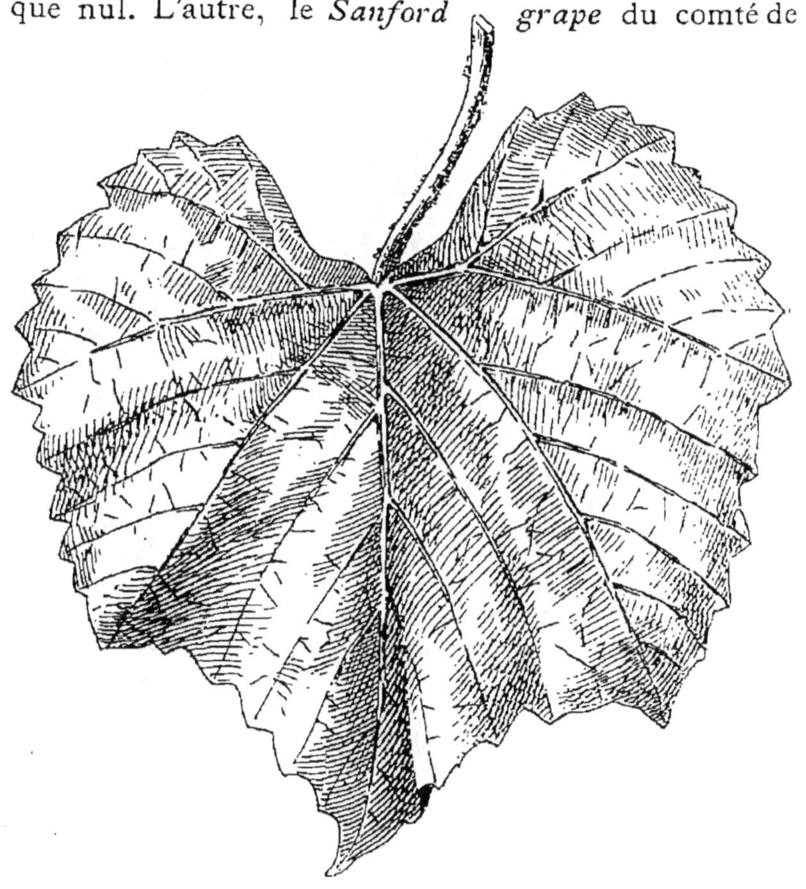

Fig. 76. — Feuille de Belton.

Bell, à feuilles plus petites, épaisses, faiblement trilobées,
allongées, planes, à tomentum aranéeux, blanchâtre, très
abondant sur les pétioles et les rameaux, en longs poils
sur les nervures principales de la face supérieure des
feuilles, et en flocons aranéeux sur toutes les nervures

de la page inférieure. Ces ca ractères indiquent,
pour ces deux formes, qui reprennent bien de
bouture d'après M. T-.V. Munson, une pré-

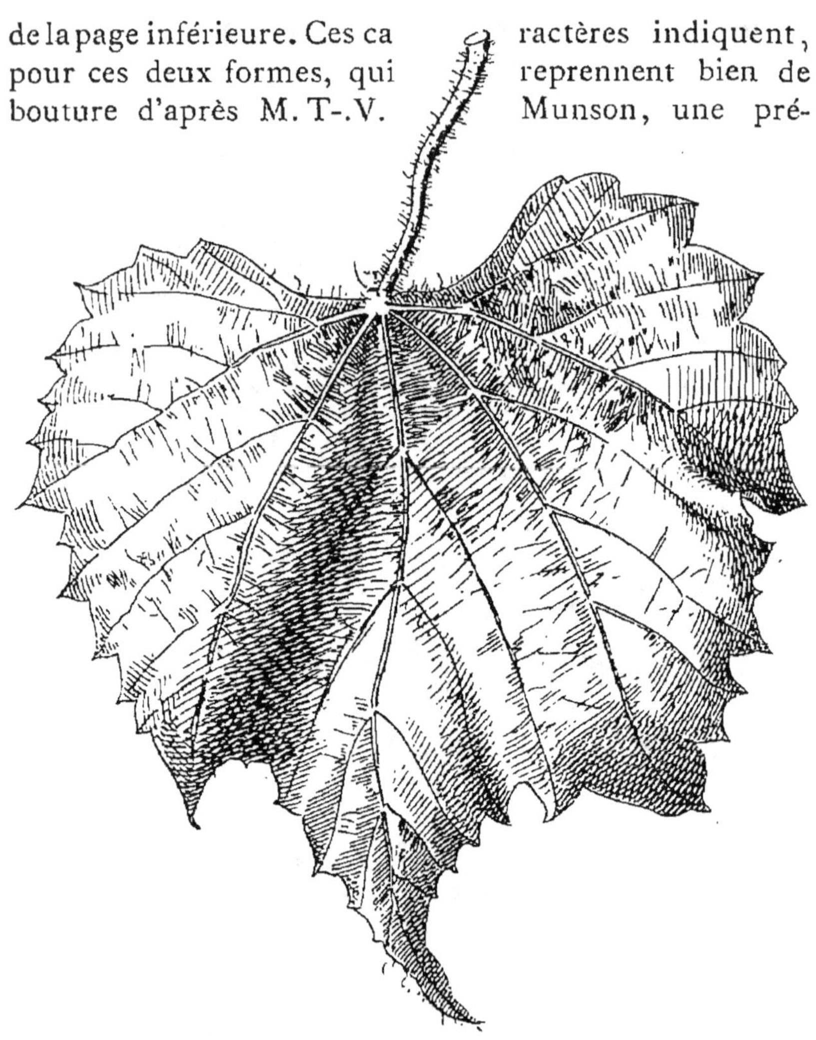

FIG. 77. — FEUILLE DE RIPARIA-CANDICANS.

dominance du Mustang qui peut faire douter de la valeur
de ces cépages qui n'ont pas été essayés en France.

Belton. — C'est l'hybride le plus intéressant de ce
groupe; mais il reprend un peu difficilement de bouture. Sa résistance au phylloxéra, supérieure à celle du

Solonis, peut être exprimée par la note 16; sa vigueur, ainsi que nous l'avons dit, est des plus grandes, plus élevée que celle de la majorité des vignes américaines. Dans les craies de Cognac, cet hybride a jauni, quoique non greffé, mais sans rabougrissement. Il est certainement inférieur au Berlandieri au point de vue de la résistance à la chlorose, mais il pourrait avoir de la valeur pour les marnes assez calcaires et compactes, pour lesquelles ses fortes racines sembleraient l'indiquer.

Le Belton a des sarments forts, cylindriques, à nombreux poils pelucheux blanchâtres. Feuilles (fig. 76) planes, épaisses et coriaces, les lobes latéraux indiqués par des dents plus longues, le lobe terminal triangulaire, les dents bien découpées et normales au limbe comme le V. Monticola; face supérieure d'un vert mat, poils aranéeux sur les nervures principales et secondaires de la face inférieure. La consistance du parenchyme et son aspect semblent indiquer une action hybridante du Berlandieri dans le Belton qui serait par suite un hybride ternaire.

Hybride de V. Candicans et de V. Riparia. — Ces hybrides ont été signalés par M. Millardet et découverts par H. Jæger. On en observe d'assez nombreux individus, au nord du Texas, sur les bords de la Rivière Rouge, dans des alluvions sableuses, très fertiles et rougeâtres. Ils acquièrent, dans ces milieux, un très grand développement des rameaux et d'assez fortes dimensions du tronc. Une forme cultivée, depuis 1888, à l'École nationale d'agriculture de Montpellier, a toujours eu une vigueur remarquable dans une argile bleue, non chlorosante. Cet hybride peut avoir de la valeur pour les terrains argileux, compactes, mais peu calcaires. Il reprend bien de bouture et a un tronc gros. Ses feuilles sont grandes, planes, épaisses, orbiculaires, les cinq

lobes indiqués par des dents plus longues; sinus pétiolaire à bords largement ouverts, presque droits; face supérieure d'un vert foncé vernissé; face inférieure d'un
vert terne, avec nombreux bouquets de longs poils aranéeux sur les nervures, les pétioles et les sarments. Sarments
gros, d'un brun vineux, droits.

**Hybrides de V. Candicans, V. Riparia et
V. Rupestris** (?) — Certaines formes de ce nombreux
groupe d'hybrides se rattachent au Riparia-Candicans,
d'une façon très nette, par les caractères ampélographiques; elles constituent ce que M. T.-V. Munson
considère comme une espèce, le *V. Novo-Mexicana* et
parmi elles le *Solonis*.

Le Novo-Mexicana de M. T.-V. Munson comprend
un groupe de vignes, plutôt qu'une forme unique; le
plus grand nombre sont semblables au Solonis; les autres en diffèrent seulement par une moindre densité du
tomentum ou par l'absence presque complète de poils;
la forme générale des feuilles, l'acuité et la direction des
dents sont toujours celles du Solonis type. Quelques formes de Novo-Mexicana ne présentent que des différences insignifiantes avec le Riparia-Candicans, elles ont
cependant toujours les feuilles plus minces.

Ces hybrides se maintiennent assez constants dans
leurs caractères à l'état sauvage sur une région assez
étendue; ils se reproduisent, en outre, assez bien de semis, ce qui a fait considérer par M. T.-V. Munson qu'ils
constituaient bien une espèce. Ce sont évidemment
des hybrides très nets, dans lesquels il est facile de reconnaître le V. Riparia et le V. Candicans. M. Millardet admet, peut-être avec raison, que ce sont des hybrides ternaires, dans lesquels le Rupestris s'est uni aux
deux espèces précédentes. Le Rupestris ne se trouve
pas dans les régions des Novo-Mexicana; M. Millardet

cite cependant des semis de Solonis qui ont donné des Rupestris; une forme de Novo-Mexicana, le *Mobeetie*, a des caractères assez nets de V. Rupestris.

Les Novo-Mexicana ont été observés, avec le Solonis, sur les bords de la Rivière Rouge, dans l'extrémité nord du Texas, dans des régions qui appartiennent au Crétacé. Les sols des bords de la Rivière Rouge sont généralement riches, rouges, sableux, souvent humides et toujours frais; le sous-sol est composé de rognons calcaires blancs, mais assez durs, fissurés, à travers lesquels s'engagent les racines de ces hybrides. M. T.-V. Munson a observé les Novo-Mexicana dans des calcaires lithographiques et dans des calcaires crayeux assez durs, surmontés d'un sol noirâtre, assez riche, d'une épaisseur maxima de 35 à 40 centimètres. Le Solonis et les Novo-Mexicana viennent donc naturellement dans des terres ayant une proportion relative de calcaire.

En France, le *Solonis*, la seule forme de Novo-Mexicana connue et expérimentée depuis l'invasion phylloxérique, depuis plus de 25 ans par conséquent, est une des vignes américaines qui ont le mieux réussi dans les terres relativement calcaires, ce qui explique l'importance assez grande qu'elle a eue pour la reconstitution. Dans les calcaires crayeux, tendres et blancs, il se développe généralement bien tant qu'il n'est pas greffé; il n'y est jamais excessivement chlorotique, mais greffé il se rabougrit très rapidement. Dans les terrains dont le sol assez calcaire, mais riche et frais, est profond (40 à 50 centimètres) et repose sur un sous-sol crayeux ou marneux blanc, là où les autres vignes anciennes (Riparia, Rupestris, Vialla) se chlorosent et meurent rapidement, il a donné généralement de bons résultats, L'on a pu en somme reconstituer beaucoup de terres calcaires avec le Solonis, qui n'auraient pu être plantées avec les autres porte-greffes communs. Il en a été ainsi, par exemple, dans le Blayais, les Charentes, le midi de la France, la Dordogne, etc. Dans les terres assez calcaires, fraîches et assez fertiles, il nourrit de belles greffes, très fructifères, à maturité hâtive; il existe beaucoup de plantations, dans ces conditions, greffées depuis 14 ou 16 ans. En outre, c'est un des porte-greffes qui viennent le mieux dans les terrains humides, et encore dans les terrains salés; dans ces dernières natures de sol, aucun porte-greffe ne lui est supérieur. Actuellement il existe des porte-greffes (Riparia × Rupestris, Rupestris du Lot) qui ont presque la valeur du Solonis comme résistance à la chlorose et qui lui sont supérieurs comme résistance phylloxérique; on doit donc les préférer, excepté cependant pour les terrains humides et salés.

Le Solonis et les autres formes de Novo-Mexicana ne doivent probablement pas leur résistance relative à la chlorose aux espèces dont ils sont originaires; il faut admettre que cette propriété est un caractère indépendant, acquis sous l'influence de l'hybridation et de la sélection dans le milieu où ils se trouvent naturellement.

Tout ce groupe d'hybrides comprend des formes qui reprennent bien de bouturé et qui sont vigoureuses, avec tronc gros. Leur résistance au phylloxéra n'est certainement pas des plus élevées; le Solonis a même formé le terme limite pour l'étude de la résistance à l'insecte. Il a de nombreuses nodosités et des tubérosités, parfois pénétrantes et graves. Le phylloxéra peut affaiblir le Solonis au point d'amener sa mort dans les sols secs et peu fertiles; dans les terrains qui conviennent à ce cépage, il est sans action réelle sur lui au point de vue de sa belle venue et de sa durée; il existe d'ailleurs des plantations de Solonis de 25, 18, 17, 14, 12 ans, certaines greffées depuis 14, 11, 9, 8 ans (Hérault, Gironde, Dordogne), qui sont toujours très belles et très vigoureuses. Le Solonis n'a été en somme affaibli, une fois greffé, par le terrain et le phylloxéra que dans les terres très maigres, très calcaires, très pauvres ou très sèches.

Nous croyons utile de donner les caractères distinctifs des principaux cépages de ce groupe d'hybrides. La description du Solonis, quoique connue, servira de terme comparatif pour les autres.

M. T.-V. Munson a sélectionné, dans le Novo-Mexicana, plusieurs formes intéressantes, d'une grande vigueur, plus résistantes que le Solonis et qui peuvent avoir une qualité au moins égale pour les terres assez calcaires. Les deux principales, les seules que nous décrirons, sont le *Novo-Mexicana Hutchison* et le *Novo-Mexicana Mobeetie*, que nous nommerons simplement *Hutchison* et *Mobeetie,* puisque nous considérons le Solonis comme une forme de Novo-Mexicana. L'Hutchison a beaucoup d'analogie avec le Solonis, mais il est plus vigoureux; le Mobeetie a des caractères qui le rapprochent plus du Rupestris que toutes les autres formes de Novo-Mexicana. Les *Novo-Mexicana* formes *D, microsperma, N*° 43, *C,* N° 56, le *Solonis microsperma,* sont de beaucoup inférieurs comme vigueur aux trois autres formes. Nous comprendrons encore dans ces groupes une forme qui nous paraît surtout un hybride de Riparia-Candicans et peut-être de Rupestris-Riparia-Candicans, forme que M. T.-V. Munson a considérée comme une espèce, le *Doaniana*.

Voici quelle est la valeur de la résistance de ces formes et leur vigueur comparative, au même âge, dans une partie des collections argilo-calcaires de l'École d'agriculture de Montpellier :

	Vigueur.	Résistance.
Solonis...........................	18	14
Solonis à feuilles lobées...........	19	13
Hutchison........................	20	15
Mobeetie........................	17	16
Doaniana........................	12	12

Solonis. — Souche vigoureuse, à port étalé, tronc fort. Sarments longs, cylindriques, avec flocons de poils blanchâtres, d'un gris brunâtre clair à

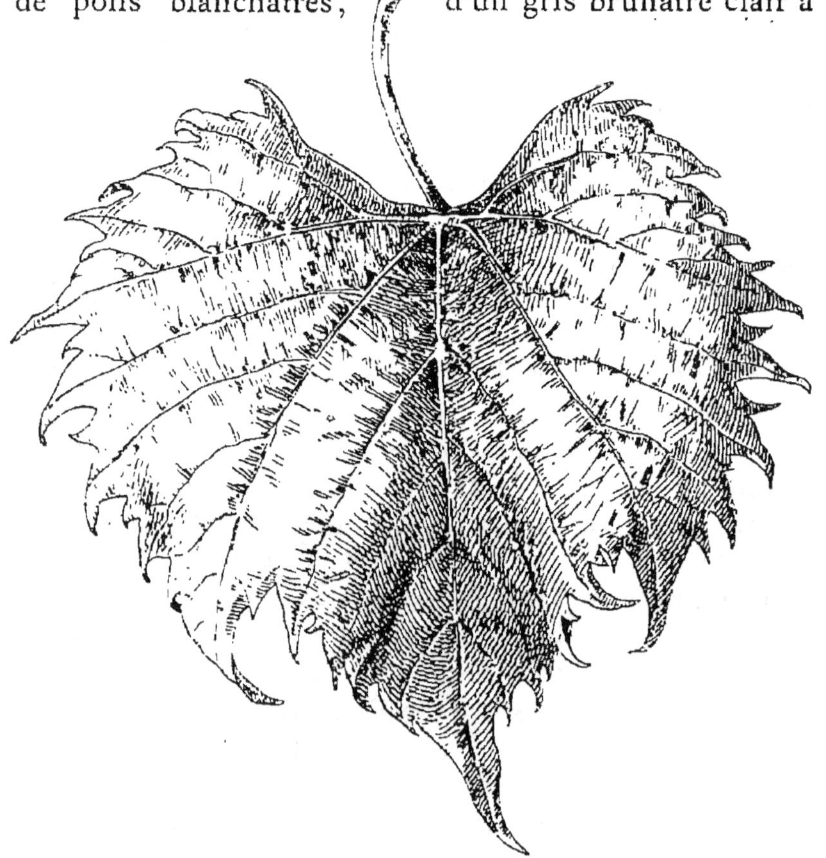

Fig. 78. — Feuille de Solonis.

l'aoûtement. — Feuilles (fig. 78) moyennes, entières, avec deux séries de dents aiguës; quelques-unes un peu plus longues indiquant les lobes; celles des lobes inférieurs convergent vers l'axe de la feuille qui est pliée en gouttière, avec l'extrémité inférieure recourbée en dessous; sinus pétiolaire peu profond et largement ouvert; glabres sur les deux faces du limbe, avec poils roides et blanchâtres sur les nervures de la face inférieure et flocons pelucheux clair-semés sur le pétiole et sur les nervures de la page supérieure, d'un vert glauque à la page supérieure, d'un vert plus pâle sur le revers. — Le *Solonis à feuilles lobées* s'en distingue par un limbe trilobé, à dents moins aiguës; il n'est pas supérieur, comme vigueur et facilité d'adaptation, au Solonis type, et sa résistance est un peu plus faible. — Nous citerons encore, d'après M. Vermorel, le *Solonis Feytel* qui n'a pas plus de valeur que le Solonis.

Hutchison. — Souche très vigoureuse, à tronc très fort. Sarments droits, de grosseur moyenne, d'une couleur gris cannelle; jeunes rameaux d'une couleur pourpre rosée, couverts d'un tomentum laineux blanc qui s'étend sur les pétioles, les vrilles et la face supérieure des jeunes feuilles. Feuilles grandes, épaisses, plus longues que larges, un peu creusées en gouttière, avec deux séries de dents profondes, acuminées, à courbure moins accusée au sommet des lobes que celles du Solonis; d'un vert grisâtre très luisant à la face supérieure avec quelques bouquets aranéeux, face inférieure d'un vert clair et luisant, avec nervures très proéminentes : sinus pétiolaire très largement ouvert en V.

Mobeetie. — Souche vigoureuse; sarments longs, droits, cylindriques, d'un rouge cannelle terne, à stries bien accusées. Feuilles (fig. 79) grandes, orbiculaires, aussi larges que longues, entières, le limbe un peu allongé vers

le lobe ter   minal, pliées un peu en gouttière;
assez épais   ses; face supérieure d'un vert glauque
luisant,   avec poils aranéeux disséminés; face

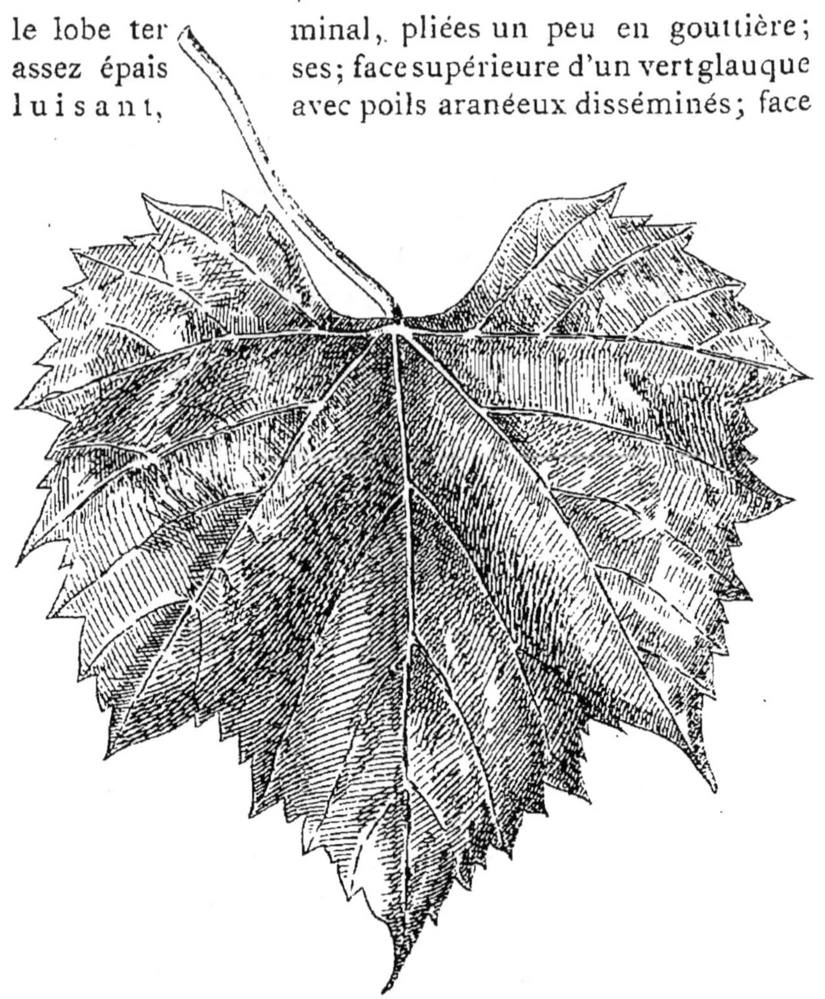

Fig. 79. — Feuille de Novo-Mexicana (Mobeetie).

inférieure d'un vert plus clair, luisant, avec nombreux poils roides sur les nervures et sous-nervures. Pétiole long et grêle avec bouquets de poils aranéeux blancs; sinus pétiolaire profond en U peu ouvert.

Doaniana. — M. T.-V. Munson a trouvé et dénommé

le Doaniana, en du Texas, où cette nombreux les hy les Novo-Mexi 1887, dans le nord (Panhandle) vigne habite les régions où sont brides de Candicans, et surtout cana. Comme il a trouvé ces

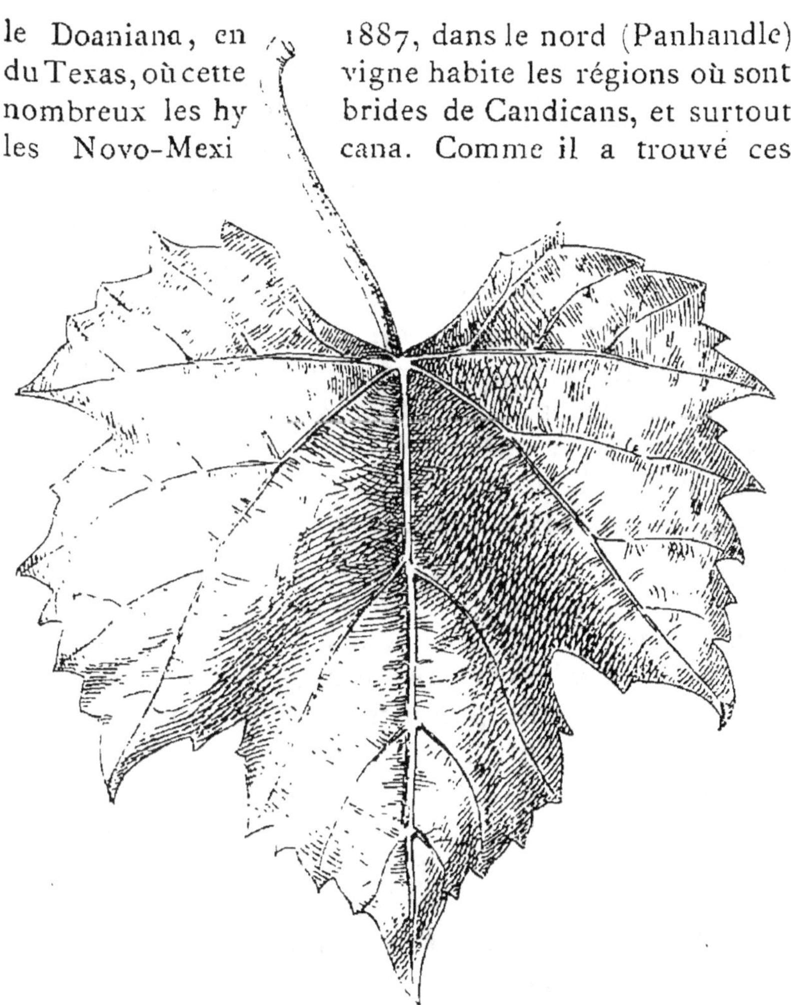

FIG. 80. — FEUILLE DE DOANIANA.

vignes sur une étendue assez considérable et avec des caractères assez constants, il pensait qu'elle constituait une espèce qu'il dénommait par suite *V. Doaniana.*

Les diverses formes du Doaniana ont, en effet, des caractères assez particuliers et bien caractéristiques, le port par exemple et quelques caractères de feuilles rappellent certains cépages français. Quand on étudie avec soin et en détail les caractères ampélographiques du Doaniana, on ne peut plus douter de leur nature hybride; leur parenté avec le Mustang est surtout très nette dans les caractères des fruits, de la graine et du tomentum des feuilles; la forme que M. T.-V. Munson a dénommée *Doaniana tardif* (läter) est très voisine du Mustang. Les feuilles de cette forme et celles de l'autre variété, la plus caractérisée et la plus commune, sélectionnée par M. T.-V. Munson, le *Doaniana précoce* (early) rappellent à s'y méprendre quelques formes peu vigoureuses de Novo-Mexicana; enfin, le port érigé du *Doaniana précoce* semble indiquer une action du Rupestris. M. T.-V. Munson croyait pouvoir fonder quelques espérances sur ces hybrides comme producteurs directs et comme porte-greffes. La fructification est bien peu abondante et les caractères du Mustang sont trop accusés dans les fruits pour qu'ils puissent avoir quelque valeur en Europe. Quant à leur mérite comme porte-greffe, il est sans intérêt.

Le Doaniana précoce est beaucoup moins vigoureux que les autres formes de Novo-Mexicana, sa résistance au phylloxéra, sur des pieds de trois ans, est seulement de 12. M. T.-V. Munson a observé les Doaniana dans des terrains analogues à ceux où poussent les Novo-Mexicana; ils reprennent bien de bouture.

Le Doaniana précoce a un port dressé, comme celui de l'Espar par exemple; les sarments courts sont moyens, cylindriques, à nœuds rapprochés et apparents, rugueux, d'une couleur noisette foncée et terne; les jeunes rameaux sont d'un rose clair avec tomentum aranéeux abondant à leur sommet. Feuilles plutôt petites, presque entières, symétriques, pentagonales, allongées, à lobe terminal allongé et détaché en triangle; limbe très fortement et régulièrement gaufré suivant les nervures secondaires et tertiaires; dents en une seule série, larges, peu profondes, obtuses; sinus pétiolaire profond et peu ouvert; face supérieure d'un vert tendre et luisant, avec flocons de poils aranéeux disséminés; face inférieure d'un vert plus terne, avec nervures bien marquées, garnies de très nombreux poils courts en brosse.

Le DOANIANA TARDIF diffère assez de la forme précédente et a des caractères de Mustang très marqués; on trouve du tomentum pelucheux même sur les gros sarments aoûtés. Feuilles souvent trilobées, vaguement gaufrées, à bords parfois incurvés vers la face inférieure; la face inférieure est régulièrement garnie sur tout le limbe de nombreux poils aranéeux, mais assez courts; les dents sont larges et à peine marquées.

. M.T.-V. Munson a trouvé, à l'état sauvage, sur les bords de la Rivière Rouge, un hybride qu'il suppose être un *Cinerea-Novo-Mexicana* et qui a beaucoup de rapports, par les caractères, avec le Doaniana; il serait, d'après lui, à gros tronc et très vigoureux; les feuilles rappellent beaucoup celles des Novo-Mexicana, elles sont seulement moins épaisses et plus tomenteuses. Cet hybride n'a pas été introduit et expérimenté en France. — Enfin, parmi les hybrides du même groupe, nous signalerons les *Solonis* × *Riparia* N°ˢ 1614 et 1615 de M. Couderc; leur résistance à la chlorose égale celle du Solonis; la résistance au phylloxéra serait supérieure d'après M. Couderc; ils sont vigoureux, surtout le 1615.

Hybrides de V. Candicans et de V. Æstivalis; — de V. Candicans et de V. Cordifolia; — de V. Candicans et de V. Cinerea. — Les Æstivalis-Candicans sont peu nombreux; M. Millardet en a seul cité une forme. Les Cordifolia-Candicans et les Cinerea-Candicans sont assez nombreux, à l'état sauvage, dans le nord du Texas; ils sont généralement vigoureux dans les alluvions riches et profondes du bord des fleuves; ils n'ont pas été expérimentés et introduits en France. Leurs générateurs peuvent leur avoir transmis une assez grande difficulté de reprise au bouturage et une faible résistance à la chlorose; ils tiennent d'eux un tronc gros et une grande vigueur; leur résistance au phylloxéra peut être restreinte, comme cela se produit souvent avec les hybrides de Candicans. Les Cordifolia-Candicans offriraient plus de garantie à ce dernier point de vue.

Hybrides de V. Lincecumii et de V. Æstivalis; — de V. Lincecumii et de V. Candicans; — de V. Lincecumii et de V. Cinerea; — de V. Lincecumii et de V. Cordifolia. — Ces divers groupes d'hybrides sont très nombreux, à l'état sauvage, dans les régions où le V. Lincecumii est mélangé aux autres espèces (Missouri, Territoire Indien, Arkansas et nord du Texas); ils n'offrent pas d'intérêt, car ils reprennent généralement assez mal de bouture et ne viennent bien que dans les terres à base siliceuse et fertiles. Le V. Lincecumii paraît avoir primé dans leurs propriétés d'adaptation. Les Cordifolia-Lincecumii sont les plus vigoureux. M. T.-V. Munson a isolé deux formes de ces hybrides qu'il a nommées *Black Jack* et *Ninon* et qui sont assez fructifères, mais qui sont sans valeur pour nos vignobles.

Hybrides de V. Lincecumii et de V. Rupestris. — Les hybrides Rupestris-Lincecumii sont fréquents dans le sud-ouest du Missouri, où H. Jæger les a étudiés avec soin. H. Jæger en a, en outre, créé un très grand nombre de formes, dans le but surtout d'obtenir des producteurs directs résistants au black rot et au mildiou; ses N°s 43, 70, 72 sont les plus intéressants, mais les vins qu'ils produisent sont trop inférieurs de qualité et de quantité pour nous; ils conservent presque toujours le goût âcre caractéristique des fruits du Lincecumii. La plupart des plus vigoureux de ces hybrides reprennent assez mal de bouture et sont inférieurs, même comme vigueur, aux belles variétés du Rupestris; or, ils ne pourraient bien prospérer que dans les sols où vient cette dernière espèce. On ne connaît encore aucune forme réellement supérieure qui puisse être conseillée pour sa vigueur. Cependant, le V. Lincecumii est une espèce à tronc gros, d'un grand développement, et il se pourrait que quelque hybride sauvage ou artificiel de Rupestris-Lincecumii pût avoir quelque valeur pour les terres à Rupestris.

Hybrides de V. Bicolor et de V. Riparia. — M. T.-V. Munson a seul observé un hybride de Riparia-Bicolor dans le Canada. C'est un Riparia tomenteux à feuilles bleutées sur la face inférieure, comme celles du V. Bicolor. Il n'offre qu'un intérêt de curiosité.

Il en est de même pour les Æstivalis-Bicolor, qui sont nombreux dans la Pensylvanie et l'Ohio, et qui n'ont aucune valeur culturale à cause de leur faible vigueur.

Hybrides de V. Æstivalis et de V. Cordifolia. — L'un de ces hybrides a été signalé tout d'abord par J.-E. Planchon; ils sont assez nombreux dans le centre et l'extrême sud des États-Unis, et, contrairement à ce que l'on pourrait penser par suite de l'influence du.

Cordifolia, ils sont peu vigoureux. Ils ont les caractères généraux des variétés à petites feuilles du V. Cordifolia avec bouquets de poils aranéeux d'une couleur rouille sur les nervures. Ces hybrides n'ont pas été essayés en France; leur résistance à la chlorose peut, par déduction des propriétés de leurs générateurs, être supposée très faible. Pour les terrains siliceux secs ou riches, ils seraient inférieurs, à cause de leur faible vigueur générale, aux autres porte-greffes.

Hybrides de V. Æstivalis et de V. Cinerea. — Les formes sauvages d'Æstivalis-Cinerea sont rares. MM. Millardet et Ch. de Grasset ont isolé un de ces hybrides en 1882, et M. T.-V. Munson en a observé une forme en Géorgie. Ces vignes sont généralement peu vigoureuses; on ne connaît pas leur valeur d'adaptation et de résistance, mais il est à penser qu'elles sont peu méritantes.

Hybrides de V. Æstivalis et de V. Rupestris. — Les Rupestris-Æstivalis existent, à l'état sauvage, dans le sud-ouest du Missouri et surtout dans le Territoire Indien. Ils ont généralement un tronc gros et une grande vigueur, mais ils ne poussent que dans les terrains siliceux, parfois secs, en somme dans les terres à Rupestris. Les formes qui ont été essayées en France, entre autres le *Rupestris Taylor* et le *Rupestris de Lézignan*, viennent vigoureusement dans les terres à Rupestris, comme les bons sols des garigues du midi de la France; dans les calcaires et les marnes crayeuses, ils se rabougrissent de la chlorose au bout de la première année de plantation. Ce ne sont donc pas des plantes des terres crayeuses, mais ce sont de très bons porte-greffes, quand ils sont vigoureux, pour tous les milieux où le Rupestris pourrait être cultivé, surtout pour les terres caillouteuses, siliceuses, maigres et compactes. MM. Millardet et de Grasset ont créé plusieurs numéros de Rupestris-Æstivalis qui jaunissent dans les craies du Crétacé comme les formes sauvages.

Rupestris Taylor. — Forme isolée au mas de las Sorres; assez peu attaquée par le phylloxéra. Souche très vigoureuse, tronc fort, à port exclusivement rampant. Sarments sinueux, forts, d'une teinte châtain foncé, envinés fortement et pruineux au niveau des nœuds. Feuilles grandes, plus larges que longues, orbiculaires, épaisses, coriaces, gaufrées même entre les sous-nervures, d'un vert foncé assez luisant à la face supérieure, d'un vert glauque clair et terne à la face inférieure; nervures fortes, avec poils roides; sinus pétiolaire profond, en lyre. Graines à caractères généraux d'Æstivalis. Résistance : 16.

Nous signalerons encore le *Rupestris de Lézignan*, qui est un hybride très vigoureux de V. Rupestris et de V. Æstivalis. D'après M. Millardet, le Rupestris de Lézignan, sélectionné par MM. Marron-Martin et Joulia, de Lézignan, se distinguerait du Rupestris-Taylor, surtout par les caractères du bois. « Celui du Rupestris de Lézignan est arrondi, tandis que celui du Rupestris-Taylor est aplati et présente un sillon très marqué étendu d'un nœud à l'autre, sillon qui manque au Rupestris de Lézignan ».

Hybrides de V. Æstivalis et de V. Riparia. — Les Riparia-Æstivalis sont nombreux, aux États-Unis, dans les États du Centre qui bordent l'Atlantique; ils ont une très grande vigueur et un très grand développement de la tige et des rameaux dans des sols rouges, fertiles et presque toujours siliceux. Quoique les formes sauvages n'aient pas été essayées encore en France, il est à présumer qu'à cause de leur origine, elles seraient peu résistantes à la chlorose. Elles pourraient cependant, les plus vigoureuses exclusivement, faire d'excellents porte-greffes pour les terres à Riparia, à cause de la grosseur relative de leur tronc.

Hybride d'Azémar. — M. Millardet a dénommé et fait connaître un hybride d'Æstivalis-Riparia qui avait été obtenu accidentellement d'un semis de graines d'Æstivalis, en 1879, par M. Azémar, de Perpignan. D'après M. Millardet, c'est une vigne très vigoureuse, à tronc gros, reprenant facilement au bouturage et au greffage et s'alliant très bien aux greffons français sans jamais former de bourrelet accusé au point de soudure; elle est en outre très résistante au phylloxéra. Dans les calcaires crayeux de Cognac, elle se chlorose et se rabougrit rapidement, même avant greffage. Ce n'est donc pas une vigne des terres marneuses et crayeuses. Elle peut faire un excellent porte-greffe, supérieur à certains Riparias, mais non aux variétés vigoureuses de cette espèce, dont elle aurait cependant la valeur dans les sols meubles à base siliceuse ou argilo-siliceuse. M. Millardet la regarde encore comme un bon porte-greffe pour les terrains argileux non humides.

Voici quels en sont les caractères généraux, d'après M. Millardet : « Souche très forte; jeunes rameaux d'un gris violet pubescent; sarments à mérithalles moyennement allongés, de couleur acajou foncé, pruineux. Feuilles grandes, cordées ou subcordées-polygonales, vaguement trilobées, un peu gaufrées, à bords révolutés, à lobe terminal aigu; dents assez régulières, subaiguës. Face supérieure d'un beau vert foncé, avec quelques poils aranéeux; face inférieure avec poils courts sur les nervures et sous-nervures. »

Hybrides de V. Berlandieri et de V. Rupestris. — M. T.-V. Munson a isolé deux formes sauvages de ces hybrides qui sont en France depuis 1888; elles sont restées très vigoureuses dans un terrain assez calcaire. L'une d'elles (N° 1) nous paraît un hybride de Berlandieri-Candicans; sa vigueur, par rapport aux formes de Berlandieri-Candicans que nous avons étudiées, serait représentée par la note 19, mais sa résistance au phylloxéra est relativement plus faible, elle n'est que de 12. L'autre forme, que nous considérons seule comme un Berlandieri-Rupestris (N° 2), est assez vigoureuse (18) et résistante (16). Contrairement à la précédente, elle n'a pas ou presque pas de tomentum blanc sur les jeunes feuilles. Ses sarments sont un peu grêles, à mérithalles longs, d'un brun vineux terne. Feuilles moyennes, très épaisses, aussi larges que longues, orbiculaires, en gouttière, faiblement gaufrées le long des nervures principales, d'un vert foncé et luisant, presque glabres à la face inférieure; sinus pétiolaire en U. Cette forme reprend bien de bouture, mais elle est inférieure, par sa vigueur, aux hybrides artificiels du même groupe; elle est par suite sans valeur culturale.

MM. Millardet et de Grasset et M. Malègue ont créé plusieurs hybrides artificiels de Rupestris-Berlandieri. Ces hybrides sont généralement assez vigoureux; ils tiennent du Berlandieri une résistance à la chlorose élevée. Leur résistance au phylloxéra est très bonne. Ce sont d'excellents porte-greffes, non pas pour les terres les plus crayeuses, mais pour toutes celles qui sont analogues aux *groies* de la Charente, de la Bourgogne, c'est-à-dire caillouteuses.

Hybrides de V. Berlandieri et de V. Monticola. — Dans les rares régions où le V. Monticola est

limité dans le Texas, le V. Berlandieri lui est toujours
associé; les hybrides sauvages de ces deux espèces sont,
par suite, assez nombreux. Ils sont plus vigoureux, à
l'état sauvage, que la plupart des formes du V. Monticola, et habitent, comme elles, les coteaux arides à calcaires assez durs; le V. Berlandieri leur a donné un sur-
croît de vigueur. Mais il est un fait assez constant pour
les individus qui ont été, jusqu'à 1894, introduits en
France, c'est que leur résistance au phylloxéra est inférieure à celle des deux espèces dont ils sont originaires. Ainsi, parmi les huit formes qui ont été introduites à l'École d'agriculture de Montpellier, la plus
vigoureuse (N° 1) a une résistance exprimée par le
chiffre 14, comme le Solonis; le N° 6 a la même résistance, mais il est très inférieur comme vigueur; enfin, le
N° 8 est mort du phylloxéra. Il se produit avec cette
forme un fait curieux, qui corrobore ce que nous avons
dit dans la première partie de ce travail; l'affaiblissement,
dû au phylloxéra, se manifeste extérieurement sans
chlorose des feuilles, quoique le plant soit dans un sol
assez calcaire. L'origine de cet hybride explique ce fait
de résistance relative à la chlorose, même sous l'action
manifeste du phylloxéra.

Les hybrides Berlandieri-Monticola, les plus vigoureux et les plus résistants, peuvent avoir une certaine
valeur pour les terres assez calcaires (terres du Jurassique, terres de groie); mais cette valeur ne peut être
que présumée, car ils n'ont pas été suffisamment essayés
encore dans ces milieux. Quelques formes d'une très
belle vigueur ont été introduites en 1895 dans nos collections.

Hybrides de V. Berlandieri et de V. Cordifo-lia; de V. Berlandieri et de V. Cinerea; de

V. Berlandieri et de V. Lincecumii. — Quelques
rares hybrides de BERLANDIERI et de CORDIFOLIA ont été
signalés comme existant à l'état sauvage en Amérique,
et ont été introduits en France comme Berlandieris
purs; ils ont une certaine résistance à la chlorose, mais
bien inférieure à celle du Berlandieri pur; ils sont reconnaissables à leurs feuilles très vernissées, à dents bien
découpées et régulières. — Dans les nombreux envois de
Berlandieri qui ont été faits dans ces dernières années,
l'on a introduit beaucoup d'hybrides de BERLANDIERI
et de CINEREA, facilement reconnaissables à leurs feuilles cordiformes, allongées, finement gaufrées, d'un
vert terne et foncé sur les deux faces, à nombreux poils
courts et grisâtres sur les nervures de la face inférieure,
à sarments cannelés. Certains individus sont d'une
très grande vigueur; ils sont de beaucoup inférieurs au
Berlandieri pour les terrains crayeux, mais paraissent
avoir quelque valeur pour les terrains argilo-calcaires
très compactes et humides; leur bouturage est plus facile que celui du V. Berlandieri. Quelques hybrides de
Berlandieri et de Cinerea ont été créés par M. Millardet
et M. de Grasset et par M. Couderc; ils reprennent
mal de bouture et craignent la chlorose. — Il existe
aussi, à l'état sauvage, des hybrides de BERLANDIERI et
de LINCECUMII, mais ils n'ont pas été introduits en
France.

Hybrides de V. Berlandieri et de V. Riparia.
— Les hybrides de Berlandieri et de Riparia paraissent,
à priori, à cause de leurs générateurs, devoir avoir une valeur réelle pour les terrains calcaires et crayeux. Le Riparia est vigoureux, d'une résistance relative à la chlorose, d'une grande résistance au phylloxéra; il reprend
bien de bouture et donne, une fois greffé, des greffes très

productives; ces qualités appartiennent au Berlandieri à un degré encore plus élevé surtout pour la productivité et la résistance à la chlorose; mais, normalement, le Berlandieri ne reprend pas de bouture. Il semble qu'en l'unissant au Riparia, on peut lui communiquer la propriété de reprise facile au bouturage tout en lui maintenant ses qualités essentielles de résistance à la chlorose dans les terrains crayeux. Les expériences poursuivies à la Station viticole de Cognac confirment ces prévisions; les hybrides de Riparia et de Berlandieri reprenent de bouture presque aussi bien que les Riparias et leur résistance à la chlorose, sans être peut-être aussi élevée que celle des Berlandieris purs, est très grande, supérieure en tout cas à celle des Vinifera-Rupestris. En supposant que les Berlandieris ne soient pas pratiquement utilisables à cause de la difficulté de leur multiplication, — ce qui n'est pas —, et que les franco-américains restent sans valeur par suite de leur résistance phylloxérique toujours aléatoire, — ce qui pourrait être —, c'est certainement dans les hybrides de Riparia et de Berlandieri, que l'on trouverait, à notre avis, la solution de la reconstitution de beaucoup de terrains crayeux. Nous pensons, en outre, que les Berlandieri-Riparia sont des porte-greffes d'avenir pour beaucoup de terres où le Riparia, sans se rabougrir, se chlorose et fructifie peu, où le Solonis et le Rupestris du Lot sont insuffisants.

M. Millardet et de Grasset, M. Couderc, M. Malègue ont déjà créé artificiellement plusieurs de ces hybrides qui promettent beaucoup.

A l'École d'agriculture de Montpellier, des semis faits, en 1890, avec des graines recueillies sur des Berlandieris et provenant de la région à calcaires crayeux de l'extrême nord du Texas, nous ont donné diverses formes de Ber-

landieris et des hybrides très nets de Riparia et de Berlandieri. Parmi ces derniers, nous avons sélectionné

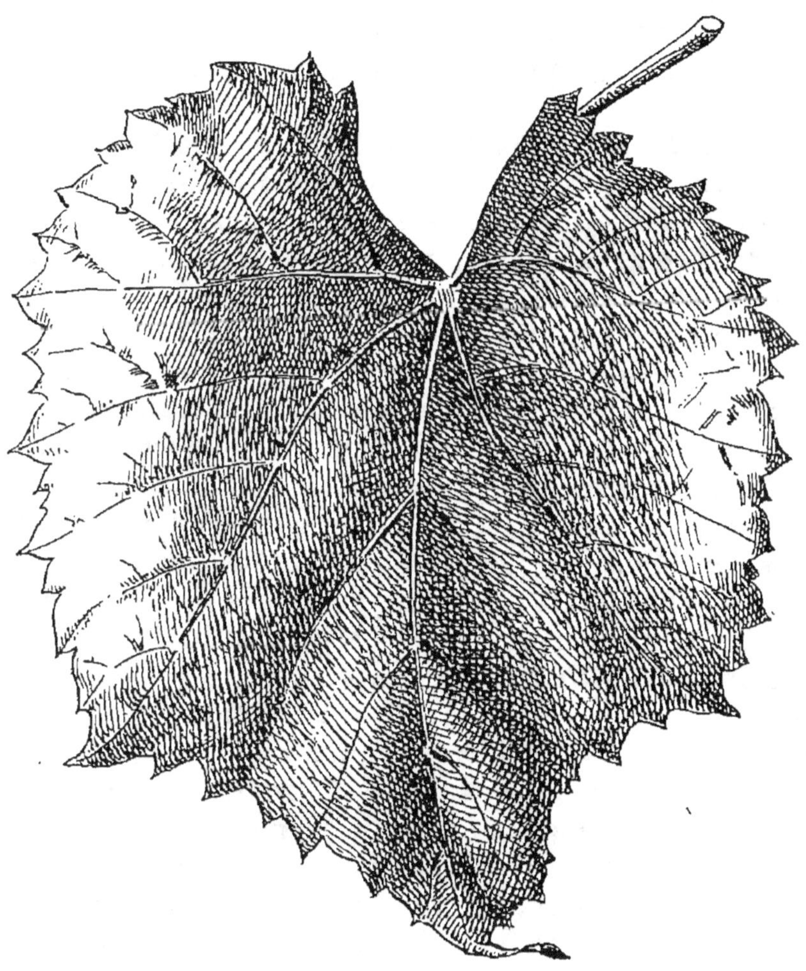

FIG. 81. — FEUILLE DE BERLANDIERI-RIPARIA. N° 33. ÉCOLE.

deux formes, l'une glabre (n° 33), l'autre tomenteuse
(n° 34) d'une très grande vigueur, résistantes au phylloxéra, et reprenant facilement de bouture. Nous ne som-

mes pas encore fixés sur leur valeur réelle de résistance à la chlorose dans les sols crayeux; elle nous paraît probable, et les essais, poursuivis dans les sols crayeux de la Champagne de Cognac, nous fixeront prochainement. Voici, cependant, les caractères principaux de ces deux formes :

Berlandieri-Riparia N° 33. École. —Souche forte et vigoureuse, à port rampant; sarments droits, cylindriques, gros et forts, peu ramifiés, à mérithalles plutôt courts, à côtes vaguement marquées et plus foncés sur le rameau aoûté qui a une teinte d'un brun fauve clair; jeunes rameaux *glabres* d'un vert jaunâtre et rosé suivant les côtes. Feuilles (fig. 81) moyennes, entières, à lobe terminal allongé et aigu, cordiformes, très épaisses; nervures principales fortes, avec quelques bouquets de poils disséminés; face supérieure d'un vert foncé luisant, gaufrée entre les nervures; face inférieure d'un vert clair. vernissé; sinus pétiolaire profond en V, avec quelques poils sur les bords; dents peu profondes en deux séries régulières; pétiole dans le prolongement du limbe.

Berlandieri-Riparia N° 34. École. — Souche vigoureuse à tronc puissant; sarments cylindriques, largement striés et à côtes bien marquées sur les rameaux de grosseur moyenne et plus foncés à l'aoûtement complet, mérithalles de longueur moyenne; jeunes rameaux *tomenteux*, garnis de très nombreux poils courts sur toute leur surface, poils s'étendant sur les vrilles et les pétioles; d'un brun vineux fauve à l'aoûtement. Feuilles adultes, (fig. 82) grandes, très épaisses, suborbiculaires, entières, à lobe terminal assez accusé et replié en dessous, révolutés sur les bords latéraux; face supérieure d'un vert foncé vernissé, face inférieure d'un vert plus clair et plus terne; nervures et sous-nervures garnies de poils courts, réguliers, en brosse; deux séries de dents à peine

découpées; sinus pé   tiolaire en V largement ouvert et assez profond.

Hybrides de V.   Cordifolia et de V. Ci-

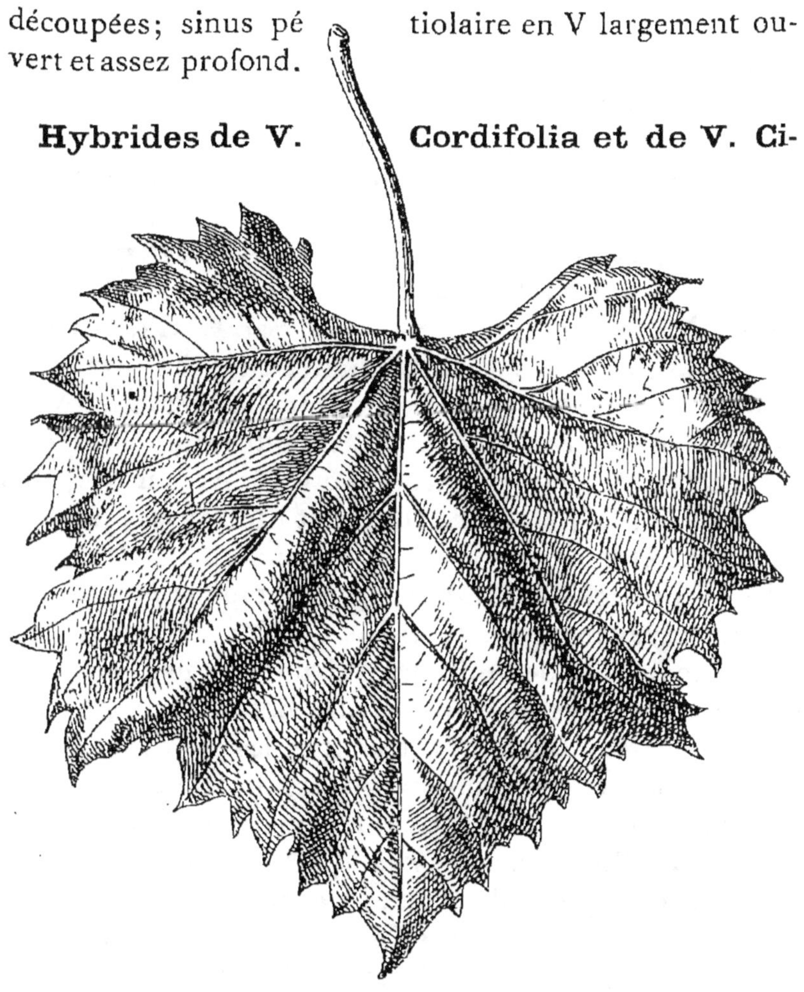

Fig. 82. — Feuille de Berlandieri-Riparia. n° 34. École.

nerea. — Ces hybrides sont assez fréquents dans le sud-
ouest du Missouri et sur les bords de la Rivière Rouge,
dans le Territoire Indien ou le Texas. Ils sont vigoureux,
mais moins cependant, d'une façon générale, que les espèces dont ils sont originaires. Ils n'ont pas été essayés

en France, et s'ils conservaient, au point de vue de l'adaptation, les qualités de leurs ancêtres, ils ne pourraient avoir de valeur que pour les terrains maigres.

M. Millardet a signalé un hybride de V. Cordifolia et de V. Rubra, qui ne présente pas d'intérêt cultural.

Hybrides de V. Cordifolia et de V. Rupestris.

— Les Cordifolia-Rupestris ont été multipliés pour la première fois en France, en 1880, par M. Ch. de Grasset; M. Millardet les a fait connaître en 1882, avec l'espoir qu'ils pourraient être d'excellents porte-greffes pour les mauvaises terres. M. H. Jæger, qui les a découverts aux États-Unis, en a distingué près de 80 formes dans le Missouri, le Territoire Indien et l'Arkansas, là où le Rupestris et le Cordifolia sont mélangés.

Les Cordifolia-Rupestris croissent dans les mêmes terrains et les mêmes situations que les Rupestris, par conséquent dans des milieux qui ne sont pas calcaires, et dans les parties les plus fertiles des régions où sont les Rupestris. Dans ces terrains, les Cordifolia-Rupestris ont une très grande vigueur, un tronc gros. Une des meilleures formes, bien étudiée par M. Millardet, le *Cordifolia-Rupestris de Grasset N° 1*, reprend très bien de bouture et porte des greffes très fructifères et très vigoureuses; le tronc est très fort et sa résistance au phylloxéra, sans aller jusqu'à l'immunité, est cependant très grande et peut être exprimée par la note 18.

Dans les calcaires crayeux, dans les marnes jaunes, les Cordifolia-Rupestris se rabougrissent très rapidement et meurent de la chlorose au bout de la première ou de la deuxième année, sans avoir été greffés. Ces vignes, à cause de la grosseur de leur tronc, de leur résistance et de leur vigueur, pourraient être cultivées dans les terres riches à Rupestris ou dans les sols meubles et profonds à Riparia, mais rien n'est encore venu démontrer que les Cordifolia-Rupestris soient, pour ces terrains, supérieurs à ces deux espèces. On doit, en tous cas, les exclure de tous les milieux où le calcaire tendre prédomine.

Des Cordifolia-Rupestris sélectionnés par MM. Millardet et de Grasset, le N° 1 est le plus vigoureux; parmi ceux qu'a isolés M. H. Jæger, les formes les plus méritantes sont les N°ˢ 1, 4 et 5.

Hybrides de V. Cordifolia et de V. Riparia. — Nous avons déjà dit que certaines formes de Riparia à feuilles épaisses et luisantes pouvaient être considérées comme des hybrides Riparia-Cordifolia. Des hybrides bien caractérisés de cette nature sont fréquents dans le centre des États-Unis; ils sont généralement très vigoureux et habitent les mêmes milieux que les Riparias dont ils ont les propriétés d'adaptation et de résistance. MM: Millardet et de Grasset ont créé plusieurs hybrides de cette nature.

Hybrides de V. Cinerea et de V. Coriacea. — Les formes de vignes assez variées, auxquelles M. T.-V. Munson a donné le nom de *V. Simpsoni* et qu'il a trouvées seulement dans le sud-ouest de la Floride, ne sont que des hybrides de Cinerea-Coriacea. Ces vignes, comme le V. Munsoniana, n'offrent aucun intérêt cultural pour nous, à cause de leur habitat dans un pays tropical; elles ont été introduites en France en 1888, et elles végètent assez mal dans une terre un peu calcaire, sans y jaunir cependant.

M. T.-V. Munson a signalé un hybride sauvage de SIMPSONI-LABRUSCA, le *Wofford's winter grape*, qui habiterait la Géorgie; de même, un hybride SIMPSONI-CORDIFOLIA de la Floride. Ces formes ne sont pas plus intéressantes que le Simpsoni. Il en est de même pour quelques hybrides de CORDIFOLIA-CORIACEA et d'ÆSTIVALIS-CORIACEA observés aussi dans la Floride.

Hybrides de V. Cinerea et de V. Riparia. — Hybrides peu fréquents à l'état sauvage et importés en France avec des Riparias. Certains sont très vigoureux et ont un tronc de grosseur supérieure à celui des Riparias, dont ils se distinguent surtout par des feuilles plus épaisses et des poils très nombreux et courts sur les nervures et les sous-nervures de la face inférieure; les rameaux sont cannelés chez quelques-unes de ces formes. Elles n'ont pas été sérieusement suivies en France au point de vue de l'adaptation. Les Riparia-Cinerea doivent être très sensibles à la chlorose si les caractères d'adaptation de leurs générateurs se sont transmis; mais ils pourraient peut-être avoir quelque valeur pour des terrains compactes et humides.

Hybrides de V. Monticola et de V. Rupestris. — Aucune forme d'hybrides de cette nature n'a été encore observée à l'état sauvage; il pourrait en exister, mais ce serait certainement exceptionnel, car les deux espèces ne cohabitent généralement pas dans les mêmes régions et les mêmes milieux. L'on a pensé à tort que certaines formes vigoureuses de Rupestris, à petites feuilles claires et luisantes, n'étaient que des hybrides Monticola-Rupestris; cette opinion n'est fondée que sur une hypothèse, surtout en ce qui concerne le Rupestris du Lot.

Hybrides de V. Monticola et de V. Riparia. — Les hybrides de V. Riparia et de V. Monticola sont encore peu connus. Il est probable que la résistance au phylloxéra est bonne pour la plupart d'entre eux et que la résistance à la chlorose est supérieure à celle du Ripa-

ria. Ainsi en est-il du moins pour un hybride naturel
de ces deux espèces qui est connu sous le nom de *Colorado*. Il y a plusieurs *Colorados*. Beaucoup n'ont sans

Fig. 83. — Feuille de Colorado.

doute aucune parenté avec le V. Monticola. Il n'en est
pas de même de celui que représente la fig. 83. La feuille
a la plupart des caractères du V. Monticola. Cette vigne
a une résistance à la chlorose qui est supérieure à celle

des Riparia, ou des Riparia-Rupestris. Elle ne porte que quelques nodosités de plus que le Riparia Grand glabre. On peut donc l'utiliser dans des terrains à pouvoir chlorosant moyen. Bonne reprise au bouturage et à la greffe.

Hybrides de V. Cinerea et de V. Rupestris. — Hybrides rares à l'état sauvage; on ne les trouve que dans le Territoire Indien et le nord du Texas. Ils poussent dans des terrains analogues à ceux où l'on observe les Rupestris, et, par suite de leur origine spécifique, il était à prévoir qu'ils se chloroseraient dans les terrains calcaires; c'est ce qui s'est produit dans les craies de Cognac. La vigueur des Cinerea-Rupestris est assez grande à l'état sauvage, mais inférieure à celle des Cordifolia-Rupestris; ils viennent cependant dans des terrains plus secs et plus pauvres que ces derniers. L'une des formes isolées par M. T.-V. Munson a, comme résistance au phylloxéra, une assez grande valeur : 17. M. H. Jæger a produit deux hybrides de Cinerea-Rupestris qui sont très vigoureux. Les Cinerea-Rupestris ne peuvent pas réussir dans les calcaires crayeux et ils paraissent inférieurs aux Rupestris dans les milieux où on pourrait les cultiver. Leur reprise au bouturage est assez faible.

Hybrides de V. Rupestris et de V. Riparia. — Les Riparia-Rupestris ont été découverts par M. Hermann Jæger dans les forêts des tribus Seneca, Wiandotte, Modoc, Shawnee, Quapaw, Paola, Ottava, et Miami, du Territoire Indien. Il a pu classer les plus intéressants de ces hybrides, qui sont très nombreux à l'état sauvage, et sélectionner plus de 100 formes diverses, dont quelques-unes ont de la valeur.

En Amérique, les Riparia-Rupestris croissent surtout sur les bords du Grand River, dans des rochers de

calcaire dur, fendillés, et dont les fentes sont remplies
par de la terre des plateaux. Là, ils atteignent des dimensions considérables, quelquefois jusqu'à 15 ou
20 cent. de diamètre. En général, ils sont plus
vigoureux que leurs générateurs, ils grossissent

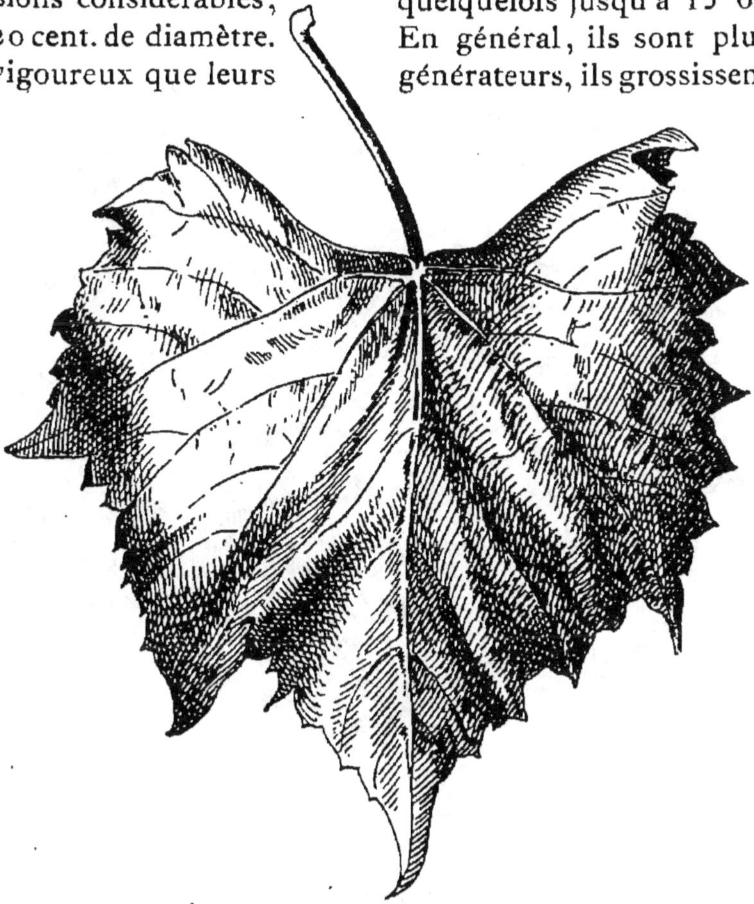

FIG. 84. — FEUILLE DE RIPARIA-RUPESTRIS, N° 101-14 MILLARDET
ET DE GRASSET.

davantage et donnent des sarments ou plus longs ou plus
forts. En outre, ils s'accommodent de plus mauvais sols
que le Riparia ou le Rupestris. Dans les terres calcaires,
où ces deux cépages jaunissent un peu, quelques-uns de
leurs hybrides restent verts et vigoureux, greffés ou non

greffés, et leurs greffes sont très fructifères.
Dans les terres crayeuses des Charentes, ils
meurent, mais beaucoup moins tôt que

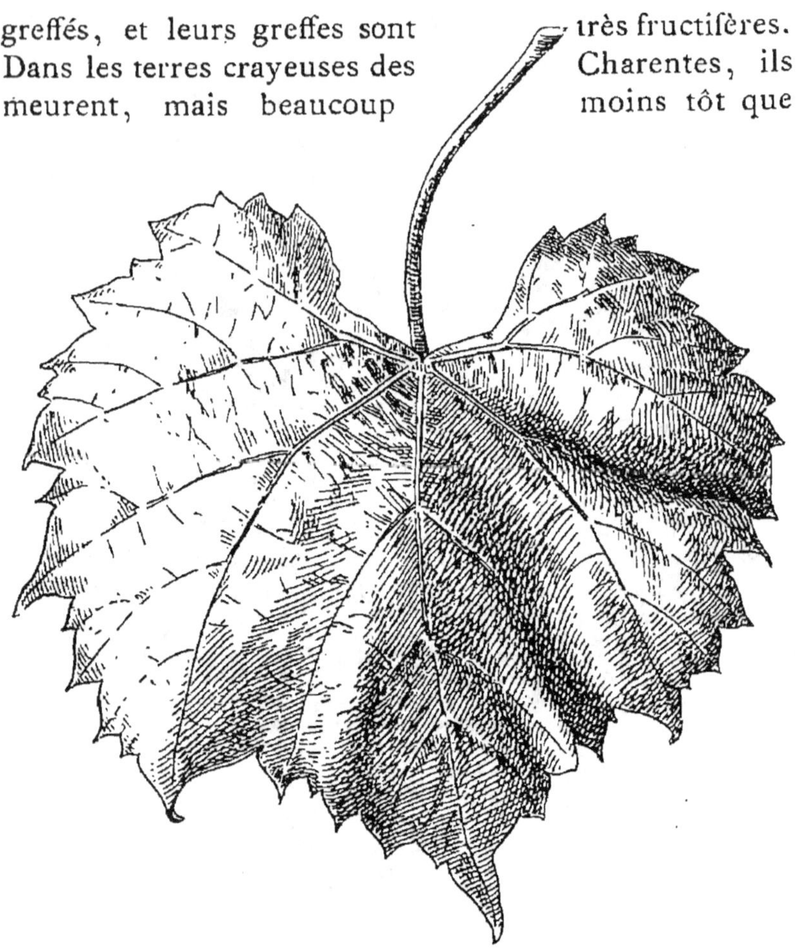

FIG. 85. — FEUILLE DE RIPARIA-RUPESTRIS, N° 3306 COUDERC.

les espèces dont ils sont issus; dans les terres de groie,
pas trop calcaires, certaines formes résistent bien à la
chlorose. En plusieurs points des diverses régions viticoles, certains Riparia-Rupestris se développent
vigoureusement, à la place de Rupestris et de Riparias qui sont morts de la chlorose.

Ces hybrides ont donc une aire d'adaptation plus étendue que leurs gé nérateurs, ils sont, en outre, plus vigoureux et tout aussi résis- tants au phylloxéra; ils constituent donc des porte - greffes remarqua bles.

En France, plusieurs hybrides de Riparia et de Rupestris ont été obtenus artificielle-

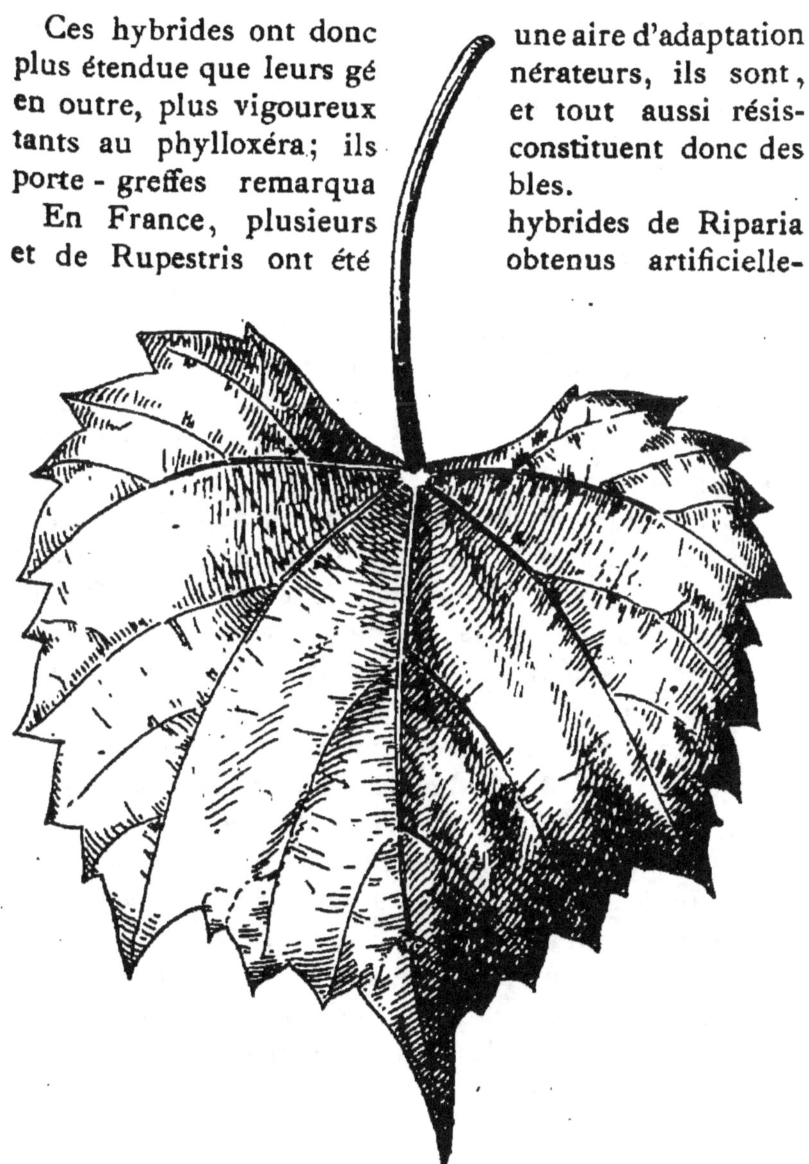

Fig. 86. — Feuille de Riparia-Rupestris, n° 3309 Couderc.

ment. Ils ont les mêmes propriétés que les hybrides

sauvages, même résistance au phylloxéra, qui, au moins pour la plupart d'entre eux, est très grande (18), mêmes facultés d'adaptation. En outre, comme ils sont bien sélectionnés et cultivés depuis longtemps en présence du phylloxéra dans des sols très divers, on peut, dès maintenant, les employer sans crainte comme porte-greffes. Parmi eux nous citerons les N°s 101-14 de MM. Millardet et de Grasset, les N°s 3309 et 3306 de M. Couderc, qui restent verts, greffés, dans des terres de groie peu chlorosantes des Charentes.

Tous les Riparia-Rupestris ne sont pas également bons; et il ne suffit pas qu'une plante soit un hybride de ce groupe pour qu'elle en possède les propriétés générales les plus importantes. Certains de ceux que nous avons cultivés sont de trop faible vigueur pour pouvoir rendre des services; on doit donc les délaisser. D'autres se rapprochent trop de l'un de leurs parents et peuvent en avoir les défauts encore très accusés; il ne faut donc cultiver que les variétés les plus vigoureuses, et qui ont subi avec succès l'épreuve des mauvais terrains. Les plus méritantes sont d'abord celles que nous avons mentionnées (101-14, 3309 surtout et 3306); et parmi les variétés sauvages sélectionnées par M. Hermann Jæger, le *Riparia-Rupestris Gigantesque*, qui est cependant moins résistant à la chlorose que les précédentes.

Ces vignes, qui donnent aux greffes qu'elles portent une fertilité remarquable, sont d'excellents porte-greffes, d'abord pour toutes les terres à Riparia, et même pour celles où cette vigne, sans mourir de la chlorose, en souffre un peu.

C. HYBRIDES DE V. VINIFERA
(Franco-Américains).

Les hybrides créés par l'union de nos variétés françaises avec les diverses espèces ou hybrides d'espèces de vignes américaines sont très nombreux et se multiplient d'année en année. La complexité dans l'union des diverses formes pures ou déjà hybrides, par accumulation d'une ou de plusieurs espèces dans le même individu, rend leur étude fort difficile; nous chercherons cependant à indiquer et à étudier la plupart des groupes d'hybrides créés par l'hybridation simple ou complexe du V. Vinifera. Ainsi que nous l'avons dit, dans l'étude générale de l'hybridation, les hybrides du V. Vinifera et des vignes américaines ont, au point de vue de l'affinité et de l'adaptation, des qualités incontestables qui les rendent généralement supérieurs aux vignes américaines pures qui ont contribué à leur formation. Ils auraient donc un grand mérite à ces points de vue.

Malheureusement, la propriété de la résistance phylloxérique paraît chose difficile, sinon impossible, à fixer dans ces hybrides, si nous en jugeons du moins d'après les faits observés jusqu'à ce jour. En effet, des hybrides tels que le Nº 160 Millardet et de Grasset (Gros Colman-Rupestris), le Nº 50 A (Riparia-Rupestris-Cépage inconnu), Gamay Couderc (3103, Colombeau-Rupestris de M. Couderc), nº 333 École (Cabernet-Berlandieri) etc... que l'on a cru, pendant longtemps, d'une résistance très élevée au phylloxéra, ont fini par faiblir et même par succomber sous les attaques de l'insecte, dans les milieux favorables à son développement.

On peut se demander, par suite, s'il n'en sera pas de même pour d'autres hybrides de Vinifera sur lesquels on fonde des espérances. Et il nous sera par suite aussi permis de conclure, au début de cette étude des hybrides franco-américains, que lorsqu'on peut avoir recours, pour la reconstitution, à des espèces de vignes américaines pures ou à des hybrides de vignes américaines entre elles (américo-américains), dont la résistance phylloxérique offre toujours plus de garanties, il ne faut pas hésiter à les employer. Or, l'on peut, croyons-nous, reconstituer actuellement tous les terrains à vignes soit avec des espèces de vignes américaines pures, soit avec des hybrides de ces espèces.

Hybrides de V. Vinifera et de V. Rotundifolia. — MM. Millardet et de Grasset ont essayé, par curiosité, l'hybridation du Vinifera par le Rotundifolia, et, quoique les différences botaniques de ces deux espèces soient très éloignées, ils ont obtenu des individus qui paraissent bien hybrides de Vinifera-Rotundifolia. Une de ces vignes possède, dans les graines, des caractères très nets de Rotundifolia, mais les caractères végétatifs de Vinifera prédominent. En outre, le Vinifera paraît toujours communiquer aux hybrides qu'il forme avec le V. Rotundifolia une résistance au phylloxéra à peu près nulle.

Hybrides de V. Vinifera et de V. Labrusca. — Les Américains ont tenté de nombreuses hybridations de leurs diverses variétés de grande culture, qui appartiennent à peu près toutes au V. Labrusca, avec les divers cépages européens, dans le but d'améliorer la qualité et la productivité de leurs vignes indigènes. Ils ont créé ainsi et créent tous les jours une quantité considérable de ces hybrides. Voici la liste de ceux qui sont les plus connus, avec leur origine et la valeur de leur résistance au phylloxéra :

Triumph (Concord et Chasselas musqué, Nᵒ 6 de Champbell). Résistance : 4.

Senasqua (Concord et Black Prince, d'Underhill). Résistance : 5.

Black Defiance (Black Saint-Peter's et Concord, d'Underhill). Résistance : 5.

Agawam (Labrusca et Black Hamburg, Nᵒ 15 de Rogers). Résistance : 6.

Campbell (semis de Triumph, de T.-V. Munson).

Herbert (Labrusca et Black Hamburg, Nᵒ 44 de Rogers).

Highland (Concord et Muscat, Nᵒ 57 de Ricketts).

Irwing (Concord et Frontignan blanc, Nᵒˢ 8-20 d'Underhill). Résistance : 5.

Lindley (Labrusca et Chasselas doré, Nᵒ 9 de Rogers).

Gärtner (Chasselas blanc et Labrusca, Nᵒ 14 de Rogers).

Black Eagle (Labrusca et Vinifera, Nᵒˢ 8-12 de Rogers). Résistance : 3, etc.

Les insuccès obtenus dans la culture des cépages européens en Amérique étaient attribués exclusivement, avant la découverte du phylloxéra en France, à l'action du climat. C'était surtout dans le but de communiquer aux cépages européens une plus grande faculté d'adaptation au climat que ces hybridations furent entreprises. Il était à prévoir, fait auquel ne pensaient pas les hybrideurs américains, que l'union du V. Vinifera, d'une résistance nulle à l'insecte, et du V. Labrusca, d'une résistance très limitée, donnerait naissance à des vignes peu résistantes. C'est ce qui a eu lieu. Les notes de résistance que nous avons indiquées comme exemples, pour les principaux de ces hybrides, sont, en somme, très faibles. A cause de ce fait seul, ces hybrides, surtout ceux qui ont eu une certaine renommée en France, les *Triumph,*

Senasqua, Black Defiance, n'ont aucune valeur. Ils ne pourraient réussir et prospérer que dans des terrains riches, frais et sablonneux, surtout dans les régions du Nord, là où l'insecte aurait peu de prise sur eux, et où ils pourraient produire facilement et rapidement de nouvelles radicelles. Et c'est en effet ce que l'on a constaté à peu près partout. Dans les terrains peu fertiles ou secs, et surtout dans le Midi, ces trois cépages disparaissent rapidement sous l'action du phylloxéra. Dans les milieux riches, le greffage sur vignes plus résistantes donnera toujours des résultats culturaux supérieurs. En outre, quoique leur production soit relativement élevée, leurs fruits, très foxés, donnent des vins bien inférieurs à tous les vins des cépages issus du Vinifera; le Labrusca a communiqué, en effet, à ces vignes, d'une façon très accentuée, le caractère de goût foxé particulier à ses fruits pulpeux. Les raisins blancs du Triumph, gros et abondants, sont non seulement très foxés, mais ils éclatent au moment de la maturité. Le Black Defiance est celui qui a les fruits les moins foxés, mais les vins rouges qu'il produit, comme ceux du Senasqua, conservent toujours un arrière-goût de même nature.

Le Labrusca a communiqué à tous les fruits de ce groupe d'hybrides une grande sensibilité au black rot et au mildiou, mais aussi une résistance relative à l'oïdium et à l'anthracnose.

Tous ces cépages sont abandonnés, avec raison, aujourd'hui, mais ils sont intéressants au point de vue des phénomènes d'adaptation aux terrains calcaires. Le Vinifera leur a, en effet, imprimé, — et nous allons voir que ce phénomène est constant, — une certaine résistance à la chlorose. Le Triumph vient mieux, par exemple, que les Riparias, les Rupestris, les Labrusca purs dans des terrains ayant une certaine dose de calcaire, dans les terres crayeuses des Charentes, par exemple, de même le Senasqua ; et cette propriété d'adaptation, qui n'appartient pas au Labrusca, a été communiquée par le Vinifera à ces hybrides. Notons ce fait que nous verrons s'affirmer.

Hybrides de V. Vinifera et de V. Californica. — Ces deux vignes, non résistantes, ne peuvent donner des hybrides résistants ; leurs descendants n'offrent donc aucun intérêt.

Hybrides de V. Vinifera et de V. Candicans. — Ces hybrides ont, en général, une vigueur très grande ; leurs fruits, quand ils en possèdent, sont toujours âpres et à goût rappelant celui du Mustang ; et leur résistance au phylloxéra est en général faible. De plus, dans les terrains calcaires, ils jaunissent beaucoup ; ce sont donc des plantes qui n'offrent à peu près aucun intérêt pour la reconstitution du vignoble. Ils reprennent bien de bouture.

Hybrides de V. Vinifera, V. Labrusca et V. Æstivalis. — Parmi ces hybrides nous citerons, avec leur valeur de résistance au phylloxéra :

Eumélan. — Résistance : 3.

Centennial. (Eumélan et Delaware, semis de M. Marwin).

Delaware blanc. — Résistance : 3.

Delaware gris. — Résistance : 3.

Croton (Delaware et Chasselas de Fontainebleau, semis de Bull). — Résistance : 3.

Duchess (Concord et Delaware, semis de Caywood). — Résistance : 2.

Beauty (Delaware et Maxatawney, semis de Rommel). — Résistance : 3.

Aucun de ces hybrides n'a de la valeur pour la reconstitution, à cause de leur faible résistance au phylloxéra; certains qui avaient été employés au début de l'introduction des vignes américaines (Eumélan) ont été vite abandonnés; d'autres, qui sont très fructifères (Beauty, Delaware), donnent des fruits assez foxés et ne doivent par suite être employés dans aucune condition. Le Delaware est un des cépages les plus cultivés dans le nord des États-Unis, où le phylloxéra, à cause des terrains et du climat, a peu d'action. Nous noterons cependant quelques faits intéressants pour l'adaptation. Ces cépages sont plus résistants à la chlorose dans les terrains calcaires que les Æstivalis et les Labrusca; le Delaware est plus résistant, en outre, que l'Eumélan, il a aussi plus de caractères rapprochés du V. Vinifera; le Croton est, de tous ces hybrides, celui qui s'accommode le mieux des terrains calcaires, il vient aussi bien que l'Othello dans ces milieux, tant qu'il n'est pas attaqué par le phylloxéra; or, le Croton a deux éléments de Vinifera dans ses générateurs (Æstivalis-Labrusca-Vinifera Vinifera).

Tous les cépages de ce groupe obtenus en France, et que nous avons expérimentés, sont issus du croisement du York-Madeira avec le Vitis Vinifera. Leur composition est la suivante : V. Æstivalis 1/4, V. Labrusca 1/4, V. Vinifera 1/2. Mais le York n'est pas résistant à la chlorose, non plus que ses générateurs; si donc ses hybrides avec le V. Vinifera ont une aire d'adaptation assez étendue, ils ne peuvent prospérer, néanmoins, dans les terrains très calcaires; ils jaunissent et se rabougrissent assez vite dans les terres crayeuses des Charentes. De plus, la résistance au phylloxéra n'est pas des plus grandes, ainsi que leur vigueur. Parmi ces hybrides, sont les

N°s 1304, 1106, 2102, et le 904 ou *Cognac* de M. Couderc. Ce dernier surtout, qui a des fruits foxés, est si sensible au calcaire que, dans les Charentes, il meurt l'année même de la plantation.

Hybrides de V. Vinifera et de V. Cinerea. — On sait que le V. Cinerea prospère très bien dans les sols humides, compactes, mais pauvres en calcaire. Croisée avec le V. Vinifera, cette espèce peut donc donner pour ces terrains des porte-greffes d'une réelle valeur. Mais, dans ces milieux, d'autres hybrides, ceux de Rupestris, de Riparia ou de Cordifolia avec le V. Vinifera, qui ont un puissant système radiculaire, y viendraient peut-être aussi bien. Quoi qu'il en soit, les hybrides de Cinerea ne pourraient rendre des services que dans ces terrains, s'ils étaient résistants au phylloxéra.

Par contre, ils redoutent le calcaire; un de leur générateur, le V. Cinerea, est très sensible à la chlorose, et le sang de V. Vinifera qu'ils contiennent n'a pu leur communiquer une très haute résistance à cette maladie; aussi sont-ils insuffisants pour les terres crayeuses des Charentes. Tous ceux qui ont été expérimentés dans ces terrains sont devenus très jaunes l'année même de la plantation et, greffés, n'ont pas tardé à succomber. Les hybrides de Cinerea reprennent bien de bouture et à la greffe.

Hybrides de V. Vinifera, V. Labrusca, V. Æstivalis et V. Cinerea. — M. Millardet admet que l'*Alvey* est issu de l'union de ces quatre espèces. Ce cépage est peu résistant au phylloxéra (résistance : 7) et il n'existe plus aujourd'hui que dans les collections; il n'offre aucun intérêt. Notons seulement qu'il a une résistance assez faible à la chlorose, inférieure à celle du Jacquez, Blue Favorite, ce qui tient sans doute à la prédominance de ses générateurs américains.

Hybrides de V. Vinifera, V. Æstivalis et V. Cinerea. — Ce groupe d'hybrides comprend des cépages très connus et d'un grand intérêt; en voici d'abord la liste avec leur valeur de résistance au phylloxéra :

Jacquez. — Résistance : 12.

Saint-Sauveur (Jacquez × hybride Bouschet, semis de M. G. Bazille). — Résistance : 3.

Jacquez d'Aurelle (semis de Jacquez N°ˢ 1 et 2 de M. d'Aurelle). — Résistance : 9.

Jacquez à gros grains (boutures de Jacquez sélectionnées à las Sorres). — Résistance : 9.

Herbemont. — Résistance : 13.

Dunn (semis d'Herbemont, d'origine américaine).

Exquisite (semis d'Herbemont, d'origine américaine).

Harwood (semis d'Herbemont, d'origine américaine). — Résistance : 10.

Yoakum (semis d'Herbemont, d'origine américaine).

Harvard (semis d'Herbemont, d'origine américaine).

Mc Kee (semis d'Herbemont, d'origine américaine).

Herbemont d'Aurelle (semis d'Herbemont Nᵒˢ 1 et 2 de M. d'Aurelle). — Résistance : 3.

Herbemont Touzan (Herbemont-Touazn de M. Lauze). — Résistance : 10.

Herbemont blanc (semis d'Herbemont de M. Malègue). — Résistance : 10.

Black July. — Résistance : 11.

Blue Favorite. — Résistance : 10.

Cunningham. — Résistance : 12.

Rulander. — Résistance : 2.

Carpar (semis de Rulander), etc.

La nature hybride Vinifera-Æstivalis (Jacquez, Rulander) de ces cépages avait été déterminée, sur de nombreux semis, par plusieurs observateurs. M. Millardet a indiqué, d'après les caractères ampélographiques, leur parenté avec les trois espèces Æstivalis, Cinerea, Vinifera. Cette parenté ternaire est surtout marquée pour les Jacquez, Blue Favorite, Rulander; l'élément Vinifera est moins accusé dans les Herbemont, Black July, Cunningham, mais, dans tous, c'est le V. Æstivalis qui prédomine dans les caractères ampélographiques, surtout dans les caractères de la graine, des fruits et des feuilles, excepté peut-être pour le Rulander, dans lequel le Vinifera a eu le plus d'influence, ce qu'indiquent nettement les caractères du pépin; par contre, c'est lui qui a la moindre résistance au phylloxéra. L'Herbemont, le moins Vinifera de tous avec le Cunningham, montre le plus nettement l'intervention du V. Cinerea. Nous verrons qu'au point de vue de l'adaptation, la prédominance des espèces comme générateurs explique certaines différences.

L'origine de ces divers cépages, *Jacquez*, *Herbemont* surtout (leurs descendants évidemment exceptés), est fort obscure. M. T.-V. Munson les a compris dans un groupe général qui correspond à l'ancien groupe des Æstivalis du sud d'Engelmann et qu'il élève au rang d'espèce, sous le nom de *V. Bourquiniana*, en l'honneur de M. G. Bourquin, de Savannah (Géorgie), qui a cherché à établir l'origine de ce groupe.

M. Bourquin tenait de ses ancêtres, qui les cultivaient depuis plus de 150 ans et les avaient, d'après lui, importées d'Europe, deux vignes : *Blue French grape*, qui ne serait que le Jacquez, et *Brown French grape,* qui n'est autre que l'Herbemont d'après M. T.-V. Munson. D'après ces deux viticulteurs américains, le Jacquez et l'Herbemont auraient été importés d'Europe à Savannah lors de la première colonisation de ce pays; il en serait de même, d'après M. T.-V. Munson « pour le Black July, le Rulander et quelques autres vignes de ce type qui ont aussi une origine obscure qui fait admettre qu'ils proviennent de l'Europe par les îles Madère ». Ainsi s'expliquerait leur parenté avec le Vinifera.

Il nous est revenu certains faits historiques que nous n'avons pu contrôler et qui donneraient peut-être, s'ils étaient vérifiés, un certain poids à cette idée nouvelle, car le Jacquez et l'Herbemont n'ont pu être hybridés de Vinifera en Amérique, puisqu'ils sont connus dans le sud du Texas, d'où ils ont été répandus dans tous les États-Unis, depuis près d'un siècle, bien avant qu'il n'y eût de cépages d'origine européenne dans le pays. Les vignobles de Madère auraient été détruits longtemps avant l'invasion de l'oïdium; à ce moment il aurait été fait, à Madère, des importations de vignes de la Virginie et des États du centre des États-Unis. Des hybridations accidentelles auraient pu alors se produire dans les vignobles de Madère entre cépages américains importés et vignes indigènes, et ces hybrides auraient été introduits ensuite, dans le sud des États-Unis, par les colons. Il devrait, dans ce cas, exister des vignes de cette nature dans le sud de l'Europe. M. T.-V. Munson croit avoir reconnu des Herbemonts, ou du moins des formes très semblables, sur des pépins d'une vigne importée récemment de la province de Valence (Espagne) dans le Texas.

Le *Jacquez* n'existe qu'à l'état d'exception au Texas; sa culture ne s'est jamais étendue à cause de la grande sensibilité de ses feuilles et de ses fruits au mildiou et au black rot. Les diverses tentatives de culture importantes de ce cépage ont dû être abandonnées, et l'Herbemont a remplacé et remplace successivement le Jacquez dans les rares milieux où il était cultivé. L'*Herbemont* est, en effet, très résistant au mildiou et au black rot, qui étaient, jusqu'à ces derniers temps, le plus grand obstacle à la culture de la vigne dans tous les États-Unis. Quant aux *Cunningham*, *Black July*, *Rulander*,

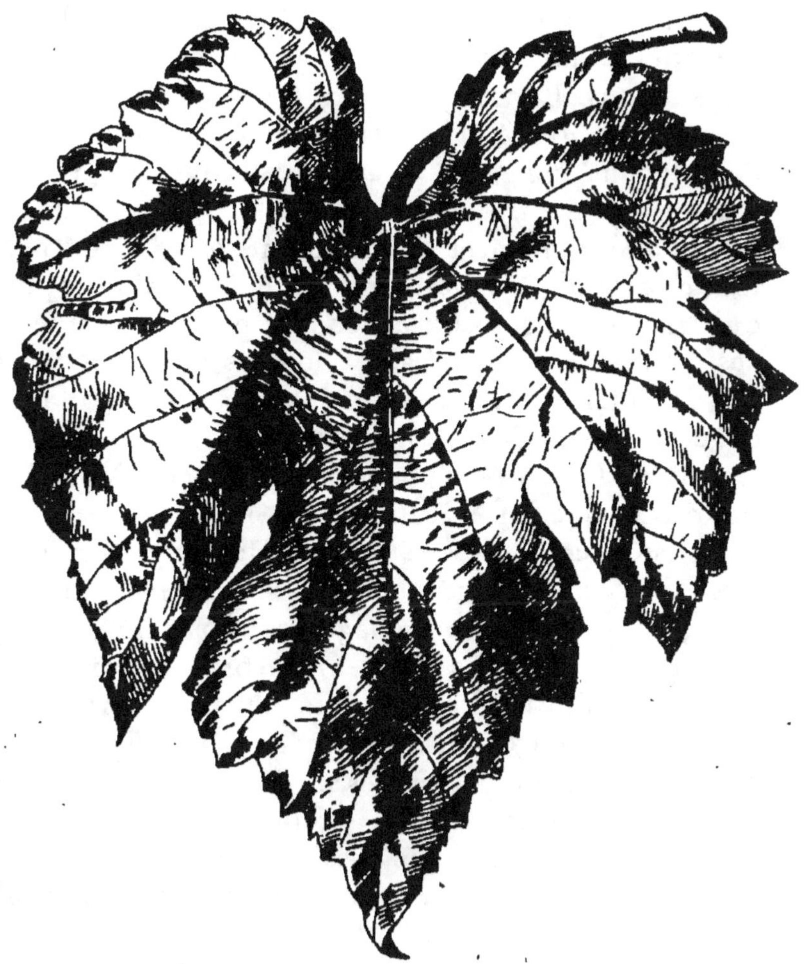

FIG. 87. — FEUILLE DE JACQUEZ.

ils sont à peu près inconnus en Amérique. Le Cunningham a été cultivé dans quelques points restreints et abandonné ensuite : il en a été de même en France, où le Rulander a succombé aux attaques du phylloxéra. Le Black July est toujours resté dans les collections, parce qu'on le tenait comme d'une productivité trés inférieure au Jacquez, et que ces cépages étaient, il y a encore quelques années, considérés surtout comme des producteurs directs. Le Cunningham, à cause de sa grande vigueur, a été greffé et conseillé comme porte-greffe dans des terrains marneux et assez calcaires; les résultats obtenus ont été très divers.

Le Cunningham et l'Herbemont sont, en outre, de tout ce groupe, les moins résistants à la chlorose, quoique leur résistance soit cependant plus élevée que celle des deux espèces américaines dont ils sont originaires; ils sont inférieurs, à ce point de vue, surtout au Jacquez et au Rulander. Nous estimons qu'ils tiennent ce caractère du V. Cinerea qui prédomine plus que le V. Vinifera pour le Jacquez et le Rulander.

Tous ces cépages, et surtout l'Herbemont et le Jacquez qui nous intéressent plus spécialement, ont une très grande affinité au greffage avec nos vignes indigènes, propriété qu'ils tiennent encore de leur parenté avec le V. Vinifera. Ainsi que nous le verrons dans l'étude du greffage, cette concordance d'affinité explique que la production des greffes sur Jacquez et sur Herbemont soit normale et égale à celle des cépages français non greffés; elle explique aussi que la maturité de leurs fruits ne soit pas hâtée, comme cela a lieu pour les greffes sur Riparia, sur Rupestris, qui sont aussi plus fructifères, et cela à cause de la différence d'affinité qui existe entre ces porte-greffes et les vignes françaises.

La faculté de reprise de bouture ou de greffe-bouture de ces cépages est généralement moins grande que celle des cépages français ou que celle des Riparia, Vialla, etc. mais les proportions de réussite sont cependant éle-

vées et atteignent souvent, en boutures ordinaires écorcées, le chiffre de 80 et 85 %. Lorsque les pépinières
sont établies avec soin et   les greffes bien faites et

FIG. 88. — FEUILLE D'HERBEMONT.

bien soignées, on obtient d'aussi bonnes soudures avec le
Jacquez et l'Herbemont, et des proportions de reprise
aussi grandes qu'avec les autres porte-greffes. On a ad-

mis à tort que le Jacquez présentait de grandes difficultés à ce point de vue.

Tous ces cépages s'accommodent parfaitement du climat des diverses régions viticoles de la France; ainsi que nous l'avons dit dans la première partie de ce travail, il n'y a aucunement à craindre, et cela avec le Jacquez aussi bien qu'avec l'Herbemont, que les froids de l'hiver puissent endommager les ceps greffés. Pour l'Herbemont, il n'y a pas de doute. Les froids de l'hiver 1890-1891 n'ont pas altéré les greffes sur Jacquez dans les régions où les abaissements de température ont été le plus considérables (— 30° : Isère); il existe en Maine-et-Loire des ceps de Jacquez qui ont 20 ans d'âge, en Vendée 7 ans, et on trouve dans les Charentes des souches de 10 et 11 ans. Dans la Virginie et le Missouri, où le thermomètre descend parfois à — 25° et — 28°, les Jacquez n'ont jamais été gelés. Il est acquis aujourd'hui que le Jacquez et l'Herbemont réussissent très bien au point de vue du climat, dans les régions les plus froides des vignobles français. Cependant, il est non moins certain que l'Herbemont vient mieux dans le Nord que dans les régions chaudes et sèches du midi de la France, tandis que le Jacquez réussit à peu près partout.

La résistance du Jacquez et de l'Herbemont (12) n'est pas des plus élevées, mais elle a été en somme suffisante dans bien des terrains, dans les régions du Centre, de l'Ouest et du Nord de la France. Dans les régions chaudes et sèches et dans les terrains très pauvres, le phylloxéra détruit une grande quantité de radicelles et produit des nodosités et des tubérosités assez importantes pour que la plante en souffre, mais l'affaiblissement, réel dans ce cas, est aussi moins important dans les sols assez riches ou dans les terres fraîches et bien fumées. Les cas d'affaiblissement et d'épuisement des Jacquez, dans les sols très secs et très pauvres, sont loin d'être constants. Les cas de succès certain et durable sont nombreux. Il existe encore, dans le Gard et dans le Sud-Ouest, des Jacquez qui ont 25 ans d'âge et sont toujours aussi vigoureux qu'aux premières années de leur plantation ; les plantations de Jacquez de 20, 18, 16, 15 ans, greffés depuis 16, 14, 11, 9 ans, ne sont pas rares dans le midi de la France, en terrains de fertilité moyenne et frais.

Mais nous devons reconnaître que l'Herbemont n'a plus aucune raison d'être comme porte-greffe et encore moins comme producteur direct. Le Jacquez, qui a rendu beaucoup de services pour la reconstitution de terres assez calcaires où le Riparia ne prospérait pas, doit être remplacé aujourd'hui par des cépages plus résistants et ayant les mêmes propriétés d'adaptation, tels sont les Riparia-Rupestris, les Rupestris du Lot, les Berlandieri et les Berlandieri-Riparia.

Les Jacquez qui ont servi à la reconstitution des terres fraîches et riches, dans lesquelles le phylloxéra n'a pas une action très intense, et dans lesquelles ils peuvent aussi refaire facilement leurs racines, sont toujours très vigoureux greffés ou non greffés, et on ne doit pas avoir de craintes pour leur avenir.

Le *Jacquez* a été employé pendant longtemps dans le Midi, où il mûrit ses fruits, comme producteur direct, à cause de l'intensité colorante et du titre alcoolique de son vin. Il a été greffé peu à peu, car ses vins conservent toujours, et malgré tous les traitements spéciaux, une coloration violacée qui les a fait délaisser par le commerce. Mais c'était, jusqu'à ces dernières années, dans le midi de la France aussi bien que dans les régions du Nord, un porte-greffe très utilisé. C'était, avec le Solonis et plus que lui encore, celui des porte-greffes com-

muns qui s'accommodait le mieux des terrains assez calcaires. Il jaunit et se rabougrit dans les marnes blanches
et dans les calcaires crayeux, mais il résiste, greffé, à
une assez forte dose de calcaire, à laquelle les Riparias,
les Rupestris, le Vialla, etc., succombent rapidement.
Les exemples comparatifs qui prouvent ce fait sont nombreux. Dans le midi de la France, par exemple, il est
vert et vigoureux dans les marnes calcaires feuilletées et
fraîches du Miocène, où les Riparias greffés se chlorosent et meurent après quelques années de greffage.

En outre, le Jacquez s'accommode très bien des argiles
bleues, des marnes bleuâtres et calcaires, et en général de
tous les terrains compacts et frais où les Riparias et les
Rupestris, quoique non chlorosés, ont peu de vigueur.
Le Jacquez, au contraire, est très vigoureux; il a même
parfois un excès de vigueur qui entraîne de la coulure,
mais ce défaut peut être facilement corrigé par une taille
plus longue. Le Jacquez, comme nos vignes françaises,
et nous en avons donné la raison par suite de sa parenté
avec le V. Vinifera, reprend facilement, quand on le
greffe à un certain âge (6, 7 ans et plus); ce n'est pas le
cas pour le Riparia et le Rupestris.

Nous n'avons pas à insister sur la valeur des semis de
Jacquez, tels que : *Saint-Sauveur, Jacquez d'Aurelle,
Jacquez à gros grains, Herbemont d'Aurelle, Herbemont Touzan, l'Herbemont blanc.* Tous ces cépages
succombent sous les attaques du phylloxéra et ils ont été
rapidement délaissés.

Les autres semis d'Herbemont, d'origine américaine
(*Dunn, Harwood, Mc-Ke*), ont les mêmes qualités et les
mêmes défauts que l'Herbemont. — Notons encore que
le *Blue Favorite* a les mêmes propriétés d'adaptation que
le Jacquez, qu'il est peut-être plus vigoureux, mais qu'il
est encore moins résistant au phylloxéra.

Hybrides de V. Vinifera et de V. Cordifolia.

— Le V. Cordifolia est une vigne d'une très grande vigueur; elle atteint des dimensions considérables. Cette qualité se retrouve dans ses hybrides avec le V. Vinifera, qui sont des plantes très fortes et très vigoureuses et à système radiculaire très puissant. S'ils étaient résistants au phylloxéra, ils constitueraient des porte-greffes d'une grande valeur pour tous les terrains qui ne sont point calcaires. Par contre, ils jaunissent beaucoup dans les terres crayeuses ou très calcaires; ils n'offrent aucun intérêt pour ces milieux. Ils reprennent bien de bouture et donnent de bonnes reprises à la greffe. Ce sont donc des vignes que l'on pourrait multiplier dans les terrains compacts, argileux et humides, et aussi dans les terrains secs, pauvres, mais non calcaires.

Hybrides de V. Vinifera et de V. Berlandieri.

— Les hybrides de V. Vinifera et de V. Berlandieri ont tous été obtenus en France. Ce sont des vignes qui offrent, à priori, le plus grand intérêt pour la reconstitution des vignobles dans les terrains calcaires. Leurs générateurs sont, en effet, les deux espèces de vignes qui croissent le mieux dans ces terrains. On sait quel développement la Folle-Blanche, le Pinot, le Colombeau, etc., et toutes les variétés vigoureuses du V. Vinifera prenaient dans les terres crayeuses ou très calcaires des Charentes ou d'ailleurs. D'autre part, le V. Berlandieri est, ainsi que nous l'avons dit, l'espèce de vigne qui végète le mieux dans les terrains de cette nature. Non greffées, ses plus belles variétés ne jaunissent pas plus que la Folle-Blanche. Ses hybrides doivent donc avoir une haute résistance au calcaire, et les nombreuses expériences que nous avons faites le prouvent de la manière la plus nette.

Tous les hybrides de ce groupe qui ont été cultivés dans les terres crayeuses des Charentes sont toujours restés verts, non greffés, plus verts même que la Folle blanche franche de pied et plantée à côté et en même temps. Quelques-uns, greffés en Folle blanche, n'ont jamais eu la moindre trace de chlorose, même à

Fig. 89. — Feuille de Cabernet Berlandieri, n° 333. École.

la deuxième année qui, ainsi que nous l'avons établi, est le moment où cette affection a le plus d'intensité. Quelques autres, par contre, ont jauni, soit qu'ils fussent trop faibles, soit que la variété de Berlandieri qui est intervenue dans le croisement fût elle-même très faible ou inapte à prospérer dans les sols calcaires; et pour que pour tous les cépages, les hybrides, de même les plus vigoureux. on doit toujours choisir

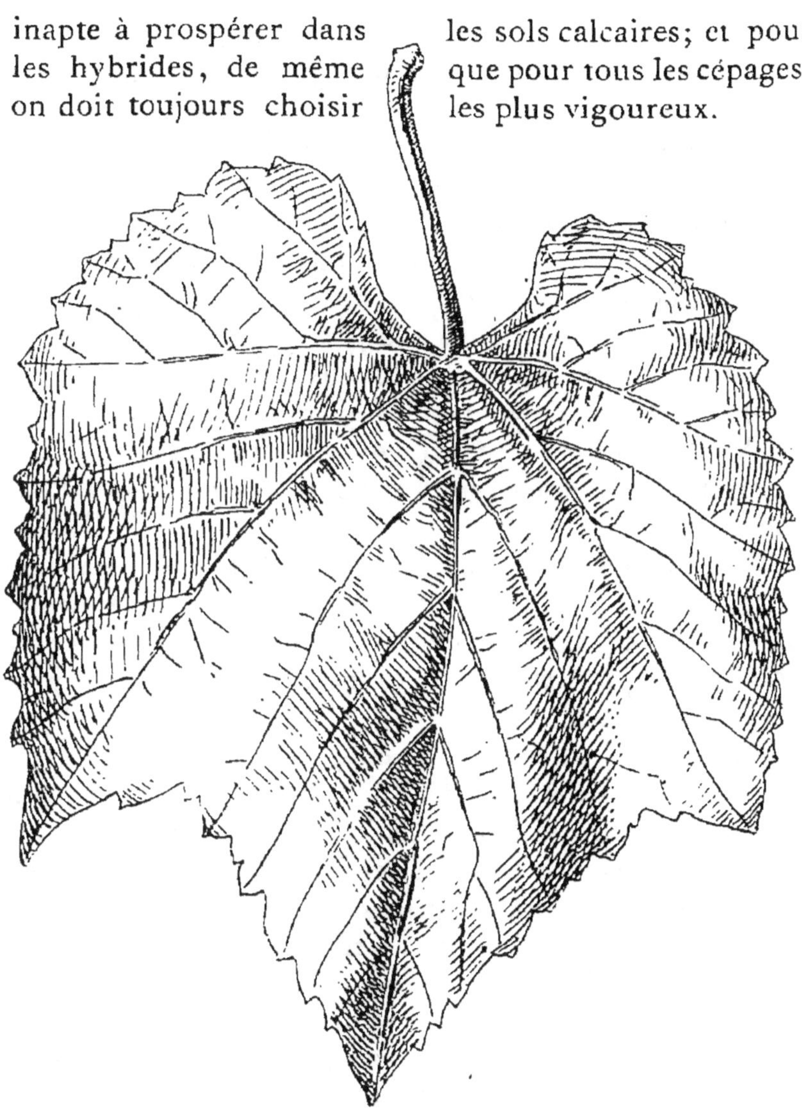

FIG. 90. — FEUILLE DE CHASSELAS × BERLANDIERI. N° 41.
MILLARDET ET DE GRASSET.

Ainsi que nous l'avons dit, il ne suffit pas qu'une vigne américaine croisse vigoureusement, *non greffée*, dans les terres crayeuses, pour qu'elle constitue un bon porte-greffe. Beaucoup d'entre elles, franches de pied, ont un beau développement dans ces terres. Mais vient-on à les greffer, tout cela change : elles jaunissent et se rabougrissent. Nous en donnerons plus loin les raisons. Il faut donc, en outre, qu'elles souffrent peu du greffage et par suite qu'elles soient aussi semblables que possible, par leurs fonctions physiologiques, au greffon qu'elles doivent porter. Le sang de Vinifera que les hybrides de Berlandieri contiennent et qui augmente leurs facultés d'adaptation diminue aussi les effets du greffage, et c'est pour ces deux raisons que les hybrides de V. Vinifera et de V. Berlandieri seraient égales ou préférables au Berlandieri s'ils possédaient une bonne résistance phylloxérique.

On sait combien cette espèce se multiplie mal par bouture; ses hybrides se multiplient fort bien au contraire. Ils reprennent parfaitement à la greffe; ils sont très fructifères et ne présentent aucun bourrelet, ou à peu près, au point de soudure.

Parmi ces hybrides nous citerons, le *Tisserand (Cabernet-Berlandieri N° 333* de l'École d'agriculture de Montpellier) qui est resté toujours très vert greffé, dans les terrains les plus crayeux des Charentes; il n'a malheureusement pas tenu ce que nous espérions au point de vue de la résistance phylloxérique. — Le *Chasselas-Berlandieri N° 41* de MM. Millardet et de Grasset est très remarquable aussi par sa résistance à la chlorose dans les terrains les plus mauvais; M. Millardet le considère comme résistant au phylloxéra.

Hybrides de V. Vinifera et de V. Monticola.

— Quelques-uns de ces hybrides ont une vigueur assez grande. Leurs facultés d'adaptation, sans être égales à celles des Vinifera-Berlandieri pour les terrains calcaires, sont assez élevées. M. Couderc a créé quelques hybrides complexes de Vinifera-Rupestris-Monticola qui offrent de l'intérêt.

Hybrides de V. Vinifera et de V. Rupestris. — Ce sont, avec les hybrides de V. Cordifolia, les vignes les plus vigoureuses qui existent. Elles grossissent beaucoup de tronc et donnent parfois des sarments si gros qu'on ne peut les utiliser sur une partie de leur longueur pour le greffage sur table. Le système radiculaire est aussi très puissant.

Ils reprennent très bien de bouture, aussi facilement que la vigne commune; mais, par contre, comme le Rupestris, ils réussissent mal au greffage sur place, si l'on n'a soin d'enlever au préalable tous les yeux du porte-greffe. A la greffe-bouture, la réussite est très bonne si l'on prend les précautions qui sont indiquées plus loin pour les Rupestris.

Ce sont donc des porte-greffes intéressants. Mais quelles sont leurs facultés d'adaptation? On sait que le V. Rupestris craint beaucoup la chlorose. Ses hybrides, en raison du sang de V. Vinifera qu'ils contiennent, jaunissent beaucoup moins, et, non greffés dans les plus mauvaises terres crayeuses des Charentes, ils ont une végétation luxuriante, quoique parfois, au moins à la deuxième et à la troisième année de la plantation, un peu teintée de jaune par endroits. Mais greffés, ils jaunissent davantage dans ces terres et s'y montrent nettement insuffisants comme porte-greffes. Dans les terres de groie, où la chlorose a moins de gravité, un certain nombre d'entre eux viennent fort bien et restent verts et vigoureux, greffés ou non.

En somme, les hybrides de Vinifera et de Rupestris

ont une aire d'adaptation beaucoup plus étendue que le Rupestris et le Riparia. Dans les champs d'expériences de Cognac, où ils sont plantés côte à côte, le Rupestris a la note 4 de résistance à la chlorose et le Riparia 5, le maximum étant 10; les hybrides de Rupestris et de Vinifera ont la note 7, et même quelquefois 16. Ces chiffres montrent combien est grande l'influence du V. Vinifera sur les facultés d'adaptation des diverses vignes américaines au sol.

Les greffes qui existent sur ces cépages sont très vigoureuses et très fertiles, elles mûrissent hâtivement leurs fruits.

Quelques hybrides de V. Vinirera et de V. Rupestris ont été recommandés comme producteurs directs. La plupart produisent très peu et donnent des raisins sans goût foxé, mais fades. Les grains sont en général petits, quelquefois d'une coloration très intense. Comme c'est le greffage avec nos variétés françaises qui diminue leur faculté d'adaptation, il est certain que la plupart d'entre eux se développeraient bien dans les sols calcaires; mais les qualités de leurs fruits et leur faible production ne permettent guère de les utiliser.

Un certain nombre de ces hybrides sont déjà entre les mains des vignerons; nous allons dire un mot de chacun d'eux.

L'*Aramon-Rupestris Ganzin N*° 1 a été obtenu par M. Ganzin. C'est un des Vinifera-Rupestris les plus résistant au phylloxéra et même à la chlorose; il a les qualités de la plupart des hybrides de V. Vinifera et de V. Rupestris. Très insuffisant pour les terres crayeuses, il jaunit aussi dans les terres de groie; c'est donc un porte-greffe qui conviendrait surtout aux terrains peu calcaires ou aux sols humides, compacts.

L'*Aramon-Rupestris Ganzin* N° 2 jaunit plus que le précédent dans les terres calcaires. La vigueur

FIG. 91. — FEUILLE D'ARAMON RUPESTRIS GANZIN, N° 1.

est à peu près la même. Il reprend à la greffe comme tous les cépages du même groupe.

Gamay Couderc ou *Colombeau* — *Rupestris Martin* N° 3103. — Obtenu par M. Couderc en fécondant le Colombeau, cépage de la Provence, par le Rupestris Martin. Ce cépage, qui a une végétation assez grande, a été considéré comme indemne de phylloxéra. Malheureusement, sa résistance est loin d'être aussi élevée, du moins dans les collections de l'École d'agriculture de Montpellier, où ses racines portent de nombreuses nodosités et des tubérosités ; le phylloxéra l'affaiblit jusqu'au rabougrissement complet dans les terrains argilo-calcaires de ces collections, et dans ces conditions il serait imprudent, croyons-nous, de le multiplier comme porte-greffe dans les terrains argilo-calcaires ou calcaires, secs et peu fertiles, surtout du midi de la France. Comme producteur direct, il donne trop peu de fruits, qui sont toujours petits. Quant à ses facultés d'adaptation, elles sont les mêmes que celles des hybrides du même groupe. Insuffisant pour les terres crayeuses des Charentes, il jaunit peu dans les terres de groie. — Le *Mourvèdre-Rupestris N° 1202* est beaucoup plus vigoureux et craint moins le calcaire : ce serait un des meilleurs hybrides de Rupestris pour les mauvais terrains ; nous devons cependant reconnaître qu'il dépérit, comme le Gamay Couderc, sous les attaques de l'insecte, dans les collections de l'École d'agriculture de Montpellier.

Citons encore du même hybrideur.

Bourrisquou-Rupestris Martin N°s 601, 603, 604. *Chasselas-Rupestris Martin N°s* 901, 2001, 1103. *Mourvèdre-Rupestris Ganzin N°* 1203, *Rupestris-Petit-Bouschet N°s* 504, 503, et *Rupestris-inconnu* 1206, qui seraient des producteurs directs, et *Gamay-Rupestris Ganzin N°s* 1001, 1002 ; *Pineau-Rupestris Martin N°* 1305, qui sont des porte-greffes.

MM. Millardet et de Grasset ont obtenu, de leur côté, un très grand nombre de semblables hybrides.

Les *Gros Colman-Rupestris N°* 160 sont les plus vigoureux de tous les hybrides de Rupestris qui ont été expérimentés dans les terres crayeuses des Charentes ;

ce sont eux aussi qui jaunissent le moins, quoiqu'ils soient insuffisants pour ces terres. Ils reprennent très bien de bouture et à la greffe. Les souches greffées sont très fructifères. Dans les groies des Charentes, ils se comportent beaucoup mieux et ne jaunissent pas, greffés ou non. Le développement de leurs greffes est très satisfaisant. Mais M. Millardet a reconnu qu'ils n'avaient pas une résistance phylloxérique suffisante.

Les *Cabernet-Rupestris N°* 33 des mêmes hybrideurs, sont aussi très vigoureux et assez résistants à la chlorose.

Les *Alicante Bouschet-Rupestris N°* 139 sont moins bien adaptés aux terrains crayeux; ils jaunissent aussi dans les terres de groie, etc...

L'*Alicante Bouschet-Rupestris N°* 136 de l'École de Montpellier a une végétation très grande, mais il craint beaucoup les terrains calcaires; on ne pourrait donc le cultiver que dans des terrains siliceux, compactes, mais non calcaires, pour lesquels les espèces pures sont encore supérieures. C'est un des hybrides qui paraissent les meilleurs au point de vue de la résistance phylloxérique.

Nous pourrions citer encore beaucoup d'autres hybrides de Vinifera-Rupestris obtenus par MM. Millardet et de Grasset, Couderc, Castel, l'École d'agriculture de Montpellier, Terras, etc., etc. On a créé, en effet, dans ces dernières années, des quantités considérables de ces hybrides; le Rupestris, à cause de sa grande vigueur, a été beaucoup utilisé comme élément d'hybridation, soit dans des combinaisons binaires ou ternaires, soit dans des combinaisons plus complexes. Ce que nous avons dit suffira pour donner une idée des propriétés générales d'adaptation de ce groupe. Nous ne pouvons passer toutes les formes en revue.

Il en est cependant quelques-uns qui ont été proposés comme producteurs directs; tels l'*Hybride Franc*, l'*Alicante-Rupestris Terras N°* 20 etc. Ces vignes sont relativement fructifères en tant que nombre de grappes, mais leur rendement en jus est toujours faible comparativement à celui que donnent les raisins de nos cépages français; en outre, la qualité de leur vin est inférieure à celle de nos vins les plus communs. La puissance colorante des vins de ces hybrides est souvent très grande, mais elle a le défaut de tous les produits des Rupestris et de leurs hybrides, elle ne tient pas et s'altère rapidement. Nous ne sommes pas fixés sur leur résistance phylloxérique.

M. Ganzin a créé, par l'union de l'Aramon-Rupestris Ganzin N° 1 avec la grosse Clairette, un hybride auquel il a donné le nom de *Clairette dorée Ganzin*. C'est un cépage à raisins blancs, très fructifère, à maturité relativement tardive, et donnant des fruits savoureux et des vins relativement bons. L'*Alicante Ganzin* a été obtenu par la fécondation de l'Aramon Rupestris Ganzin N° 1 avec l'Alicante Henri-Bouschet. C'est un cépage très fructifère, à jus coloré, donnant un très beau vin; mais c'est aussi un hybride à 3/4 de sang Vinifera dont la résistance phylloxérique nous paraît, comme celle de la Clairette dorée Ganzin, fort douteuse.

Hybrides de V. Vinifera, V. Labrusca et V. Rupestris. — Un seul de ces hybrides (*Triumph-Rupestris*) a été expérimenté par nous dans les terres crayeuses des Charentes. Sa composition est la suivante, 1/4 V. Vinifera, 1/4 V. Labrusca, 1/2 V. Rupestris. La faible quantité de sang de V. Vinifera qu'il contient n'a pu le garantir de la chlorose; il a jauni d'une manière très intense, et, par suite, il ne présente aucun intérêt pour la reconstitution des vignobles.

Hybrides de V. Vinifera, de V. Rupestris et

de V. Lincecumii. — M. Seibel, d'Aubenas, a obtenu plusieurs hybrides de ce groupe qui sont très fructifères et donneraient, un vin de bonne qualité (*Hybrides Seibel*). La résistance phylloxérique doit être mise en doute, la résistance à la chlorose n'est pas connue.

Hybrides de V. Vinifera et de V. Arizonica. — Aucun de ces hybrides, si on en a obtenu en France, n'a été expérimenté jusqu'ici. On ne peut donc préciser leurs qualités d'adaptation. On peut cependant les prévoir ; et, d'après ce que nous avons dit du V. Arizonica, il est probable que ses hybrides résisteront mieux à la chlorose que ceux du V. Rupestris, mais sans avoir leur grande vigueur.

Hybrides de V. Vinifera et de V. Riparia. — Le V. Riparia est plus résistant à la chlorose que le V. Rupestris. Ses hybrides avec le V. Vinifera doivent aussi être moins sujets à la chlorose, et c'est ce qui a lieu. Dans les champs d'expériences de la Station viticole de Cognac, les hybrides de Riparia tranchent nettement par leur teinte verte sur l'ensemble des hybrides de Rupestris ; et ils nous paraissent supérieurs aux meilleurs de ces derniers.

Par contre, quoique très vigoureux, leur végétation est un peu moindre ; mais ils n'en constituent pas moins de remarquables cépages, dont le tronc grossit beaucoup presque autant que le greffon ; par suite, il n'y a jamais qu'un bourrelet insignifiant au point de soudure. Leurs greffes sont très vigoureuses et très fertiles.

Pour les terres crayeuses, ils seraient encore insuffisants, car, greffés, ils jaunissent un peu ; ils sont plus verts dans les terres de groie du Jurassique. Leur résistance au phylloxéra est toujours douteuse.

Les *Aramon-Riparia* Nᵒˢ 143 et 141, de MM. Millardet et de Grasset, possèdent ces qualités; mais nous ne pouvons le recommander pour les terres crayeuses, de même que tous les cépages du même groupe.

Possèdent les mêmes qualités d'adaptation : les *Petit-Bouschet — Riparia* N°⁸ 3001 et 3002 de M. Couderc, et les *Colombeau — Riparia* N°⁸ 2501 et 2502. Nous citerons encore le *Petit-Bouschet — Riparia* N° 142 de l'École d'agriculture de Montpellier, qui est encore plus fructifère et à de plus belles grappes que l'*Hybride Franc*, mais qui est aussi inférieur comme qualités vinifères et dont la résistance phylloxérique n'est pas plus certaine, etc., etc.

Hybrides de V. Vinifera, V. Labrusca et V. Riparia. — Les hybrides ternaires qui ont été créés en Amérique, par le concours indirect de ces trois espèces, sont variés et intéressants. D'une façon générale, les deux éléments Labrusca et Vinifera ont communiqué à ces hybrides une résistance au phylloxéra très inférieure, ainsi qu'on le verra par les chiffres ci-après; le Riparia a rarement corrigé ce défaut important (Autuchon). Cette résistance est d'autant plus faible que l'élément Vinifera prédomine plus (Canada et Secretary), mais le goût des fruits est par contre moins foxé. La résistance au mildiou et au black rot est très restreinte, ce qui tient encore à l'influence du Vinifera et du Labrusca (Canada, Secretary, Othello); les formes qui par leur feuillage se rapprochent le plus du V. Riparia sont plus résistantes au mildiou (Autuchon, Cornucopia).

Mais, l'influence du V. Vinifera s'est surtout accusée dans les caractères d'adaptation, en donnant à ces hybrides une résistance relativement élevée à la chlorose. Nous allons y insister en étudiant quelques-uns de ces hybrides qui ont eu, mais n'ont heureusement plus, une importance assez grande en France. Voici les principaux, avec leur origine et la valeur de leur résistance au phylloxéra; on verra que la plupart sont des hybrides de Clinton (Riparia-Labrusca) et de vigne européenne :

Othello (Clinton × Black Hamburg, N° 1 d'Arnold), — Résistance : 6
Advance (Clinton × Black Hamburg, de Ricketts).
Canada (Clinton × Black St-Peters, N° 16 d'Arnold). — Résistance : 4
Brandt (Clinton × Black St-Peters, N° 8 d'Arnold. — Résistance : 4
Cornucopia (Clinton et Black St-Peters, N° 2 d'Arnold). — Résistance : 4
Secretary (Clinton × Muscat de Hamburg, de Ricketts). — Résistance : 2
Autuchon (Clinton et Chasselas doré, N° 5 d'Arnold). — Résistance : 7
Naomi (Clinton × Muscat, de Ricketts).
Waverley (Clinton × Muscat, de Ricketts).
Alma (Bacchus × Vinifera, de Ricketts).
August Giant (Black Hamburg Marion?).
Rommel (Triumph × Elvira, de T.-V. Munson) etc. :

Othello. — L'Othello n'a jamais eu aucune importance en Amérique, où il a été abandonné à cause de sa grande sensibilité au mildiou des feuilles et des raisins (brown rot et grey rot), au black rot et au grillage des feuilles en été. L'Othello est également attaqué par ces parasites en France; dans les régions à climat sec et chaud, il se défeuille souvent au moment des fortes chaleurs, et ses fruits sont fréquemment grillés.

La résistance de l'Othello au phylloxéra (6) est relativement faible; aussi, dans les sols qui sont favorables à la multiplication de l'insecte et dans les régions chaudes, le phylloxéra peut-il le déprimer au point d'amener sa mort par son action seule au bout de quatre ou cinq ans de culture (nombreux cas dans le Midi de la France, cas de la pépinière de Fontenay-le-Comte en terrain pauvre, cas divers de la Côte-d'Or dans les terrains peu fertiles). L'Othello ne peut résister au phylloxéra que sous des climats tempérés ou froids, où l'insecte progresse lentement, et dans des sols frais, riches, qui entravent le développement de l'insecte et favorisent la formation de nombreuses radicelles. Or, dans ces terrains, le greffage des variétés françaises sur porte-greffes résistants et bien adaptés donnera toujours des résultats supérieurs à ceux que l'on pourrait obtenir par la culture de l'Othello.

Ce cépage est cependant d'une grande fertilité; on a pu obtenir dans certains sols riches jusqu'à 100 hectolitres de vin à l'hectare; il est en outre d'une maturité précoce, qui rend sa culture possible dans les régions vignobles des pays septentrionaux. Mais les vins que produit l'Othello, comme tous ceux qui proviennent des autres producteurs d'origine américaine actuellement connus, sont inférieurs aux vins les plus ordinaires de nos cépages français. Ils conservent souvent, le vin de l'Othello surtout, un arrière-goût foxé, d'autant plus accusé que les vins proviennent de régions plus chaudes; dans les régions du Nord, le goût foxé s'atténue beaucoup et peut même disparaître après quelques soutirages.

L'Othello a été certainement beaucoup trop propagé en France, pour les diverses raisons que nous venons de faire connaître; il est actuellement et il doit toujours être abandonné.

On avait observé que l'Othello, non greffé, avait une certaine résistance à la chlo rose; M. B. Chauzit avait surtout indiqué le fait que l'Othello

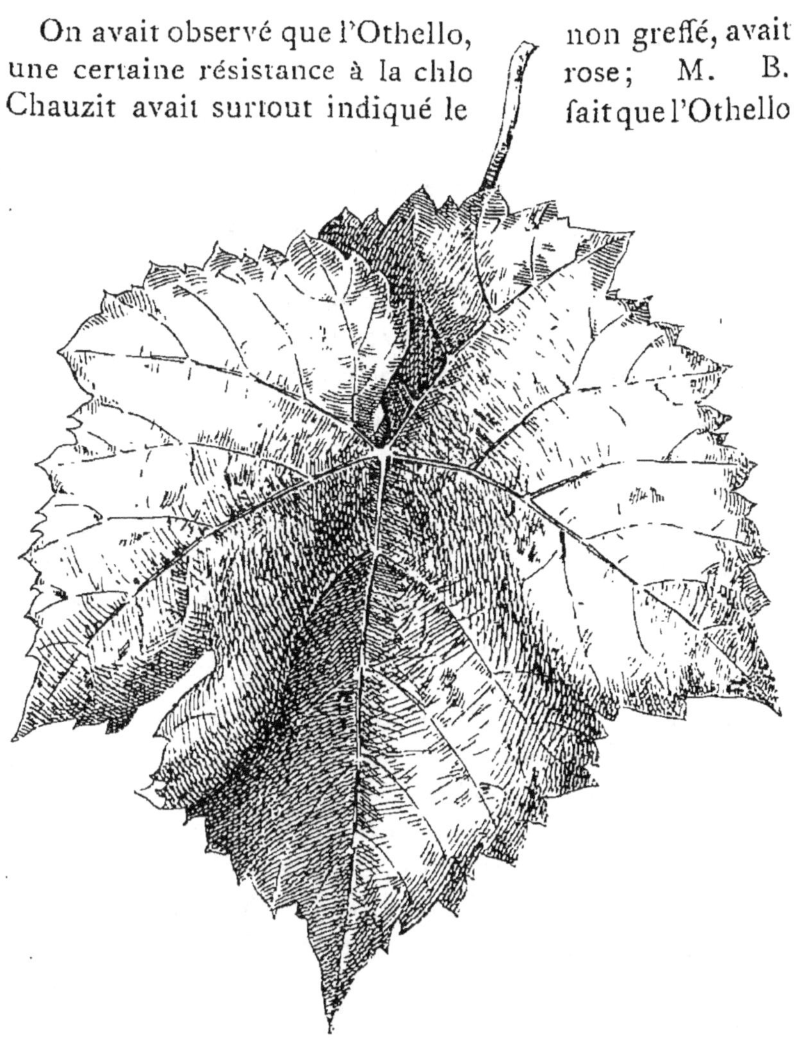

FIG. 92. — FEUILLE D'OTHELLO.

vivait et ne se chlorosait pas dans des sols qui renfermaient jusqu'à 5o o/o de carbonate de chaux. Des faits du même genre ont été constatés ailleurs. Les premiers, nous avons attribué cette résistance à la chlorose à sa parenté avec le V. Vinifera, On a vu l'Othello vert et vigoureux dans certaines terres crayeuses et marneuses, à côté des Noah, Riparia, Rupestris, Vialla, chlorosés et rabougris. Mais, si les terrains sont favorables à l'action du phylloxéra, il meurt au bout de peu d'années. Retenons donc ce fait de résistance relative de l'Othello à la chlorose; c'est peut-être même le seul mérite qu'il tient de son générateur, le V. Vinifera.

Canada, Brandt, Secretary, Cornucopia. Autuchon, — Les mêmes phénomènes d'adaptation aux terrains calcaires que nous venons de citer pour l'Othello ont été constatés pour ces cépages, et le fait est encore dû à l'influence du Vinifera.

Nous avons signalé, au début de ce travail, un cas spécial pour le Cornucopia. Remarquons que le Secretary, un des plus Vinifera et, par suite, le moins résistant de tous ces hybrides, est aussi celui qui se chlorose le moins dans les terrains calcaires. Le Canada, le Brandt et surtout l'Autuchon, ont une faculté d'adaptation aussi grande que celle de l'Othello.

L'Autuchon est, de tous, le plus résistant au phylloxéra (7), ce qui explique qu'il soit plus vigoureux que les autres dans quelques terres calcaires ou marneuses assez peu fertiles; il a un raisin blanc non foxé ou qui possède un goût spécial agréable, mais il est très peu fertile et par suite sans valeur.

Le Secretary tient du Muscat de Hamburg un fruit gros, juteux et légèrement musqué; il est bien fructifère, mais d'une résistance à peine supérieure aux variétés du V. Vinifera. Le Canada et le Brandt sont un peu moins résistants et un peu moins productifs que l'Othello, mais leurs fruits sont francs de goût.

Quant au Cornucopia, non seulement il produit moins que ce dernier, mais ses fruits sont presque aussi foxés; il est cependant le plus vigoureux de tous.

Tous ces cépages ne peuvent rendre aucun service; on doit renoncer à leur culture dans toutes les situations.

Parmi les cépages du même groupe, signalons *Canada-Riparia* N°s 2401 et 2412, qui sont des porte-greffes proposés par M. Couderc.

Les hybrides de ce groupe, obtenus en France, que nous avons étudiés, sont les uns des 1/4 de sang de Vinifera (Canada $\times$ Riparia) ou des 1/2 sang; les autres des 3/4 de sang.

L'un d'eux, l'*Oporto-Colombeau* 1401 de M. Couderc, a été recommandé comme producteur direct. Il donne, en effet, des fruits de grosseur passable, mais foxés. Sa résistance au phylloxéra est un peu supérieure à celle du York; mais son aire d'adaptation est très restreinte. Il craint beaucoup les terrains calcaires, il jaunit rapidement. Il ne pourrait donc être cultivé que dans les terrains siliceux ou peu calcaires, où les vignes américaines greffées viennent très bien.

TROISIÈME PARTIE

CULTURE

---

a. **Conclusions. Choix des Cépages.** — Il résulte de tout ce qui précède que la première qualité qu'on doit exiger d'un porte-greffe ou d'un producteur direct est une haute résistance au phylloxéra; et, toutes les fois qu'un terrain donné convient également à tous les cépages américains, on doit y cultiver exclusivement les plus résistants.

Le tableau suivant résumera ce que nous avons dit à ce point de vue sur la plupart d'entre eux; nous indiquons leur résistance dans l'ordre où nous les avons étudiés, et nous rappellerons que le maximum de résistance ou immunité absolue est représenté par le chiffre 20.

Valeur de la résistance au phylloxéra

V. Rotundifolia	19.00	*V. Lincecumii*	14.00
V. Labrusca (forme sauvage).	5.00	*V. Æstivalis* (forme sauvage).	16.00
Concord	3.00	*V. Berlandieri*	
Isabelle	5.00	Berlandieri Millardet	17.00
Ives Seedling	4.00	Berlandieri Planchon	17.00
V. Californica	4.00	Berlandieri Viala	17.00
V. Candicans (Mustang)	15.00	Berlandieri de Grasset	17.00

Berlandieri École......... 17.00
V. Cordifolia............... 18.00
V. Cinerea (forme étudiée).. 15.00
V. Rupestris
    Rupestris Mission........ 18.00
    Rupestris du Lot......... 16.00
    Rupestris Ganzin......... 18.00
    Rupestris Martin......... 18.00
    Rupestris à pousses violacées 18.00
    Rupestris à feuilles métalliques.................. 18.00
    Rupestris École........... 18.00
    Rupestris de Fortworth... 18.00
    Rupestris du Kansas (Jæger)..................... 18.00
    Rupestris N° 62 (Jæger).. 18.00
    Rupestris Arkansas   — 18.00
    Rupestris de Cleburne — 18.00
    Rupestris N° 66   — 18.00
    Rupestris du Texas   — 18.00
    Rupestris N° 64   — 18.00
    Rupestris N° 66   — 18.00
    Rupestris α (Couderc)..... 18.00
    Rupestris Y   — 18.00
V. Monticola............... 17.00
V. Arizonica............... 18.00
V. Riparia
    Riparia Gloire de Montpellier..................... 18.00
    Riparia Grand Glabre.... 18.00
    Riparia Scuppernon...... 18.00
    Riparia Baron-Perrier..... 18.00
    Riparia tomenteux géant. 18.00
    Riparia Ramond.......... 18.00
    Riparia Martineau........ 18.00
V. Rubra.................. 18.00
V. Coignetiæ............... 3.00
V. Amurensis............... 2.00
V. Thunbergi............... 1.00
V. Vinifera
    Aramon.................. 0.00
    Pineau.................. 0.00
    Chasselas............... 0.00
    Grenache 0.00
    Etraire de la Dhui........ 1.00
    Colombeau............... 1.00

Psalmodi.................. 1.00
Ugni blanc................ 1.00
Cabernet Sauvignon, etc.. 0.00
Hybrides divers
York Madeira............. 11.00
Cynthiana................ 14.00
Hermann 10.00
Pauline................... 12.00
Taylor.................... 13.00
Noah..................... 14.00
Elvira.................... 10.00
Clinton................... 10.00
Vialla.................... 14.00
Black Pearl............... 12.00
Bacchus................... 8.00
Oporto 12.00
Blue Dyer................. 9.00
Uhland.................... 9.00
Marion.................... 14.00
Catawba................... 4.00
Diana..................... 4.00
Huntingdon............... 10.00
Berlandieri-Candicans
         N° 1. 14.00
       —   N° 2. 14.00
       —   N° 3. 14.00
Barnes.................... 14.00
Berlandieri Bouisset...... 16.00
Champin glabres......... 14.00
Champin tomenteux..... 12.00
Belton.................... 17.00
Candicans-Monticola
    (N° 35 École)........... 17.00
Candicans-Riparia........ 16.00
Solonis................... 14.00
Solonis à feuilles lobées.. 14.00
Hutchison................ 15.00
Mobeetie.................. 16.00
Doaniana.................. 13.00
Rupestris Taylor........ . 16.00
Rupestris de Lézignan.... 16.00
Azémar................... 16.00
Berlandieri-Rupestris N° 1 12.00
         —   N° 2. 16.00
Berlandieri-Monticola N° 1. 14.00
       —   N° 6. 15.00
       —   N° 8. 10.00

Cordifolia-Rupestris de Grasset N° 1	18.00	Saint-Sauveur	3.00
Cinerea-Rupestris (Munson)	16.00	Jacquez d'Aurelle N° 1	9.00
Triumph	4.00	Jacquez à gros grains	11.00
Senasqua	5.00	Herbemont	12.00
Black Defiance	5.00	Harwood	10.00
Agawam	6.00	Herbemont d'Aurelle	3.00
Irwing	5.00	Herbemont Touzan	12.00
Black Eagle	3.00	Black July	11.00
Eumelan	3.00	Blue Favorite	9.06
Delaware blanc	3.00	Cunningham	12.00
Delaware gris	3.00	Rulander	2.00
Croton	3.00	Othello	6.00
Duchess	2.00	Canada	4.00
Beauty	3.00	Brandt	4.00
Alvey	7.00	Cornucopia	4.00
Jacquez	12.00	Secretary	2.00
		Autuchon	7.00

En groupant les principaux cépages américains les plus connus, nous aurons, en résumé, l'échelle de résistance phylloxérique suivante, le maximum étant 20 :

Note 20. — Indemnité absolue?

Note 19. — *V. Rotundifolia*.

Note 18. — *V. Riparia, V. Rupestris, V. Cordifolia, Riparia-Rupestris, Cordifolia-Riparia, Cordifolia-Rupestris....*

Note 17. — *V. Berlandieri, V. Monticola* (?), *Riparia-Berlandieri, Riparia-Monticola, Rupestris-Berlandieri....*

Note 16. — *Rupestris du Lot, Rupestris de Lézignan, Cinerea-Rupestris, Riparia-Æstivalis....*

Note 15. — *V. Cinerea, V. Æstivalis, V. Candicans.*

Note 14. — *Vialla, Solonis, Novo-Mexicana, Noah....*

Note 13. — *Taylor, Michigan....*

Note 12. — *Jacquez, Herbemont....*

Note 11. — *York Madeira....*
Note 10. — *Elvira....*

Note au-dessous de 10. — *Othello, Autuchon, Concord, V. Labrusca, Senasqua, Black Defiance, Croton, Duchess*, etc., etc...

Les notes 16 à 20 correspondent à une résistance suffisante pour tous les terrains ; les notes 14 et 15 expriment une résistance qui n'est suffisante que dans les terrains sablonneux et humides, où le Phylloxéra fait peu de mal ; les vignes notées 13 et au-dessous peuvent actuellement être éliminées totalement de nos vignobles.

Mais il est néanmoins quelques cas où le choix d'un cépage ne doit pas être exclusivement subordonné à sa résistance au phylloxéra. Nous avons déjà cité, dans la première partie de ce livre, l'exemple du Cornucopia et du Solonis ; nous pourrions en ajouter beaucoup d'autres.

Dans les terrains sablonneux ou humides où le phylloxéra se multiplie peu, on peut préférer des cépages moyennement résistants, mais bien adaptés à ces sols, à d'autres cépages plus résistants qui s'y développeraient mal.

Il faut donc tenir compte dans le choix d'un cépage des nombreuses circonstances qui influent sur la végétation.

Ces circonstances, nous les avons longuement étudiées dans la première et la deuxième partie de ce livre. Ici, nous en résumerons seulement les traits généraux, en indiquant, pour *chacune d'elles séparément,* comment se comportent les vignes américaines. Mais, il va sans dire que, dans chaque milieu, elles sont toujours réunies en plus ou moins grand nombre : la végétation des vignes américaines est donc la résultante de leur action combinée ; et c'est, en définitive, de leur influence commune qu'il faut tenir compte dans le choix d'un cépage. Quelques cépages américains peu résistants se développent fort bien, par exemple, dans les terrains arides. Mais là, fréquemment, le phylloxéra a une très grande intensité d'action ; de tels cépages doivent être exclus de ces terrains. D'autres ont une très belle végétation dans un terrain donné ; pour une raison quelconque leurs greffes coulent beaucoup ; on doit, dans ce cas, renoncer à leur emploi, etc... Ces exemples montreront comment le lecteur devra interpréter les indications qui suivent.

On doit donc, dans le choix d'un cépage pour la reconstitution, tenir compte :

I. De la résistance au phylloxéra, dont il a déjà été question ;

II. De l'influence du sol, qui est elle-même liée à :

1° *L'humidité.* — Les cépages qui s'en accommodent le mieux sont : *Cinerea, Mustang* et ses hybrides, *Hybrides de Vinifera-Cinerea, Rupestris du Lot, Jacquez, Herbemont, Vialla, Solonis, Hybrides de Vinifera-Rupestris, Hybrides de Vinifera-Riparia, York;* puis : *Riparia, Rupestris;* parmi les producteurs directs, les *Othello, Canada, Autuchon, Cornucopia, Herbemont, Noah, Elvira,* etc., n'en souffrent pas.

2° *La compacité.* — Les cépages américains peuvent être classés dans le même ordre que précédemment.

3° *L'aridité.* — Le *Rupestris* est le cépage qui vient le mieux dans les terrains pauvres ; puis : *Hybrides de*

Vinifera-Rupestris, Jacquez, Herbemont, Hybrides de Vinifera-Riparia, Vialla, Cordifolia-Rupestris, Riparia-Rupestris, Solonis, Riparia....

4° *La prédominance de la silice.* — *a* : sous forme de sable fin : *Vialla, Rupestris du Lot, Hybrides de Vinifera-Rupestris, Hybrides de Vinifera-Riparia, Jacquez, Herbemont, Rupestris, Solonis, Riparia* et les cépages peu résistants.

b : sous forme de grains plus ou moins grossiers : *Hybrides de Vinifera-Rupestris, Rupestris du Lot, Hybrides de Vinifera-Riparia, Rupestris, Riparia, Jacquez, Solonis...*

5° *La teneur en calcaire du sol* : à ce point de vue, les cépages américains peuvent être classés comme suit :

En première ligne, les *Hybrides de Vinifera-Berlandieri* et les *Berlandieri; Riparia-Berlandieri, Rupestris-Berlandieri, les Hybrides de Vinifera-Riparia, Hybrides de Vinifera-Rupestris, Jacquez, Solonis, Rupestris du Lot, Riparia-Rupesris;* enfin, les moins bons : *Riparia, Rupestris, York, Vialla;* parmi les producteurs directs, les *Cornucopia, Othello, Autuchon, Canada, Brandt*, souffrent peu du calcaire; les *Noah, Elvira* en souffrent beaucoup.

En traduisant, dans une échelle de résistance à la chlorose, la valeur des divers porte-greffes, nous avons :

Note 17 et au-dessus. — *V. Vinifera, Chasselas-Berlandieri* ou 41 B (Millardet et de Grasset), *Tisserand* ou *Cabernet-Berlandieri* n° 333 (École d'agriculture de Montpellier), beaucoup de *Vinifera-Berlandieri*.

Note 16. — *V. Berlandieri.*

Note 15. — *Riparia-Berlandieri.*

Note 14. — *Rupestris-Berlandieri.*

Note 13. — *V. Monticola* (?).

Note 12. — *Vinifera-Riparia.*

Note 11. — *Vinifera-Rupestris.*

Note 10. — *Riparia-Monticola, Taylor-Narbonne, Colorado.*

Note 9. — *Vinifera-Cordifolia, Vinifera-Cinerea, Othello, Jacquez, Canada...* etc.

Note 8. — *Novo-Mexicana, Solonis.*

Note 7. — *Riparia-Rupestris* (n°s 101^{14} Millardet et de Grasset, 3310 et 3309 Couderc), *Riparia Ramond, Taylor...* etc.

Note 6. — *Riparias* (Gloire de Montpellier, Martin des Paillères, Tomenteux, Grand Glabre, Scribner), *Riparia-Cordifolia-Rupestris...*

Note 5. — *Rupestris* (Rupestris de Fortworth, Ganzin, Martin), *V. Arizonica, Riparia-Rupestris Gigantesque....*

Note 4. — *Rupestris-Æstivalis, Herbemont, Riparia-Cordifolia....*

Note 3. — *Labrusca-Riparia,* Vialla, Noah, Clinton, Elvira; *Cordifolia-Rupestris, Rupestris-Cinerea, Triumph....*

Note 2. — *V. Æstivalis, V. Cordifolia, V. Cinerea, V. Candicans, V. Labrusca....*

Ces notes de chlorose sont établies de manière que chacune d'elles correspond à un taux pour cent de calcaire crayeux à peu près égal au chiffre qui la représente multiplié par le coefficient 2,5.

Il faut aussi envisager :

6° *La vigueur de leurs greffes.* — Les cépages américains se classent ainsi : *Hybrides de Vinifera-Rupestris, Rupestris du Lot, Vinifera-Cordifolia, Vini-*

fera-Riparia, *Berlandieri*, *Rupestris*, *Jacquez*, *Herbemont*, *Vialla*, *Hybrides de Vinifera-Berlandieri*, *Solonis*, *Riparia*, *York*....

7° *Leurs affinités* avec les vignes européennes qu'elles doivent porter. En première ligne se placent : les *Hybrides de Vinifera-Berlandieri* et de *Vinifera-Rupestris*, *Hybrides de V. Vinifera-Cordifolia*, le *Berlandieri*, le *Jacquez*, le *Vialla*, l'*Herbemont*; les *Hybrides de Vinifera-Riparia*, le *Rupestris*, le *Solonis*, le *Riparia*, l'*York*.

8° *La fertilité des greffes.* — Le *Berlandieri*, le *Riparia* et le *Rupestris* portent les greffes les plus fertiles; viennent ensuite : *Vinifera-Berlandieri*, *Hybrides de Vinifera-Riparia*, *Vinifera-Rupestris*, *York*, *Solonis*; puis : *Vialla*, *Herbemont*, *Jacquez*, *Cunningham*....

9° *La hâtivité de la maturation des fruits.* — Mûrissent le plus tôt les greffes sur : *Riparia* et *Berlandieri*, *Rupestris*, *Solonis*; puis : *Hybrides de Vinifera-Riparia*, *Vinifera-Rupestris*, *Vinifera-Berlandieri*; en dernier lieu, celles sur : *Vialla*, *Herbemont*, *Jacquez*, *Cunningham*, *York*....

b. **Défoncements.** — Ainsi que nous l'avons montré dans la première partie de cet ouvrage, la vigne, comme toutes les plantes, exige un sol ameubli profondément. Les défoncements lui sont donc nécessaires; et ils sont même, sinon indispensables (car toutes les vignes américaines peuvent prospérer dans des terrains non défoncés), du moins d'une utilité encore plus grande pour les variétés telles que le Riparia, la plupart des Rupestris, etc., qui se développent lentement dans les terres compactes. Ils sont d'ailleurs exécutés dans beaucoup de régions viticoles pour les variétés du V. Vinifera, et en plusieurs endroits on ne plante pas un pied de vigne sans avoir au préalable défoncé le terrain à 0^m,50, 0^m,60, 0^m,80 et même 1 mètre et au delà de profondeur.

La vigne végète plus vigoureusement, surtout les premières années, dans les terrains défoncés; elle donne des fruits à la 3me feuille, tandis qu'en terrain non défoncé, on ne récolte guère qu'à la 5me ou 6me année : c'est donc deux ou trois bonnes récoltes de gagnées. Or, il importe toujours de récolter le plus tôt possible, pour couvrir les frais considérables qu'entraîne la création d'un vignoble; le défoncement est donc plus que jamais nécessaire. Il hâte de deux années la mise à fruit, mais il active aussi la végétation de la vigne et la place ainsi dans les meilleures conditions de développement.

Cela est surtout nécessaire pour les plants greffés et soudés. Ces jeunes plants, souvent défectueux au moment de la plantation et toujours à système radiculaire moins puissant que celui des racinés ordinaires, restent souvent faibles lorsqu'ils ne sont pas plantés à demeure dans un terrain qui leur soit très favorable; un bon défoncement facilite beaucoup leur premier développement.

En général, un défoncement profond de 45 à 50 cent. est suffisant pour les vignes américaines; plus profond, il leur convient encore mieux. On l'exécute à la main ou à la charrue. Dans les deux cas, toutes les fois que le terrain n'est pas très calcaire, on doit ramener le soussol à la surface, où il s'améliore au contact de l'air et sous l'action des fumures successives; il augmente ainsi l'épaisseur de la terre végétale. En outre, comme il est dépourvu de graines, il maintient la surface de la vigne exempte de mauvaises herbes pendant quelques années.

Mais pour les terrains très calcaires, ou dont le sous-sol seul est très calcaire, il faut bien se garder de le ramener à la surface et même de le mélanger à la terre végétale. On sait que le carbonate de chaux est nuisible à la vigne; dès lors, il est inutile de le mélanger à la terre végétale, argilo-siliceuse ou autre, dans laquelle les racines végètent vigoureusement, ou encore de le placer à la surface d'où il serait entraîné par les pluies jusqu'aux racines.... Un tel défoncement ne pourrait que faire jaunir la vigne, et, par conséquent, serait plus nuisible qu'utile. Les sous-sols calcaires doivent donc être laissés en place; on peut, suivant les cas, ne pas les attaquer ou les remuer avec des fouilleuses.

Les défoncements, ainsi que nous l'avons montré, enlèvent fréquemment l'excès d'eau du sol, dont ils diminuent par suite la froideur; et ils rendent assimilables des matières jusqu'alors non utilisées par les plantes.

c. **Fumure et Plantation.** — On peut fumer au moment où l'on exécute les défoncements, et ce procédé est très bon, ou encore en faisant la plantation, soit avec des fumiers de ferme, des terreaux, des tourteaux, etc., soit avec des engrais chimiques. La quantité à employer n'a guère de limites.

Pour le choix des engrais, on aura soin de ne pas employer, dans des terrains déjà très calcaires, des terreaux de ville provenant des rues empierrées avec des matériaux calcaires, ou des débris de démolition; ils provoquent la chlorose, ainsi qu'on l'a constaté de nombreuses fois.

Si l'on plante des greffés-soudés, il sera bon de fumer en outre en faisant la plantation. Il importe, en effet, que les jeunes plants greffés-soudés prennent, dès la première année, un développement le plus grand possible, afin que la soudure puisse se parfaire et le système radiculaire se former dans de bonnes conditions. Les plants greffés qui, pour une raison quelconque, poussent mal la première année de la plantation, restent généralement faibles dans la suite. Aussi doit-on toujours les planter après défoncement, en trous assez larges, en leur conservant toutes leurs racines, rafraîchies seulement à leur extrémité, et non au pal, après avoir coupé les racines ras de tige ou à 1 ou 2 cent., ce qui les ramène presque à l'état de simple bouture.

Pour la plantation, les engrais organiques, fumiers, terreaux, tourteaux, etc., sont préférables aux engrais chimiques; ils tiennent, en effet, la terre ameublie autour des racines. Les engrais chimiques, mis trop près de la tige ou de la racine, les « brûlent » souvent et compromettent ainsi le succès de la plantation; trop loin, leur action peut être nulle ou trop tardive.

Au-dessus des racines, on met un peu de terre fine, 5 cent. environ si on fume au fumier de ferme, 7 à 8 cent. si l'on emploie les engrais chimiques; on fume et on achève de combler le trou. On butte ensuite, de manière que tout le vieux bois du greffon soit recouvert. La soudure, dans les régions chaudes, est placée à 2 ou 3 centimètres au-dessus du sol, un peu au-dessous de la surface dans les régions froides.

La plantation peut se faire à partir de novembre jusqu'en avril; les ceps plantés avant ou pendant l'hiver sont buttés très fortement jusqu'au 5me ou 6me œil de la pousse supérieure du greffon, qui est ensuite taillée au niveau du sommet de la butte. Au printemps, on peut faire des buttes moins hautes, jusqu'au 2me ou 3me œil du greffon; mais il importe, et c'est là une condition essentielle de la réussite des plantations des greffés-soudés, que tout le vieux bois soit complètement couvert de terre. C'est que ces plants, dépourvus des extrémités absorbantes de leurs racines, ne peuvent puiser l'eau contenue dans le sol et remplacer celle que le vent ou le soleil peuvent leur enlever lorsqu'ils sont exposés, au moins par une de leurs parties, à l'air libre. Il est donc indispensable de les mettre à l'abri d'une évaporation trop active. La butte doit avoir environ 40 cent. de diamètre.

Au pied de chaque plant est mis un piquet, auquel on l'attache avec un lien d'osier.

Au mois de juillet, on enlève la butte et on supprime les racines qui se sont développées sur le greffon; on rebutte légèrement, et quelque temps après, fin août ou septembre, on laisse la soudure complètement à l'air, nous verrons plus loin pourquoi.

Les années suivantes, la soudure est mise à l'air par le déchaussage du printemps; il ne s'y développe donc pas de racines.

Dans les terrains compacts et très humides, la plantation des greffés-soudés doit se faire exclusivement lorsque le terrain est bien ressuyé. On aura soin, en outre, de tasser assez fortement la terre autour du plant, afin que l'eau environnante ne vienne pas s'accumuler dans le trou de plantation rempli seulement par une terre très poreuse; elle y séjournerait longtemps et s'opposerait à l'enracinement du plant.

Pour la plantation des boutures et des racinés, on prendra les précautions de la pratique courante.

Peut-on planter vigne sur vigne? Il est bien reconnu aujourd'hui que, hormis le cas de vignes mortes de maladies cryptogamiques (*Pourridié*, etc.), on peut établir de nouvelles vignes aussitôt après l'arrachage des anciennes. Si l'on craint que le terrain soit appauvri, on complètera sa fertilité par des fumures plus abondantes; mais il est absolument inutile de laisser « reposer » le sol et d'y cultiver d'autres plantes pendant quelques années.

Mais si les vignes arrachées ont été envahies fortement par le phylloxéra, qui y serait très abondant au moment de l'arrachage, il est de toute nécessité de planter des vignes américaines d'une résistance élevée; les vignes peu résistantes, surtout lorsqu'elles sont jeunes, ne pouvant supporter, sans en souffrir beaucoup, une forte et rapide invasion.

d. **Labours**. — Les labours ont pour but d'ameublir la surface du sol et surtout d'empêcher l'envahissement des mauvaises herbes; ils doivent donc être donnés le plus fréquemment possible. Le premier labour (déchaussage) et le dernier (chaussage) seront assez profonds, 12 centimètres; tous les autres seront plutôt superficiels et donnés avec des houes à cheval plutôt qu'avec la charrue; cela est surtout indispensable dans les sols calcaires. Nous savons que les labours profonds du printemps font fréquemment jaunir la vigne, et que, dans tous les terrains, ils amènent la coulure s'ils sont faits à l'époque de la floraison. C'est que les charrues coupent les racines qui vivent, à la surface, dans la terre la moins calcaire; et la plante se trouve, par suite, placée dans de plus mauvaises conditions de végétation, qui augmentent la chlorose ou qui entravent la nutrition des organes divers et, par suite, des grappes, qui coulent.

e. **Écartement des plants**. — Quant à l'écartement auquel les vignes doivent être plantées, il n'y a rien à changer aux anciennes coutumes. On a cru à tort que les cépages américains exigeaient un très grand espacement. Il n'en est rien. On devra seulement retenir que les vignes plantées serrées produisent plus dans les premières années que les vignes plantées très espacées, et aussi qu'elles donnent du vin de meilleure qualité. En outre, pour les terrains difficiles, mais dont le sous-sol seul est très calcaire, les vignes plantées très serrées, ayant un développement radiculaire moindre, vivent davantage dans la couche superficielle du sol, et par suite sont moins exposées à jaunir; dans ce cas particulier et qui s'applique à d'importants vignobles, l'adaptation au sol est rendue plus facile par une plantation serrée.

f. **Provignage**. — Le provignage est une opération culturale normale dans quelques grands vignobles français (Bourgogne, Champagne, Ermitage, Côte-Rôtie, Côtes-du-Rhône., etc.) et l'on estime parfois que la qualité des vins est dépendante de ce procédé de culture. Le provignage est parfois annuel et total, comme en Champagne (Marne), d'autres fois, il n'est que partiel, comme en Bourgogne, à l'Ermitage, etc. Dans ce dernier cas, l'on provigne les souches de vignes françaises lorsqu'elles sont faibles, peu vigoureuses et on fume beaucoup les provins. En Champagne, le provignage semble avoir surtout pour but de rapprocher de terre les bois de taille et, par suite les raisins, et de faire développer les racines dans les couches superficielles du sol.

D'après les études et les nombreux renseignements comparatifs que nous avons pu concentrer, nous sommes d'avis que le provignage n'est pas une opération indispensable pour l'amélioration de la qualité des vins; en outre, les buts secondaires auxquels répond le provignage (suppression de l'allongement de la taille, rapprochement des raisins du sol, etc.), peuvent être obtenus, sans avoir recours au provignage, par d'autres procédés, dans les détails desquels nous ne pouvons entrer. Nous sommes donc persuadés que l'on pourra renoncer et que l'on renoncera plus tard à ce procédé de culture dans les vignobles reconstitués avec les plants greffés.

Mais, voudrait-on y avoir recours avec les vignes américaines greffées, que l'opération serait possible; c'est du moins ce qui paraît résulter des essais faits dans ce sens. L'affranchissement des greffons est sans doute possible avec des plants greffés que l'on enterre entièrement lorsqu'ils sont très jeunes (1 ou 2 ans), mais la poussée abondante des racines et leur développement vigoureux sur le greffon sont d'autant moins à redouter que les greffes sont plus âgées et la soudure plus parfaite. Quand on provigne par couchage complet de la souche, — l'expérience en a été faite, — des plants de 3 ou 4 ans et plus, l'affranchissement du greffon et la diminution de vigueur indirecte du sujet ne sont plus autant à redouter. On peut donc, si l'on croit les provignages indispensables (Champagne), les pratiquer en les commençant sur des plants soudés depuis 3 ou 4 ans. Les racines qui poussent annuellement sur les souches de l'année mises sous terre ne prennent pas un très grand développement, parce qu'elles sont généralement détruites par le phylloxéra. Le provignage, dans les terres d'une haute teneur en calcaire soluble, ne peut d'ailleurs que favoriser l'adaptation. Dans les terres crayeuses des Charentes, les greffes sur Riparia restent vertes si on laisse quelques petites racines au greffon; celles qui naîtraient sur le greffon des vignes provignées et qui resteraient toujours faibles atténueraient la chlorose.

Les essais de provignage par couchage ou par marcottage simple qui ont été faits à l'Ermitage, à Côte-Rôtie et en divers points des Côtes-du-Rhône, démontrent la possibilité de l'opération avec les plants greffés. M. G. Foëx a fait pratiquer, à l'École d'agriculture de Montpellier, des provignages annuels avec des Pinots greffés sur Taylor. Les provignages, commencés en 1879, lorsque les vignes avaient un an de greffe, ont été continués depuis cette époque; les greffes conservent toujours leur même vigueur et il n'y a pas eu affranchissement; les radicelles, poussées sur le bois mis annuellement en terre, sont restées toujours peu vigoureuses et ont été détruites au bout d'un ou deux ans par le phylloxéra.

g. **Qualité des vins des vignes greffées.** — Nous croyons devoir examiner cette question ici plutôt qu'avec le greffage, car elle est pour nous d'ordre secondaire à ce point de vue.

Au début de la reconstitution par les vignes américaines, l'on a émis des idées bizarres sur l'influence qu'aurait le greffage des variétés américaines en vignes françaises. L'on soutenait, par exemple, que les variétés rouges ne pourraient pas être greffées sur variétés à fruits blancs (cas du Taylor), et surtout que les greffons français mis sur Labrusca, Candicans, Riparia, etc., donneraient des vins à goût foxé, acerbe ou âpre. Les nombreuses données contraires que l'on possédait sur cette question, tant en arboriculture qu'en agriculture, auraient dû infirmer cette opinion; les faits en ont démontré l'erreur.

Il est admis, sans conteste aujourd'hui, que les vins communs produits par les vignes greffées sont non seulement de qualité égale, mais de qualité sensiblement supérieure (au point de vue alcoolique surtout) aux vins de mêmes cépages non greffés. Cette supériorité est due, dans la plupart des cas, et nous en verrons la raison, à une maturité plus précoce.

Mais cette influence du greffage est discutée encore, quoique rarement, pour les vins de grands crus. L'on doute parfois que les vignes greffées donnent, dans les régions à grands vins, des qualités aussi parfaites que celles que l'on obtient ou que l'on obtenait avant la reconstitution par les porte-greffes résistants. Quelques personnes pensent, par exemple, que les vignes greffées exigent des fumures exagérées, que par suite la quantité de production est augmentée par ce fait, et la qualité indirectement diminuée. Nous avons dit à plusieurs reprises, et le fait est bien acquis, que certaines vignes américaines ne sont pas sensiblement plus exigeantes, au point de vue de la fertilité, que les vignes françaises. En outre, il est bien démontré aujourd'hui, par les nombreuses comparaisons qui ont été faites dans les vignobles à grands vins (Bourgogne, Beaujolais et Médoc), que la qualité des vins est égale, sinon supérieure, avec les vignes greffées à celle des vins de cépages francs de pied. Il est évident que pour tirer une déduction sérieuse des comparaisons, il faut tenir compte du fait que les vignes vieilles donnent des vins de qualité supérieure aux cépages jeunes. Une conclusion de ce genre n'a de valeur qu'autant qu'elle résulte de la comparaison de vins provenant de vignes d'âge égal, constituées avec le même cépage dans le même terrain et soumises aux mêmes procédés de culture.

On sait, et c'est là un fait classique, que le greffage améliore généralement la qualité; les variétés de poirier, de pêcher, de pommier, etc., greffés, donnent des fruits plus savoureux, plus sucrés, que lorsque ces arbres fruitiers sont francs de pied. Les vignes greffées ne peuvent pas faire exception à cette règle presque générale pour les autres plantes. Dans le Beaujolais, les vignes greffées depuis 8, 10 et 12 ans donnent, à âge égal, des vins de qualité égale et supérieure à ceux que l'on obtenait avant l'invasion phylloxérique. Dans le Blayais, les comparaisons ont été faites avec beaucoup de soin pour les vins de vignes greffées depuis 8 et 10 ans; les vins produits sont de haute qualité et ne le cèdent en rien aux vins obtenus précédemment. De même dans quelques vignobles à grands crus du Haut et du Bas-Médoc. Il en est ainsi dans les grands crus et dans les vignobles à grands vins du Saint-Émilionnais, du Libournais, de l'Ermitage, de Côte-Rôtie, des Côtes-du-Rhône, de Chateauneuf-du-Pape, de la Nerte, de Saint-Georges (Hérault), où les comparaisons ont été faites sur des vignes greffées depuis 5 à 16 ans. Partout, il n'y a pas d'exception, la qualité s'est maintenue, si elle n'a pas été supérieure.

Nous n'avons examiné ici les questions culturales que dans leurs rapports directs avec la reconstitution par les vignes américaines et avec l'adaptation. Quant à l'étude complète des procédés ordinaires de culture (taille, labours, mode et nature des fumures, maladies et leur traitement, etc.), nous renvoyons aux traités généraux sur ces matières et aux traités spéciaux pour les diverses régions viticoles de la France.

QUATRIÈME PARTIE

GREFFAGE ET PÉPINIÈRES

La greffe de la vigne est connue depuis la plus haute
antiquité; les agronomes latins nous ont laissé des indications très précises sur la manière de l'exécuter. On
opère encore de même aujourd'hui.

Dans nos vignobles, on l'a pratiquée de tout temps,
soit pour changer la nature des cépages, comme cela a été
fait dans le Languedoc quand, à la suite de la création
des grandes voies de communication, on a dû transformer
les vignes de Terret Bourret en Aramon; soit pour subs-
tituer des cépages plus fertiles aux variétés coulardes;
pour rajeunir les vieilles souches; pour hâter la mise à
fruits des variétés nouvelles; pour faire prospérer des
variétés faibles et délicates dans des terrains pauvres; et,
ainsi que cela se fait beaucoup aujourd'hui, pour multiplier rapidement les cépages rares.

Mais c'est surtout depuis l'emploi des vignes américaines pour la reconstitution du vignoble que la greffe
est devenue d'un usage général. En 1869, M. Laliman, au
Congrès de Beaune, puis M. Gaston Bazille, en montrè-
rent les premiers la haute importance. Actuellement,
c'est une opération culturale que tous les vignerons con-

naissent. Et sur les 700,000 hectares de vignes américaines cultivés en France, 600,000 au moins sont des vignes greffées.

I. — ANATOMIE ET PHYSIOLOGIE DE LA GREFFE

Nous ne voulons point faire ici une étude détaillée et complète de cette question. Son importance est cependant très grande. Si l'on connaissait exactement la manière dont les tissus de soudure s'unissent, les conditions qui favorisent ou qui entravent et leur formation et leur union, les phénomènes intimes qui se passent entre le sujet et le greffon, quand, tout en conservant leurs caractères propres, ils sont ainsi obligés de vivre en commun, il en résulterait sûrement des conséquences de la plus grande utilité, soit pour obtenir une meilleure reprise et de meilleures soudures, soit pour le choix, — quand le choix est possible, — du porte-greffe qui conviendrait le mieux à une vigne européenne donnée. Mais tout cela est encore peu connu. Nous nous bornerons donc à indiquer comment on peut, actuellement, comprendre les phénomènes du greffage.

a. **Tissu de soudure.** — Sur la section inférieure d'un greffon taillé à un ou deux yeux, et placé dans des conditions de chaleur et d'humidité convenables, apparaissent sur les bords, de même qu'à la base de toutes les boutures, de petites protubérances désignées sous le nom de *callus* (fig. 93) et qui ne sont que des amas de tissu cicatriciel. Elles sont d'autant plus nombreuses et plus développées qu'elles naissent plus près de la partie inférieure de la section ; et, sur une coupe oblique d'un gref-

fon taillé pour la greffe anglaise, c'est à l'extrémité inférieure du biseau qu'elles apparaissent tout d'abord ; à l'autre extrémité et sur le pourtour, elles se forment plus
tard. Elles sont destinées à recouvrir la
plaie faite par la section et à mettre à l'abri
des agents extérieurs (pourriture, etc.),
par une enveloppe de liège dont elles s'en-
tourent, les parties vivantes (couche génératrice, liber, écorce) du sarment. La
juxtaposition d'une autre section (celle du
porte-greffe) vient en modifier la destina-
tion.

Le bois n'est pour rien dans la formation du tissu cicatriciel : il reste toujours
tel quel, et ne subit aucune différencia-
tion. Son rôle est nul. Mais toutes les régions de l'écorce (liber) du sarment con-
tribuent à sa formation : les cellules qui
unissent les rayons médullaires aux faisceaux libériens, les assises des rayons
médullaires libériens, les cellules qui ac-
compagnent les tubes criblés du liber, les
tubes criblés eux-mêmes, et l'assise génératrice (les fibres libériennes et la couche extérieure de liège exceptées). Mais
le rôle principal, dans la formation du
callus, est dévolu à l'assise génératrice.
Le mécanisme de cette formation est le
suivant :

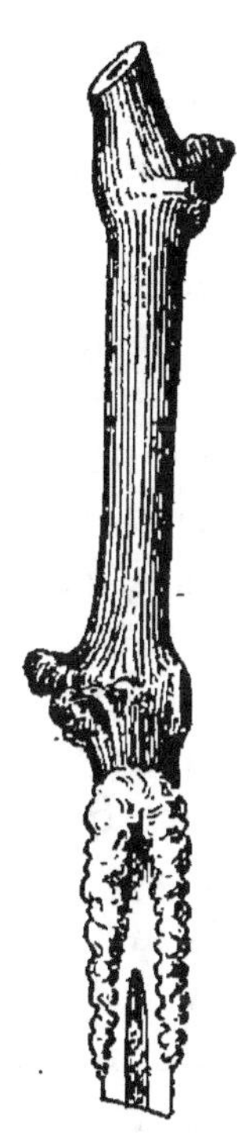

Fig. 93. — Cal-
lus ou tissu
de soudure sur
greffon taillé
en coin pour
la greffe en
fente.

Les cellules qui sont en contact immédiat avec la surface de la section et qui appartiennent aux régions que
nous venons d'indiquer deviennent plus actives ; elles se
divisent, se multiplient et s'allongent perpendiculaire-
ment, ou à peu près, à la surface de la coupe. Les cellu-

les libériennes et le liber mou se transforment en cellules plus molles à parois minces et non lignifiées; elles se divisent et se multiplient, et, réunies à celles qui sont issues de l'activité de la couche génératrice, elles constituent les bourrelets de tissu cicatriciel. Bientôt les cellules extérieures, c'est-à-dire les plus âgées, se subérifient, et, en une ou plusieurs assises, elles forment l'enveloppe protectrice de liège plus ou moins résistante qui entoure complètement chaque protubérance, et qui se relie parfois à l'enveloppe de liège du sarment.

Sur la section supérieure du porte-greffe, les mêmes phénomènes se passent; mais ils apparaissent moins nettement et beaucoup plus tard. C'est que le sarment (comme aussi la plante tout entière) n'a, si nous pouvons dire, aucune tendance à recouvrir les plaies situées à son extrémité supérieure. La section terminale d'un sarment attenant à la souche ne se recouvre jamais de callus : la surface de la coupe se dessèche sur une longueur variable, ses canaux se bouchent par de la gomme, etc..., mais jamais les cellules vivantes ne se cloisonnent pour produire soit du liège, soit tout autre tissu. Chacun a vu, d'ailleurs, que les boutures stratifiées dans du sable frais ou dans la terre forment des bourrelets surtout à leur base; leur extrémité supérieure n'en porte que rarement. Ce n'est généralement que lorsqu'on la met en contact avec une autre section que le tissu cicatriciel se forme plus abondamment, encore n'atteint-il jamais un très grand développement. En tous cas, il se produit de la même manière que sur le greffon ou à la base d'une bouture, et aux dépens des mêmes régions de tissus.

Si l'on pratique une entaille le long du sarment, le tissu cicatriciel se forme d'abord vers le haut de la section, puis latéralement et, en dernier lieu, à la partie inférieure; en somme, il se forme surtout sur les sections de l'écorce tournées vers le bas, puis sur les bords latéraux, plus tard et difficilement sur les bords de la section tournés vers le haut. Une fente longitudinale pratiquée de haut en bas, à partir de l'extrémité supérieure d'un sarment coupé transversalement (tel un sujet préparé pour la greffe en fente), forme du tissu cicatriciel sur les bords latéraux, pas, ou presque pas, sur la section transversale d'où part la fente. Sur les sections obliques terminales (cas d'un sujet préparé pour la greffe anglaise), le tissu cicatriciel apparaît presque aussi difficilement que sur une section transversale supérieure.

Enfin, le tissu cicatriciel se forme en plus grande quantité dans le voisinage d'un nœud que sur le mérithalle.

Ce sont ces protubérances de tissu cicatriciel qui, mises en contact les unes avec les autres par la juxtaposition de la section du greffon à celle du sujet, se soudent. Plus elles sont jeunes au moment où elles se réunissent, c'est-à-dire moins leurs cellules externes sont subérifiées, mieux la soudure se fait; il en résulte que les diverses régions de l'écorce doivent être le plus rapprochées possible. Les cellules qui dérivent directement de l'activité génératrice se soudent; une de leurs assises se transforme, devient génératrice, et raccorde l'assise génératrice du sujet à celle du greffon. A partir de ce moment, le plant greffé s'accroît normalement; au point de soudure, comme plus haut et plus bas, il se produit, à la manière ordinaire, du bois en dedans, du liber en dehors. Les cellules qui proviennent des autres régions du liber ou de l'écorce se soudent aussi les unes avec les autres, puis se transforment de manière à reconstituer les tissus dont elles sont dérivées.

Si les bourrelets ne se mettent en contact que quand ils sont plus âgés, la soudure se fait moins bien; elle se produit cependant, et comme il a été dit, mais après que les assises extérieures, devenues dures et subéreuses, se sont rajeunies et transformées.

Les tissus qui dérivent de l'activité de la nouvelle assise génératrice se différencient de manière à constituer soit les faisceaux libéro-ligneux, soit les rayons médullaires, etc., qui se relient au faisceaux libéro-ligneux, aux rayons médullaires, etc. correspondants du greffon et du sujet. Toutefois, il se produit des anastomoses plus ou moins nombreuses disposées en manière de réseau; au point de soudure, les faisceaux sont enchevêtrés. Les canaux du bois et du liber, formés au point de soudure, sont par suite en communication directe avec ceux du greffon et du sujet qu'ils raccordent, et, dès lors, la circulation des liquides séveux se fait presque comme si la plante n'était pas greffée.

Si des régions de l'écorce autres que l'assise génératrice interviennent dans la constitution de la soudure, son rôle à elle n'en est pas moins le plus considérable; il est toujours nécessaire qu'elle existe dans les tissus de soudure, afin de former à l'intérieur le bois qui est la partie résistante de la tige, à l'extérieur le liber. Les soudures par le liber seul, et qui peuvent exister, n'ont jamais qu'une durée très restreinte, à moins qu'une assise génératrice ne s'y forme et ne se raccorde à celles du greffon et du sujet; on sait, en effet, que, chaque année, le liber de l'année précédente est toujours exfolié et qu'il se détache du cep en lanières plus ou moins épaisses qui constituent ce que les vignerons appellent l'écorce.

Tel est, en gros, le mécanisme de la soudure.

Dans tout ce qui précède, nous avons supposé que le sujet était une tige ou un fragment de tige plus ou moins âgée. On peut aussi prendre comme sujet une racine ou une portion de racine assez grosse. Les grosses racines de la vigne ont (sauf quelques bandes de fibres libériennes en moins) sensiblement la même structure qu'un sarment de un, deux ou trois ans. La soudure se produit donc de la même manière.

Le tissu cicatriciel ou de soudure ne se forme pas également bien chez toutes les variétés de vignes, qu'elles soient employées comme greffon ou comme porte-greffe. Il en est de même, d'ailleurs, pour de nombreuses plantes. Les unes ne forment pas ou presque pas de callus; les autres en forment beaucoup. Chez les diverses variétés de vignes on a pu faire les mêmes constatations : chez les unes, et ce sont celles-là qui donnent le plus de reprises à la greffe, production facile et abondante de callus (Berlandieri, Cinerea, Rupestris du Lot, Vialla, Cabernet-Sauvignon); chez les autres (Solonis, Folle blanche), production lente et toujours faible du même tissu; ces dernières, évidemment, se soudent moins bien.

Mais indépendamment de la nature de chaque variété, la formation du tissu de soudure est encore soumise à l'influence de certaines circonstances extérieures. D'après M. Millardet, c'est à la température de 20° qu'il se produit le plus rapidement. D'après de récentes études de M. Gouirand, c'est au contraire vers 30° et 35°; au delà, la greffe souffre. Entre 15° et 20° sa formation est très lente. Ce qui lui est nécessaire, c'est une chaleur assez forte et toujours égale; ce sont les greffons enfouis dans une terre légère, à une profondeur suffisante, par exemple dans de la terre de bruyère sur couche chaude, et où, par suite, la température ne subit que de faibles variations, qui portent les plus gros bourrelets.

Le degré d'humidité du sol a aussi une influence très grande. Que l'on mette dans l'eau, plongeant par leur partie inférieure, des boutures ou même des greffons, il ne se produira jamais de tissu cicatriciel. Les greffons mis dans du sable, maintenu très humide par des arrosages fréquents, développent leurs bourgeons, mais ne forment pas ou presque pas de callus. C'est ce qui se produit fréquemment chez les greffes mises en stratification dans de la mousse trop humide. Dans du sable plus sec mais frais, ils produisent, au contraire, d'énormes bourrelets : une humidité exagérée autour de la section arrête donc la formation du tissu de soudure ; et c'est dans du sable contenant de 5 à 10 % d'eau, qu'elle se produit le plus facilement.

Par contre, l'aération en active considérablement le développement. Les cellules en voie de croissance très rapide respirent abondamment ; il leur faut donc un milieu très aéré et riche en oxygène. Ce qui le montre, c'est que les boutures enfoncées profondément dans une terre compacte ne forment pas de callus à leur base ; et c'est sans doute un peu pour cette cause que les greffes, dans les terres compactes, réussissent assez mal. Quand on entoure le point de soudure du sujet et du greffon juxtaposés par un tube de caoutchouc imperméable à l'air, le greffon pousse parfois pendant assez longtemps, mais la production des tissus de soudure n'a pas lieu.

b. **Effets du Greffage**. — «**Affinité**». — Les tissus du sujet communiquant librement avec ceux du greffon, que se passe-t-il à partir de ce moment? Que résulte-t-il, pour le greffon, d'être porté sur des racines qui ne sont pas les siennes, et pour le sujet d'avoir d'autres tiges, d'autres branches, d'autres feuilles?....

Ce que l'on constate dans la grande généralité des cas (excepté toutefois lorsque les variétés greffées sont identiques), c'est un affaiblissement à peu près constant du cep greffé; c'est aussi, et surtout chez les cépages où cet affaiblissement est le plus marqué, une surfructification, une naissance plus nombreuse de grappes, qui sont plus nourries, à grains plus gros, plus juteux et aussi fréquemment plus sucrés, une maturation plus hâtive, pas ou presque pas de coulure; c'est une diminution dans la vigueur du système radiculaire et une plus grande sensibilité au phylloxéra, à la chlorose; c'est enfin, fréquemment, l'apparition d'un bourrelet plus ou moins volumineux au point de soudure....

Chez d'autres plantes que la vigne, M. Lucien Daniel a constaté des effets plus accentués. Le sujet agit sur le greffon et le greffon sur le sujet pour en modifier d'une manière réciproque et les propriétés physiologiques et la structure anatomique. Mais cela est fort rare. M. Strasburger a déjà signalé le passage de l'atropine dans le sujet chez une greffe d'atropa sur pomme de terre. M. Daniel a aussi constaté un changement de saveur dû à la greffe. L'exemple le plus net est celui du chou de Milan qui, greffé sur chou navet, a acquis une odeur prononcée de navet. On sait aussi que les cerises ont un goût différent selon qu'elles proviennent de cerisiers greffés sur mahaleb ou sur merisier sauvage. Enfin, tout récemment, d'après une communication à la Société nationale d'agriculture, un horticulteur serait parvenu à obtenir par la greffe, une nouvelle variété de pommes de terre. L'expérience a été faite avec la *Richter imperator*, qui a servi de sujet; le greffon était une autre variété. Les tubercules que la *Richter imperator* a produits dans ces conditions étaient plus petits que ceux des plantes non greffées; semés à leur tour, ils ont fini par acquérir un volume convenable au bout de la 2ᵉ ou 3ᵉ génération; et leur goût était bien différent du goût habituel des tubercules de Richter.

Ce dernier exemple montre que la greffe peut servir à l'obtention de nouvelles variétés. Et M. Lucien Daniel vient, par ce procédé, de doter la culture d'une variété de choux fourrager. Pour atteindre ce résultat il est parti de ce principe qu'il a établi, que les graines fournies par un greffon posé sur des sujets variés donnent souvent naissance à des plantes qui, à des degrés divers, participent à la fois du greffon et du sujet qui l'a nourri.

La greffe, dans certains cas, aurait donc une action analogue à celle de l'hybridation. Mais ces faits sont contredits par Warming. Chez la vigne on n'a jamais obtenu rien de semblable. Les raisins des vignes greffées sur Labrusca, Clinton, Taylor, etc., ont le même goût que ceux qui proviennent de vignes greffées sur Jacquez ou sur elles-mêmes, ou même des vignes non greffées.

Ces effets de la greffe sont semblables aux effets de l'incision annulaire. On sait que les arbres ou les branches incisés sont plus fertiles, coulent moins, mûrissent plus hâtivement leurs fruits qui sont plus gros... que les arbres ou les branches non incisés; et l'on n'a pas manqué d'assimiler la greffe à l'incision annulaire. En réalité, leurs modes d'action sont bien différents. L'incision annulaire agit tant que les tissus qui la bordent ne se sont pas soudés; elle n'augmente la fertilité qu'autant que la communication des tissus de l'écorce de la branche et de l'arbre est interrompue. Mais dès que les tissus se sont rejoints et soudés, dès que le liber du dessus communique avec le liber du dessous, tout cela disparaît : l'arbre ou la branche cessent d'être plus fertiles, de donner plus hâtivement des fruits plus sucrés...; à partir de ce moment, ils fonctionnent normalement. Avec la greffe, rien de semblable, excepté peut-être la première ou la deuxième année du greffage. Tant que la soudure n'est pas complète, elle peut, en effet, être comparée à une incision annulaire partielle, ou mieux à une blessure quelconque. Mais dès que la soudure est complète, que tous les tissus du greffon sont en communication avec ceux du sujet, il n'y a plus rien de commun entre l'incision et la greffe.

A notre avis, les choses ne se passent pas ainsi. Les effets du greffage ne sont pas la résultante d'une action mécanique, ils ne sont pas dus à l'opération de la greffe elle-même ; mais ils sont la conséquence des conditions nouvelles dans lesquelles se développe désormais la plante greffée ; et, par suite, leur cause est plutôt d'ordre physiologique.

Il semble qu'il existe, en effet, si nous pouvons nous exprimer ainsi, une harmonie parfaite entre les divers organes d'une même plante. Chacun d'eux contribue à l'accroissement des autres dans les meilleures conditions possibles. La greffe rompt cette harmonie. La nouvelle tige fonctionne différemment de celle à laquelle elle a été substituée, les matières qu'elle élabore ne sont plus celles qui conviennent au sujet ; et ce dernier, placé désormais dans de moins bonnes conditions, se développe moins, souffre et s'affaiblit (1). Les troubles qui

(1) M. Lucien Daniel (C. R., 21 septembre 1891) est arrivé aux mêmes conclusions pour des plantes autres que la vigne :

« Il paraît bizarre, dit-il, de voir des plantes également voisines du genre Taraxacum, comme les Barkansia, Laitue et Chicorée, se comporter différemment : la première se greffant avec plein succès, les secondes prenant d'abord très bien, puis dépérissant si l'on supprime leurs racines adventives.

« L'étude anatomique peut expliquer cette anomalie. Les racines du pissenlit sont gorgées d'inuline ; cette substance passe au travers des membranes du Barkansia qui se l'assimile, ainsi que l'on peut s'en rendre compte par des coupes transversales et longitudinales de la greffe : sujet et greffon possèdent tous deux de l'inuline.

« Mais l'inuline ne peut pénétrer dans les greffons de laitue et de chicorée ; ces greffons n'en présentent pas trace. Dès lors, ils languissent et meurent, s'ils ne peuvent trouver une nourriture supplémentaire à

se manifestent après le greffage sont donc la conséquence des différences internes ou externes ou, si l'on préfère, des différences physiologiques individuelles qui existent entre le sujet et le greffon. Ils ne doivent donc se produire qu'entre variétés différentes les unes des autres, jamais dans le cas d'une variété greffée sur elle-même. Et il en est bien ainsi. La Folle blanche, greffée sur elle-même dans les terrains où son adaptation est la plus difficile, se comporte absolument comme si elle était franche de pied : pas plus de chlorose après le greffage qu'avant, développement aussi considérable et fructification absolument semblable. Donc, plus deux vignes greffées offriront d'analogie dans leurs fonctions et leur mode de vivre, moins les effets du greffage seront marqués. Par contre, plus leurs différences seront grandes, plus ces effets seront considérables. La greffe de nos vignes françaises, ainsi qu'il a été dit, réussit sur les variérés et espèces de la section Muscadinia; mais le greffon se nourrit mal et meurt au bout de peu de temps; de même sur les Ampelopsis, Cissus, etc... Sur le Riparia, etc..., dont les fonctions physiologiques

l'aide de leurs racines adventives. Ce fait n'est certainement pas isolé. On conçoit que les membranes d'un greffon puissent être imperméables à un certain nombre de substances élaborées par le sujet, tout comme celles des laitues et des chicorées le sont pour l'inuline. L'insuccès de beaucoup de greffes peut alors s'expliquer facilement par un phénomène de nutrition insuffisante, sans qu'il soit besoin de recourir à des affinités problématiques entre genres ou espèces d'un même genre. »

Ce que M. Lucien Daniel dit du sujet est encore plus vrai, surtout pour la vigne, du greffon. C'est parce que les matières qu'il élabore ne peuvent être assimilées par le sujet, que ce dernier reste faible et que son affaiblissement entraîne le dépérissement de la plante tout entière. Mais ces matières ne sont-elles pas assimilées uniquement parce que les membranes du sujet (ou, pour le cas inverse, du greffon) ne les laissent pas passer? S'il en est ainsi, c'est apparemment qu'*avant* le greffage elles n'entraient pour rien dans la nutrition du sujet, et, qu'*après,* elles ne lui conviennent pas davantage.

sont encore si différentes de celles de nos vignes qu'il porte, les phénomènes que nous avons signalés sont encore très marqués; ils sont beaucoup moindres sur d'autres porte-greffes qui, pour des raisons diverses, se rapprochent plus de nos vignes françaises; et c'est pourquoi, ainsi que nous l'avons établi dans la deuxième partie, ils sont aussi plus atténués avec les porte-greffes franco-américains.

Il est assez difficile de bien apprécier les différences d'affinités que présentent les porte-greffes américains pour un même greffon; on ne sait jamais au juste si les différences de végétation qu'on peut constater ne sont pas dues à des propriétés d'adaptation aux sols plutôt qu'à une action réciproque du sujet et du greffon. On peut, pour s'en rendre compte, étudier la composition chimique des vignes greffées. Celles qui souffrent le moins du greffage sont évidemment celles dont la composition se rapproche le plus de celles des vignes non greffées. La Folle blanche greffée sur elle-même ne diffère pas à ce point de vue de la Folle blanche non greffée. Il y a plus d'azote et moins d'amidon au-dessus de la soudure qu'au-dessous, comme dans les vignes franches de pied il y a plus d'azote et moins d'amidon au-dessus du collet qu'au-dessous. Chez les vignes greffées sur américain pur, c'est l'inverse qui se produit. Les franco-américains greffés ont une composition semblable à celle des vignes greffées sur elles-mêmes ou non greffées. C'est là une preuve indirecte de leur plus grande affinité pour les vignes européennes.

Les différents porte-greffes américains usités jusqu'à ce jour présentent donc dans leurs « affinités » avec les variétés du V. Vinifera, considérés ici dans leur ensemble, des différences assez considérables; elles ont été indiquées à propos de chacun d'eux et nous n'avons pas à y revenir. Cependant, on remarquera que les cépages issus du V. Labrusca ont pour nos vignes une « affinité » assez grande. Le Vialla, le Taylor, le Noah, l'York Madeira même, abstraction faite de leur résistance au phylloxéra et de leurs facultés d'adaptation au sol, se comportent fort bien avec nos variétés françaises et paraissent peu souffrir du greffage; le Labrusca a, en effet, une certaine analogie, dans son développement, avec le V. Vinifera.

Mais les diverses variétés françaises ne se comportent pas toutes de la même façon sur un même porte-greffe américain; les unes sont très vigoureuses, les autres restent faibles. Le tableau N° 1 rend bien compte de ces différences.

Les notes consacrées à chaque porte-greffe doivent être lues dans le sens vertical, et non transversalement; elles indiquent seulement comment les différentes vignes européennes expérimentées se comportent sur un même porte-greffe; elles ne permettent pas de comparer les « affinités » des différents porte-greffes, puisque la végétation de ceux-ci, représentée par des chiffres, est non seulement le résultat de leur « affinité » avec les vignes qu'ils portent, mais encore des effets du phylloxéra et de l'influence du sol.

Les tableaux N° 2, N° 3 et N° 4, résumés dans les tableaux N° 5 et N° 6, qui nous ont été communiqués par M. E. Durand, professeur à l'École d'agriculture de Montpellier, donnent des indications sur les différences comparatives de fructification de deux cépages français, l'Aramon et la Carignane, greffés sur divers porte-greffes américains. Le tableau N° 7 exprime les circonférences comparées du greffon et du sujet. Nous n'insisterons pas sur ces différences; les chiffres les montrent nettement; remarquons toutefois que les

(N° 1)   EXPÉRIENCE SUR L'AFFINITÉ AU GREFFAGE

FAITE A L'ÉCOLE NATIONALE D'AGRICULTURE DE MONTPELLIER (VIGNE DE LA CONDAMINE)

(Age des porte-greffes : 15 ans — des greffons : 14 ans).

GREFFONS	PORTE-GREFFES								
	RIPARIA glabre	RIPARIA tomenteux	CLINTON	SOLONIS	YORK	RUPES-TRIS	VIALLA	TAYLOR	ELVIRA
Aramon............	12	17	8	20	5	19	13	20	8
Carignane..........	17	18	9	16	7	20	16	20	9
Cinsaut............	9	17	12	15	3	19	12	18	7
Alicante-Bouschet...	17	16	12	14	7	20	15	20	9
Petit-Bouschet......	18	20	15	20	6	20	16	19	11
Clairette...........	20	20	11	12	13	20	14	18	10
Folle-Blanche.......	17	18	10	18	8	19	18	20	15
Pinot..............	13	18	12	19	9	14	17	16	5
Pulsard	18	19	14	14	11	15	15	13	3
Cabernet franc......	20	20	14	20	17	20	20	18	11
Cabernet-Sauvignon.	20	20	9	18	18	20	13	20	7
Gamay.............	15	14	9	16	2	16	14	14	5
Espar.............	12	15	8	15	4	16	16	16	2
Syrah.............	20	20	14	20	13	18	16	20	11
Grenache	19	20	16	17	11	20	16	19	12
Bobal.............	18	20	18	20	10	20	15	20	8
Terret-Bouschet.....	14	15	10	15	6	20	14	16	12

FAITES A LAS SORRES, EN 1880 SUR DIVERS CÉPAGES AMÉRICAINS PLANTÉS EN 1879.

PORTE-GREFFES PLANTÉS EN 1879	POIDS MOYEN DES RAISINS D'UNE GREFFE D'ARAMON											
	1884 (5 ans)	1885 (6 ans)	1886 (7 ans)	1887 (8 ans)	1888 (9 ans)	1889 (10 ans)	1890 (11 ans)	1891 (12 ans)	1892 (13 ans)	1893 (14 ans)	1894 (15 ans)	1895 (16 ans)
	kilos	kilos	kilos	kilos	kilos	kilos	kilos	kilos	kilos	kilos	kilos	kilos
Riparia Bazille......	3.124	2.312	1.580	1.133	3.750	6.200	3.625	3.300	4.500	5.800	4.250	4 »
Riparia de Las Sorres.	6.546	5.069	3.013	2.120	8.666	12 »	10.270	5.600	8.400	8.900	7 »	6.100
Riparia dés Pallières.	4.525	3.366	4.300	2.525	7.250	12 »	10 »	5 »	7.600	9.750	6.500	6.100
Clinton-Vialla.......	1.403	1.240	0.950	0.863	2 »	6.500	5 »	2.650	3.500	4.100	3.500	2.900
Franklin............	3.366	2.116	1 »	0.920	2.330	7.500	6.800	3.500	3.800	5.800	5 »	3.500
Solonis.............	6.635	4.672	3.046	1.800	6.350	8.300	10.550	4.350	7.050	9.200	6.700	4.700
Vitis Berlandieri....	4.450	3.750	3.400	3.500	6 »	17 »	11.500	7.500	9.750	11.500	8.500	9.500
York Madeira.......	5.272	2.627	1.435	1.536	5 »	5.500	4.820	2.300	3.600	3.700	2.600	2.200
Clinton.............	3.073	1.589	1.113	0.780	4.300	7 »	6.300	3 »	4.300	5.700	4.600	2.700
Taylor..............	4.416	1.016	2.124	0·987	5.910	6.500	7.250	3.750	5.300	8.100	5.300	3.300
Elvira..............	2.075	0.162	0.643	0.575	3.875	5 »	3.125	1.500	2.500	3.750	2.400	1.300
Alvey..............	2.100	0.862	1.212	0.712	4.850	7.100	4 »	1.800	3 »	6.700	4.400	2.200
Black-July...........	2.037	0.749	0.980	0.837	3.375	7 »	6.750	2.800	3.250	5.750	4 300	2.200
Rulander............	0.740	0.445	0.437	0.318	1.710	2.500	2.850	1.400	1.700	2.850	»	»
Cunningham........	3.180	2.663	2.410	1.300	5 »	9.200	10.770	5.200	6 »	9 »	5.500	5.400
Jacquez	3.314	2.753	2.615	1.723	6 »	7 »	5.770	4.350	4.800	6.250	4.800	3.600

GREFFES DE CARIGNANE

FAITES A LAS SORRES, EN 1880 SUR DIVERS CÉPAGES AMÉRICAINS PLANTÉS EN 1879.

PORTE-GREFFES PLANTÉS EN 1879.	POIDS MOYEN DES RAISINS D'UNE GREFFE DE CARIGNANE											
	1884 (5 ans)	1885 (6 ans)	1886 (7 ans)	1887 (8 ans)	1888 (9 ans)	1889 (10 ans)	1890 (11 ans)	1891 (12 ans)	1892 (13 ans)	1893 (14 ans)	1894 (15 ans)	1895 (16 ans)
	kilos	kilos	kilos	kilos	kilos	kilos	kilos	kilos	kilos	kilos	kilos	kilos
Riparia Bazille	0.833	0.905	0.770	1.220	3 »	4.400	3.600	3.600	4 »	6 »	3.650	3 »
Riparia de Las Sorres	5.108	1.220	1.819	2.612	8.272	7.100	9.635	5.650	6.800	7.800	6.400	4.400
Riparia des Pallières	4.600	1.600	2.800	3.666	7.666	6.666	13.660	5 »	6.600	9.300	7 »	6 »
Clinton-Vialla	0.950	0.245	0.312	0.875	3.750	2.750	6.625	3.750	3.250	4.700	4.100	3 »
Franklin	1.162	1.050	0.400	0.275	3.500	3.100	3 »	3.375	3 »	4.600	2.300	1.300
Solonis	3.480	1.789	3.256	2.399	6.700	3.700	9.700	4.300	5.800	8.200	6.200	3.600
Vitis Berlandieri	7 »	4 »	4.500	6 »	10 »	8 »	13 »	6 »	11 »	10.500	7 » 1	7 »
York-Madeira	3.389	1.078	2.063	2.105	1.200	4.700	5.200	2.800	3.775	3.400	2.800	2.200
Clinton	2.139	0.729	0.538	0.550	» 1	4.500	7.330	3.200	4 »	4.800	4.100	2.200
Taylor	2.090	0.900	0.976	1.100	4.250	6.500	7 »	3.540	5.100	7 »	5.300	3 »
Elvira	0.925	0.637	0.306	0.412	3.750	3.750	3.430	2.130	2.500	3.700	2.800	1.500
Alvey	1.900	1.143	0.636	1.200	4.500	3.750	4.875	2.900	2.700	5.500	4.700	2.450
Black-July	1.933	0.400	0.725	0.566	3 »	5.800	3.250	3.100	1.100	5 »	4.600	1.750
Rulander	0.616	0.532	0.419	0.106	3.200	1.550	1.625	2.200	2.400	2 »	»	»
Cunningham	1.926	0.985	.363	0.900	2.354	4.550	5.190	4.720	4.600	7.200	4.500	2.700
Jacquez	2.033	1.075	1.616	1.866	4 »	5.450	5.725	4 »	5.500	3.800	4.450	2.100

greffes sur Berlandieri sont les plus fructifères et que
ce cépage ne montre pas de différence de grosseur entre
le sujet et le greffon.

(N° 4)   GREFFES D'ARAMON ET DE CARIGNANE

FAITES A LAS SORRES, EN 1890 ET 1891 SUR DIVERS CÉPAGES

AMÉRICAINS PLANTÉS EN 1889.

(*Poids comparatifs des raisins par cep.*)

NOMS des PORTE-GREFFES	ARAMON			CARIGNANE		
	1893	1894	1895	1893	1894	1895
	kilos	kilos	kilos	kilos	kilos	kilos
Vitis Berlandieri......	5.600	6.200	5.600	5.800	5.600	2 »
Riparia Gloire........	5 »	5.100	3.500	5 »	4.800	1.500
Rupestris Martin......	4.400	6.200	3.400	2.800	4.600	1 »

(N° 5)   FRUCTIFICATION COMPARÉE

DU BERLANDIERI ET D'AUTRES PORTE-GREFFES.

PORTE-GREFFES	ARAMON		CARIGNANE	
	Total des 12 années pour un cep.	Moyenne des 12 années pour un cep.	Total des 12 années pour un cep.	Moyenne des 12 années pour un cep.
	kilos	kilos	kilos	kilos
Berlandieri	96.350	8.030	94 »	7.833
Riparia de Las Sorres.	83.675	6.956	62.906	5.242
Riparia des Pallières..	78.916	6.576	74.558	6.213
Solonis...............	73.300	6.191	61.124	5.093
Jacquez...............	52.975	4.414	42.665	3.555
Vialla................	34.600	2.883	35.307	2.942

(N° 6)   FRUCTIFICATION COMPARÉE

DU BERLANDIERI, DU RIPARIA GLOIRE ET DU RUPESTRIS MARTIN.

PORTE-GREFFES	ARAMON		CARIGNANE	
	Total des 3 années pour un cep.	Moyenne des 3 années pour un cep.	Total des 3 années pour un cep.	Moyenne des 3 années pour un cep.
	kilos	kilos	kilos	kilos
Berlandieri............	15.400	5.133	13.400	4.466
Riparia Gloire........	13.600	4.533	11.300	3.766
Rupestris Martin......	14 »	4.666	8.400	2.800

(N° 7)   CIRCONFÉRENCES COMPARÉES

DU GREFFON ET DU SUJET SUR DIVERS PORTE-GREFFES.

PORTE-GREFFES.	Aramon		Aramon		Carignane		Carignane	
	Porte-greffes.	Greffons.	Porte-greffes.	Greffons.	Porte-greffes.	Greffons.	Porte-greffes.	Greffons.
Greffes de 16 ans.	cent.	cent.	cent.	cent.	cent.	cent.	cent.	cent.
Berlandieri..........	30.0	26.5	17.5	16.0	18.0	20.0	»	»
Riparia des Pallières.	15.5	21.0	»	»	12.5	15.0	»	»
Riparia de Las Sorres.	17.0	18.5	»	»	15.0	15.0	»	»
Riparia Bazille.......	»	11.0	»	»	11.0	14.0	»	»
Greffes de 6 ans.								
Berlandieri..........	11.5	11.5	12.5	12.5	15.0	14.5	14.5	14.0
Riparia Gloire........	12.5	11.75	9.0	10 0	9.5	13.0	8.0	14.5
Rupestris Martin.....	11.5	12.5	10.5	12.5	12.0	12.5	14.0	13.0

Outre les indications contenues dans ces tableaux, chacun peut en recueillir d'autres dans le vignoble. Dans

le midi de la France, le Cinsaut vient mal sur Riparia, il
reste faible; la Carignane vient mieux que l'Aramon sur
Jacquez et Riparia. L'Aramon a une affinité moyenne
pour les porte-greffes américains; il laisse peu à désirer
sur Rupestris. La Clairette est une des vignes qui souffrent le moins du greffage. Elle reste verte dans des sols
calcaires où d'autres variétés meurent de la chlorose; on
a même cité ce fait que greffée, sur Herbemont, elle a
atténué la chlorose de cette vigne. Cela peut être, sans
que cependant ce résultat puisse être sûrement attribué
à l'affinité du greffon pour le sujet. L'Alicante-Bouschet
est une vigne qui vieillit vite, tout comme l'Alicante
dont elle est issue; le Petit-Bouschet lui est supérieur.
L'Espar vient mal greffé, surtout sur Riparia; il est
meilleur sur Rupestris. Il est très sensible à la chlorose
dans les sols calcaires, et dans les Charentes où il est
très répandu, on a dû renoncer à le cultiver partout où
l'on redoute la chlorose. Le Grenache a une affinité
moyenne. Les Terrets (Terret noir, Terret gris,
Terret-Bouschet), sont plutôt peu vigoureux greffés et
assez sensibles à la chlorose. L'Aramon-Teinturier-Bous-
chet réussit encore moins bien; il se rabougrit rapidement. Le Morrastel souffre peu du greffage. L'Ugni
blanc ou Saint-Émilion des Charentes se maintient
vigoureux, mais il jaunit autant que la Folle blanche.
Les Muscats se comportent bien après la greffe, ainsi
que le Colombeau ou Saint-Pierre, les Picquepouls
et le Grand Noir de la Calmette.

Le Cabernet-Sauvignon se maintient vigoureux greffé, quoiqu'il soit assez sensible à la chlorose. Il en est
de même du Cabernet franc, de la Carmenère, du Verdot,
du Saint-Macaire. Le Malbec est plus sensible à la chlorose que le Cabernet.

Le Merlot souffre peu de la chlorose; on pourrait

presque dire qu'il améliore la végétation du sujet, si ce fait avait été suffisamment contrôlé. Greffé sur Vialla, il reste vert greffé où le sujet franc de pied était chlorosé. Dans le Saint-Émilionnais, on le cultive dans les sols calcaires où le Cabernet et le Malbec souffrent de la chlorose. Le Castets laisse beaucoup à désirer sur Riparia. Au début, il se développe normalement, mais bientôt ses greffes se rabougrissent, poussent en ortille, portent des sarments noués très court et des feuilles laciniées peu développées. Cela ne se produit pas dans les terrains profonds et riches très favorables au Riparia; mais dans les terrains maigres et calcaires, on observe souvent le rabougrissement du Castets. C'est surtout au printemps qu'il se manifeste; il a pour conséquence une coulure complète. En juin ou juillet, la végétation reprend son allure normale, de sorte que les greffes de Castets ont, en août et septembre, un aspect tout particulier : à la base, des sarments à mérithalles courts, à feuilles laciniées; plus haut, feuilles et mérithalles ont un développement normal. — Le Grappu est beau sur Riparia et Jacquez; d'après M. Girard, le Béquignol, le Quésan doivent être également placés au premier rang. Le Sauvignon et la Muscadelle s'allient bien avec les porte-greffes américains; le Sémillion est moins bon.

La Folle blanche a une végétation moyenne greffée; elle souffre assez du greffage, moins cependant que le Balzac ou Mourvédre; placée à côté du Merlot, elle jaunit où ce cépage reste vert. Le Jurançon blanc jaunit encore plus, il est en outre peu vigoureux. Le Saint-Émilion est vigoureux, il jaunit à peu près comme la Folle. Le Blanc Ramé vient bien greffé. Le Blanc-Limouzin est très vigoureux et craint peu la chlorose; il s'allie mal au Solonis, sur lequel, au printemps, il pousse en ortille, et se rabougrit comme le Castets. Le

Saint-Pierre reste vigoureux et peu sensible à la chlorose. Le Colombard jaunit un peu moins que la Folle,
mais il reverdit beaucoup plus vite ; il est aussi beaucoup plus vigoureux, et l'on peut le cultiver dans les
sols maigres ; il vient bien sur Riparia. Le Petit noir,
plutôt peu vigoureux, jaunit peu après greffage. Le
Balzac est très sensible à la chlorose. Le Saint-Rabier
est un peu moins vigoureux que le Malbec.

Le Muscadet de la Loire-Inférieure porte de belles
greffes régulières et assez fructifères sur Solonis, Jacquez et Riparia, il jaunit peu. Le Chenin noir est un
bôn greffon ainsi que le Chenin blanc.

Le Pinot serait plus sensible à la chlorose que le
Gamay. Le Gamay noir est une vigne peu vigoureuse
non greffée, elle est toujours peu.développée et dépérit
vite, mais elle ne craint pas beaucoup la chlorose. Le
Gamay blanc reste aussi vert. Le Pulsard est plutôt
peu vigoureux greffé. L'Enfariné reste vigoureux et.vert.

La Syrah prend un très grand développement greffée.
C'est une des vignes qui souffrent le moins du greffage ;
elle s'allie fort bien au Riparia. La Mondeuse est vigoureuse greffée, mais elle est assez sensible à la chlorose.
L'Etraire, le Persan, le Durif, le Corbeau s'allient bien
aux porte-greffes américains, ainsi que la Roussanne.
La Marsanne, le Mornin noir, le Viognier laissent
plus à désirer. Citons encore parmi les vignes qui ne
redoutent pas la greffe, le Rosaki, le Sultanieh, le
Sainte-Marie, etc.

Si l'affaiblissement du cep, à la suite du greffage, est
le cas le plus fréquent, l'effet inverse paraît se produire
quelquefois. On a vu des ceps faibles, chlorosés, rede-
venir vigoureux après le greffage. L'Herbemont, qui
jaunit si vite dans les terrains calcaires, reste vert quand
il est greffé avec la Clairette ; le Merlot sur Vialla, dans

les sols calcaires de la Vendée, reste vert et vigoureux, tandis que le porte-greffe franc de pied jaunit et se rabougrit, etc.

La greffe augmente la fertilité en général; elle la diminue aussi dans certains cas, peu nombreux il est vrai, mais qu'on a néanmoins constatés. Tous ces faits peuvent être expliqués par des raisons du même ordre que celles que nous avons données plus haut; nous n'insisterons pas davantage.

Les phénomènes qu'on peut constater à la suite du greffage ne sont pas d'ailleurs particuliers à la vigne; ils ont été observés par tout le monde chez tous les arbres fruitiers. Chacun sait que le poirier greffé sur cognassier est moins vigoureux que sur franc, plus sensible à la chlorose, mais par contre plus hâtif, plus fertile, etc., et les exemples abondent. — (Voir : F. Sahut, *les Vignes américaines;* — J.-E. Planchon, Conférence sur le greffage, *Bulletin Soc. d'agr. de l'Hérault,* 1879; — Decaisne, *Amateur des jardins* et *Jardin fruitier du Muséum* etc., etc., etc.).

II — SYSTÈMES DE GREFFES

Il n'est guère possible de décrire ici toutes les greffes, parfois très ingénieuses, qui ont été plus ou moins expérimentées. Leur nombre est très considérable, et, de plus, quelques-unes seulement offrent de l'intérêt pour la pratique. Parmi ces dernières, la greffe anglaise et la greffe en fente sont les plus connues; c'est à elles que nous limiterons surtout cette étude.

a **Greffe anglaise.** — Les coupes d'assemblage du greffon et du sujet sont taillées de la même manière (fig. 97); elles doivent avoir la même surface et le même contour, et, par suite, sujet et greffon doivent être de même grosseur. Le sujet, qu'il soit raciné ou non, est taillé en biseau à son extrémité supérieure et le plus près possible d'un nœud, car, ainsi que nous l'avons dit, c'est à cet endroit que le tissu de soudure se forme le plus faci-

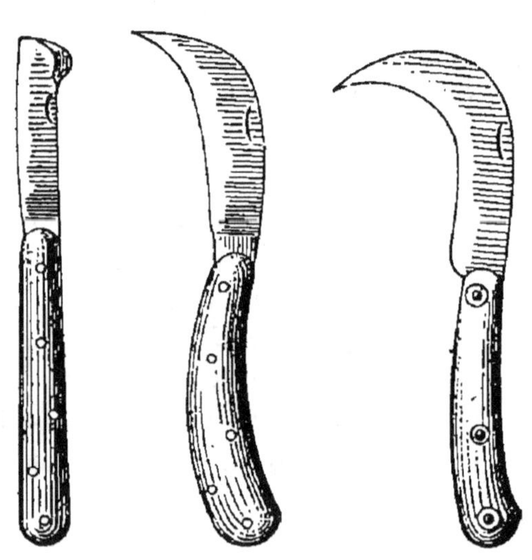

FIG. 94.
GREFFOIR
A MAIN.

FIG. 95.
SERPETTE
A GREFFER.

FIG. 96. — SERPETTE
A GREFFER A LAME
TRÈS COURBE.

lement. La longueur du biseau est proportionnée à la grosseur du sarment. En général, sa section fait un angle de 14 à 17° avec l'axe du sarment, 14° pour les sarments très minces, afin qu'elle soit assez allongée pour donner plus de solidité à l'assemblage, 17° pour les sarments les plus gros. Elle est généralement exécutée à la main avec un couteau-greffoir, une serpette (fig. 94, 95, 96, 98); elle est ainsi toujours très nette, sans déchirures. Mais elle peut aussi être obtenue avec des machines spéciales, dont le défaut capital, outre celui d'exiger, tout comme le couteau et la serpette, un assez long apprentissage de l'ouvrier, sans faciliter beaucoup la rapidité du travail, est de donner des coupes généralement défectueuses et de déchirer les tissus. Les sections au couteau doivent être faites d'un seul coup, sinon elles sont plus ou moins irrégulières, bosselées ; elles doivent être plutôt concaves que convexes, pour que l'assemblage soit rendu plus facile et aussi plus parfait. Puis, toujours avec le couteau ou la serpette, on pratique sur la section une fente dirigée parallèlement aux fibres du bois et profonde de 6 millimètres au moins ; et, en retirant la lame du couteau, on a soin de lui imprimer un léger mouvement de rotation pour maintenir la fente un peu ouverte et faciliter ainsi l'introduction des languettes. Son but est de consolider l'assemblage, mais elle facilite aussi l'émission du tissu de soudure. Elle est, en effet, une section latérale qui se recouvre mieux de *callus* qu'une section oblique terminale : aussi, le callus apparaît-il d'abord sur les parois de cette fente.

L'endroit où on la pratique n'a pas une grande importance et l'on ne doit tenir aucun compte de la moelle. La moelle, en effet, contrairement à ce que lo'n croyait jadis, ne joue aucun rôle, ou à peu près, dans la vie du sarment ; on peut même la supprimer sans inconvénient. Mais, ce qui importe davantage, c'est que le point où elle commence et le point où elle se termine soient situés à égale distance du centre de la section, afin que les coupes puissent se juxtaposer exactement (fig. 99). Plus donc on la commencera près du centre, moins elle sera profonde. Si elle n'était pas faite comme nous l'indiquons, l'ajustage serait défectueux ; trop courte, les sections ne pourraient pas se recouvrir ; trop longue, la greffe manquerait de solidité.

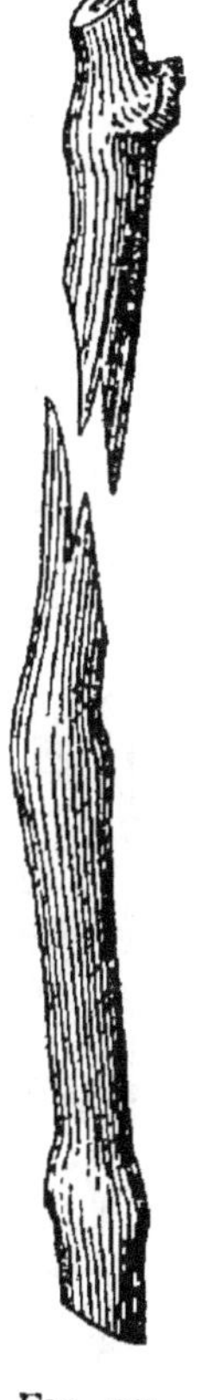

FIG. 97.
SUJET ET GREFFON PRÉPARÉS POUR LA GREFFE ANGLAISE.

Le greffon, qu'il ait un où deux yeux, est taillé, à sa base, de la même manière. Pour l'assemblage, on in-

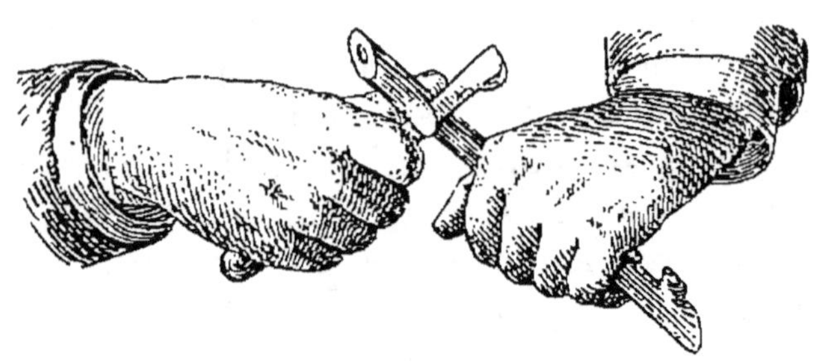

troduit la languette du greffon dans la fente du sujet en forçant un peu, jusqu'à ce que la juxtaposition des coupes soit parfaite en tous points (fig. 100), et le tout est maintenu par une ligature.

La greffe anglaise est celle qui peut donner les meilleures soudures : le greffon, taillé exactement comme le sujet, se juxtaposant exactement avec lui, toutes les parties qui peuvent concourir à la formation de la soudure sont en contact. Celle-ci peut donc se faire sur tout le pourtour des deux sarments, si bien que lorsqu'elle est complète, elle ne présente à l'extérieur aucune plaie, et la circulation de la sève se fait presque comme si la vigne était franche de pied. Sa surface est entièrement lisse et, dans beaucoup de cas, il est par-fois impossible de distinguer, à un

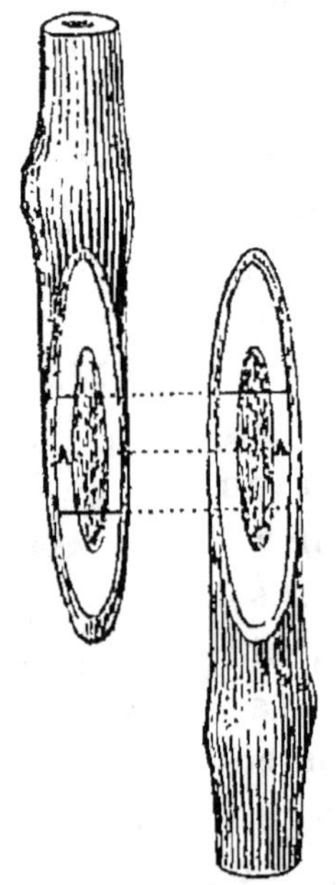

examen superficiel, le point où la greffe a été pratiquée.

Par contre, si la greffe anglaise donne de meilleures soudures, elle donne peut-être un nombre moindre de reprises. C'est que, comme nous l'avons montré, la section oblique terminale du sujet se recouvre difficilement de callus; les bords latéraux de la fente, pratiquée pour recevoir la languette du greffon, en forment, il est vrai, davantage, et c'est pourquoi cette dernière doit être plus profonde et par suite doit commencer à une plus grande distance du centre qu'on a coutume de le faire.

La « greffe Champin » n'est qu'une modification de la greffe anglaise; elle est plus difficile à faire, elle donne des soudures moins bonnes, puisque toute la surface des sections n'est pas recouverte; en outre, elle facilite l'émission de racines sur le greffon.

La greffe anglaise ne peut être appliquée qu'à des sujets de même grosseur que les greffons; lorsqu'ils sont trop forts, on a recours à la greffe en fente.

b. **Greffe en fente simple.** — Le sujet, toujours plus gros que le greffon, est d'abord coupé horizontalement, soit avec une scie (fig. 101), soit avec un sécateur; on rafraîchit ensuite la coupe à l'aide d'un couteau ou d'une serpette. Puis on le fend, mais sur un côté seulement; pour cela, le ciseau dont on se sert est maintenu le manche en haut et en dedans, la lame dirigée en bas et en dehors; on frappe dessus avec un maillet, de manière à obtenir une fente profonde de 3 à 4 centimètres. On la maintient ouverte par un coin placé en son milieu, et l'on prépare le greffon.

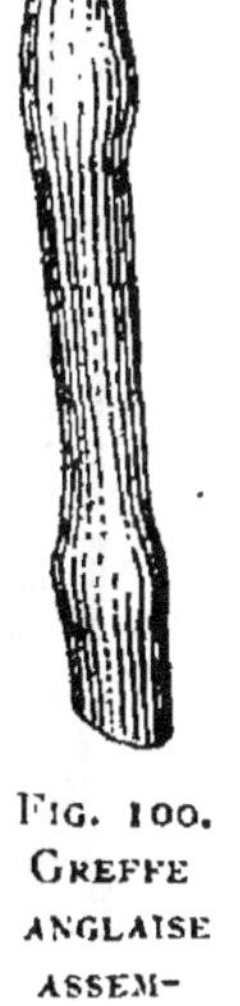

Fig. 100. GREFFE ANGLAISE ASSEMBLÉE.

Le greffon, qui doit avoir au moins deux yeux, est taillé en lame de couteau (fig. 102) dont les sections latérales, pour les raisons que nous avons déjà indiquées, doivent être le plus rapprochées possible d'un nœud et faire un angle tel qu'elles s'appuient par toute leur surface sur les parois de la fente. On fait coïncider l'assise génératrice avec celle du sujet (fig. 103) et on ligature.

c. **Greffe en fente double.** — Le sujet est préparé comme précédemment. La fente se fait, suivant tout le diamètre, avec une forte serpette, un ciseau, etc. Elle est maintenue ouverte par un coin de bois placé en son milieu, et les greffons sont placés à chacune de ses extrémités; ils sont, cette fois, taillés en coin (fig. 104). Les sections latérales partent toutes les deux de la même hauteur et se réunissent, au bas, sur l'axe même du sarment et non en dehors de la moelle, sans quoi le contact des couches génératrices du greffon et du sujet ne pourrait pas se faire sur toute la longueur.

Sur les gros sujets, on peut faire deux fentes parallèles

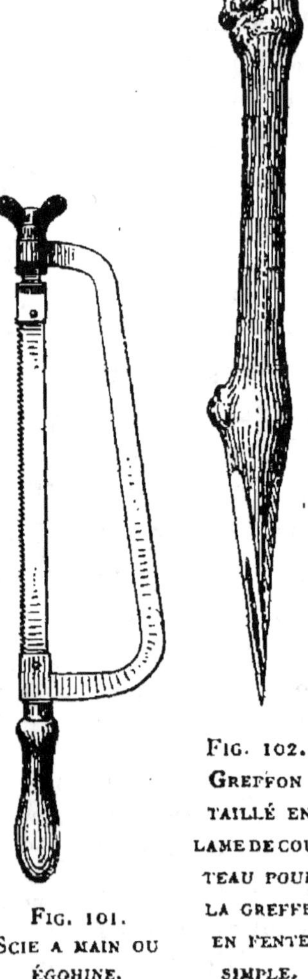

FIG. 101.
SCIE A MAIN OU
ÉGOHINE.

FIG. 102.
GREFFON
TAILLÉ EN
LAME DE COU-
TEAU POUR
LA GREFFE
EN FENTE
SIMPLE.

ou perpendiculaires et mettre dans chacune d'elles deux greffons. La réussite de la reprise est ainsi mieux assurée;

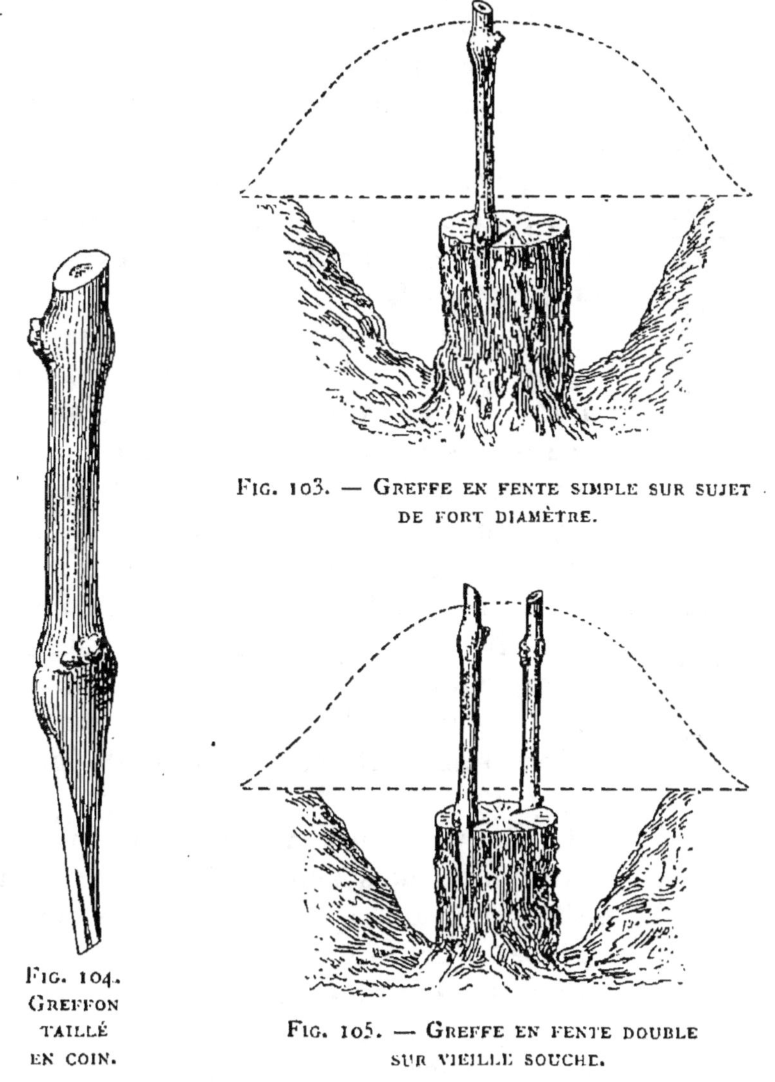

FIG. 103. — GREFFE EN FENTE SIMPLE SUR SUJET DE FORT DIAMÈTRE.

FIG. 104. GREFFON TAILLÉ EN COIN.

FIG. 105. — GREFFE EN FENTE DOUBLE SUR VIEILLE SOUCHE.

on ligature. On peut encore, lorsque le sujet est très gros, disposer les greffons comme le montre la figure 105.

C'est une greffe en fente de côté; le sujet n'est pas fendu suivant tout son diamètre.

d. **Greffe en fente pleine**. — La greffe en fente pleine se pratique sur des sujets de un ou deux ans et de même diamètre ou un peu plus petits que les greffons qu'ils doivent porter. Dans les greffes en fente, examinées précédemment, un seul côté du greffon se soude avec le sujet; dans la greffe en fente pleine, la soudure se fait des deux côtés, elle est donc plus parfaite.

Le sujet est coupé horizontalement et, si besoin est, la coupe est rafraîchie. On le fend suivant l'axe, soit avec un couteau, soit avec une serpette, jusqu'à une profondeur de 2 ou 3 centim. Le greffon, qu'il ait un ou deux yeux, est taillé en coin assez aminci dont les sections latérales sont très rapprochées d'un nœud et partent de la même hauteur; elles se coupent exactement sur l'axe du sarment (fig. 104); et le greffon, ainsi préparé, est introduit dans la fente du sujet, maintenue ouverte par la pointe du greffoir (fig. 106).

Fig. 106. — Greffe en fente pleine; sujet et greffon assemblés.

Les sarments ne sont pas généralement cylindriques, mais aplatis. Par suite, le sujet et le greffon doivent être taillés en coin ou en biseau (greffe anglaise), et fendus suivant leur plus grand diamètre. C'est, en effet, suivant ce diamètre qu'ils se sont le plus accrus, c'est là que la couche génératrice est la plus active, et, par suite, c'est là que la soudure peut se faire de la manière la plus parfaite.

Ainsi que nous l'avons déjà dit, les zones suivant lesquelles la soudure peut se produire sur le sujet sont parallèles, il faut donc qu'elles le soient sur le greffon. Or les couches génératrices d'un greffon taillé en coin sont

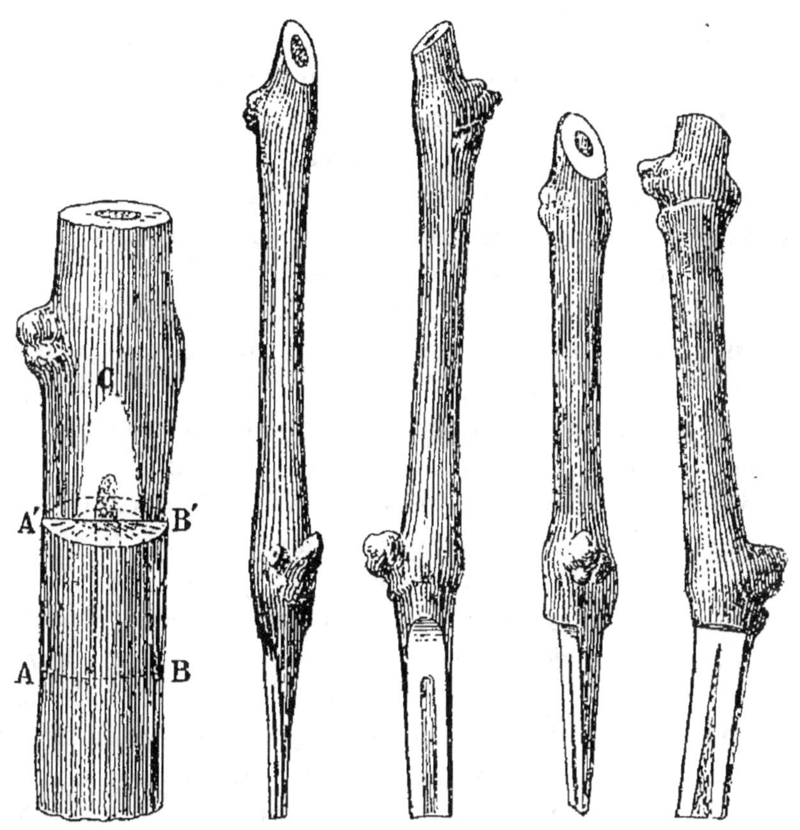

FIG. 107. — SITUATION RESPECTIVE DES COUCHES GÉNÉRATRICES AVEC UN GREFFON TAILLÉ EN COIN.

FIG. 108 ET 109. — GREFFONS AVEC ÉPAULEMENTS ARRONDIS FAITS AU COUTEAU.

FIG. 110 ET 111. — GREFFONS AVEC ÉPAULEMENTS DROITS FAITS A LA MACHINE.

disposées (fig. 107) suivant une parabole A, B, C; le contact ne peut donc se faire qu'en deux points A, B, et, par suite, la soudure est forcément défectueuse. Il existe plusieurs moyens d'obtenir sur le greffon des bords qui soient presque parallèles et qui se juxtaposent sur presque toute leur étendue à ceux du sujet :

1° Avec des greffons plus gros que le sujet; le contact des couches génératrices se produit, dans ce cas, plus près du sommet de la fente, la partie inférieure du coin dépasse un peu les bords du sujet; mais, comme les languettes qui la constituent sont très minces et séparées seulement par la moelle, dont la résistance est nulle, la ligature les rapproche l'une de l'autre, en dedans, et les fait coïncider exactement avec les bords du sujet;

2° En faisant les sections latérales le plus près possible d'un nœud : en ce point, en effet, les dimensions du sarment employé comme greffon sont plus fortes, les bords de la section ne sont plus aussi nettement paraboliques et se rapprochent davantage, au moins sur une plus grande longueur, du parallélisme recherché;

3° En faisant sur le greffon deux épaulements (fig. 108 à 111) qui rendent presque rectangulaires les sections latérales du coin et, par suite, les bords parallèles. En combinant ces trois moyens, on peut obtenir le parallélisme parfait des surfaces mises en contact, et, comme conséquence, une meilleure soudure. Les épaulements peuvent être faits avec un couteau à lame très étroite; ils sont, dans ce cas, un peu arrondis (fig. 108 et 109); ou mieux encore avec des machines spéciales. Ils ont pour but non seulement de faciliter la soudure et de la consolider, mais encore de diminuer l'étendue des plaies qui existent toujours sur une greffe en fente (fig. 110 à 113).

La greffe en fente, à épaulement ou non, ne donne jamais des soudures aussi parfaites, au moins la première année, que la greffe anglaise. Elles ne se produisent en effet que suivant une bande longitudinale égale à l'épaisseur de la partie du greffon encastrée dans le sujet. Par suite, la circulation de la sève ne peut se faire que suivant cette bande et non sur le pourtour (fig. 112); de chaque côté sont de larges plaies ou bien des portions plus ou moins étendues de bois mort, qui ne parviennent à se cicatriser complètement qu'au bout de quelques années. Cela n'a peut-être pas, au fond, une bien grande importance. Il existe partout de belles vignes greffées en fente. Et puis si, théoriquement, la greffe anglaise parfaite est excellente, en pratique elle atteint bien rarement la perfection.

Actuellement, dans toutes les régions du Sud-Ouest, la greffe en fente pleine est faite à la machine : la rapidité du travail est considérable et la soudure tout aussi bonne. On prati-

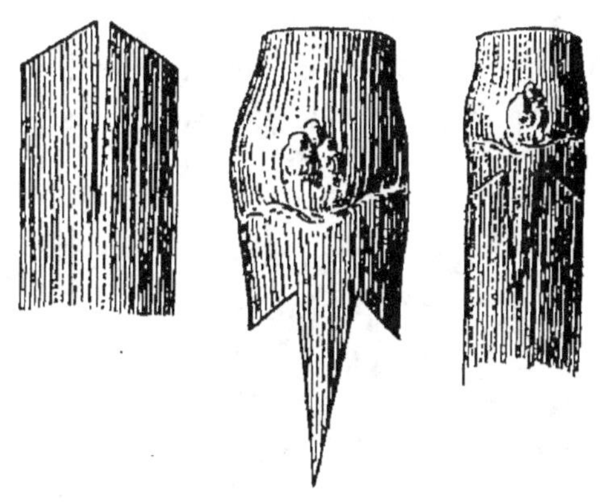

FIG. 113. — GREFFE A ONGLETS; A GAUCHE LE SUJET : AU CENTRE LE GREFFON; A DROITE LA GREFFE ASSEMBLÉE.

FIG. 112. GREFFE EN FENTE A ÉPAULEMENTS FAITS A LA MACHINE.

que surtout la greffe à épaulement, ou la greffe à *onglet*. Cette dernière nous paraît préférable. Le greffon est taillé comme le montre la fig. 113; l'extrémité supérieure du sujet se termine par deux sections obliques qui se coupent sur le diamètre, puis il est fendu. On introduit le coin du greffon dans la fente du sujet; les onglets viennent recouvrir les sections obliques du sujet, qui s'y emboitent; et toutes les plaies sont ainsi recouvertes. C'est là l'avantage de cette greffe, qui offre en outre plus de solidité, les onglets empêchant, au cas où la ligature pourrit trop vite, l'assemblage de se disloquer.

La GREFFE EN FENTE ÉVIDÉE ne peut être faite qu'avec une machine emporte-pièce; les sections sont presque toujours mauvaises, peu nettes, écaillées; le greffon est taillé en coin très court; l'assemblage manque de solidité et il est difficile d'ailleurs à obtenir d'une façon parfaite. Cette greffe est abandonnée.

La GREFFE A CHEVAL est la greffe en fente renversée; le sujet, taillé en coin très court par des sections obliques terminales, forme peu de callus pour les raisons que nous avons exposées; la soudure se fait mal; en outre, le greffon émet beaucoup de racines.

La GREFFE EN TRAIT DE JUPITER ne peut se faire rapidement qu'avec des machines; elle donne d'assez bonnes soudures; elle a été peu employée jusqu'ici.

e. **Ligatures et Engluements.** — De nombreux systèmes de ligatures, dont quelques-uns très bons, ont été préconisés; la plupart sont aujourd'hui délaissés pour la ligature au raphia. Ce que l'on doit exiger de la ligature, c'est de maintenir réunies les deux parties assemblées jusqu'au moment où les tissus se sont soudés et lignifiés. Il faut donc qu'elle dure assez longtemps, jusqu'en juillet et août, suivant les régions; mais il faut aussi qu'elle n'empêche pas le grossissement du point où la greffe a été faite, ou, comme on dit, qu'elle « n'étrangle » pas la soudure (fig. 114).

D'où deux moyens d'atteindre ce but: 1° par des ligatures résistant très longtemps à la décomposition et élastiques (telles les lanières de caoutchouc); 2° par des ligatures qui pourrissent ou que l'on puisse détacher facilement au moment où elles ne sont plus nécessaires à la solidité de la greffe. Le raphia, au moins dans certaines circonstances, réunit ces qualités; aussi a-t-on renoncé à l'emploi des lanières de caoutchouc, quoiqu'elles soient très bonnes, comme 'étant trop coûteuses, pour ne faire usage que du raphia.

Ce dernier, pour les greffes faites trop hâtivement, pourrit généralement trop tôt, et les sections de la greffe, sous l'influence de la poussée du callus, tendent à se disjoindre. On assure sa durée en l'immergeant dans une solution de 1 à 3 gr. de sulfate de cuivre par litre d'eau; il dure ainsi très longtemps, et si, au moment de l'enlèvement des racines, il resserre trop la greffe, on le coupe avec un couteau. Mais le sulfate de cuivre est un corps très caustique qui « brûle » les tissus avec lesquels il est en contact et qui, même à dose très faible, entrave la division et la multiplication des cellules en voie de développement; il est donc un obstacle très grand à la formation de la soudure et, par suite, à la réussite du greffage. (Des pépinières très étendues ont échoué bien souvent par suite de l'emploi de liens trop sulfatés.) On ne peut donc, sans inconvénient très grave, le mettre en contact avec les tissus des sarments. On peut toutefois diminuer, dans une large mesure, la causticité des liens sulfatés en les lavant avec soin à grande eau; l'excès de sulfate de

Fig. 114. GREFFE ANGLAISE AVEC LIGATURE AU RAPHIA ORDINAIRE.

cuivre qui les entoure est ainsi entraîné, et il en reste assez, localisé dans leurs tissus, pour les préserver d'une décomposition trop rapide. Ou bien, il vaut encore mieux

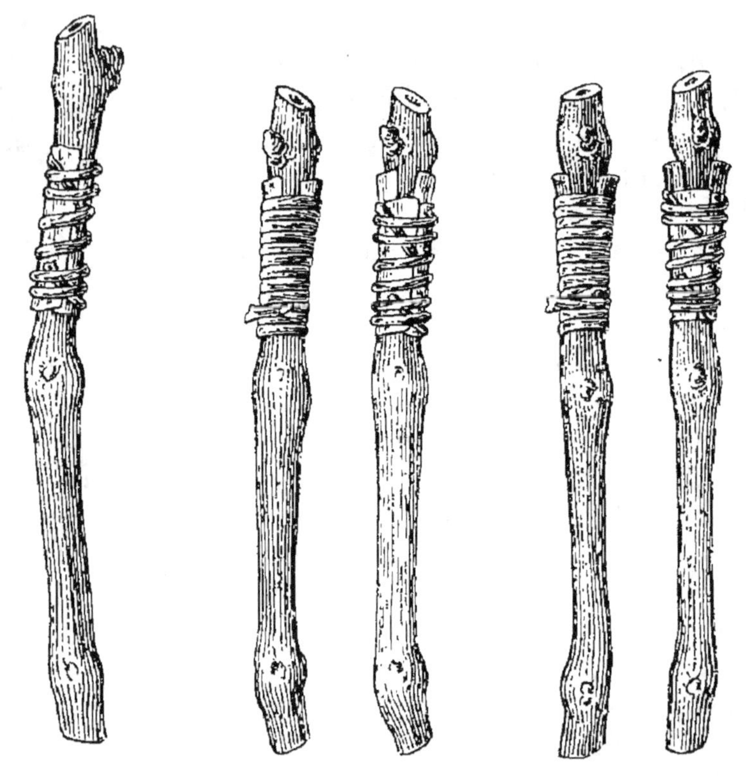

FIG. 115. — GREFFE ANGLAISE AVEC LIGATURE.

FIG. 116 ET 117. — GREFFE EN FENTE A ÉPAULEMENTS.

FIG. 118 ET 119. — GREFFE EN FENTE PLEINE.

entourer la greffe d'une très mince feuille de plomb ou d'étain, par dessus laquelle on fait la ligature avec du raphia sulfaté (fig. 115, 117, 119); et en juillet ou en août, au moment de l'enlèvement des racines, on coupe les liens qui ne seraient pas encore pourris.

La feuille de plomb ne facilite en rien la soudure ;
elle n'entrave pas non plus sensiblement la naissance
des racines qui se forment à la base du greffon ; elle est
bien plutôt un obstacle à la formation du callus : 1º en
empêchant l'arrivée de l'air jusqu'aux cellules en voie
de division et de multiplication ; 2º et peut-être aussi en
pénétrant sous forme de carbonate de
plomb dans les tissus en voie d'accroissement pour lesquelles il peut être un
poison. Mais son action dans ce sens
est toujours faible, plutôt nulle ; et si
nous la signalons comme probable,
nous pensons qu'il n'en faut point tenir
compte. D'ailleurs, nous en avons fait
l'application sur des centaines de mil-
liers de greffes et nous n'avons jamais
remarqué que les feuilles de plomb mises autour de la greffe aient sensiblement entravé la soudure. En tout cas,
son action est incomparablement moindre que celle qui résulte du contact direct du sulfate de cuivre avec les tissus
des sarments greffés. Elle empêche aussi
l'arrivée de l'eau à la base du greffon ;

FIG. 120. — LIGA-
TURE D'UNE GREFFE-
BOUTURE.

elle a donc un rôle utile dans les terrains humides ; elle
est plutôt nuisible dans les terrains secs. On renonce
de plus en plus à son emploi ; et ce n'est que dans les
sols très humides qu'il y a avantage à s'en servir.

La ligature peut être faite d'une façon quelconque,
qu'il y ait ou non une feuille de plomb ou d'étain inter-
posée entre elle et la greffe ; la plus simple, celle d'exécution la plus rapide, tout en étant très solide, est la
meilleure. M. L. Rougier, dans son excellent manuel
de la *Reconstitution des vignobles,* décrit comme suit

un bon moyen de l'exécuter sur des greffes-boutures
(fig. 120) :

« L'opérateur, après avoir vérifié l'assemblage de la
greffe-bouture, la tient solidement de la main gauche,
et commence à ligaturer par le haut. L'un des bouts du
raphia étant fixé sur la greffe par le pouce gauche, pendant que les autres doigts tiennent le sujet greffé, on
fait un tour de droite à gauche avec le raphia, de manière à engager le bout qui était maintenu par le pouce
gauche.

« La main gauche devient libre, elle sert à maintenir
solidement à la position voulue les deux éléments de la
greffe. Avec la main droite, on continue à enrouler le
raphia, en ayant soin de le tenir bien tendu et tordu
pour augmenter la solidité. Les tours ne doivent pas se
toucher et la main gauche recule à mesure que le raphia s'enroule.

« Arrivé au bas de la greffe, il s'agit d'arrêter le raphia. Pour cela, ce dernier est maintenu par l'index
gauche, situé au-dessous de la greffe. De la main droite,
on forme alors une grande boucle avec le reste du raphia, en fixant son extrémité avec le pouce gauche et
en avant de la greffe.

« A ce moment, la main droite est libre, elle reprend
la partie du raphia qui était maintenue par l'index gauche, et vient engager l'autre extrémité fixée sur la greffe
par le pouce gauche.

« On fait alors deux tours, en passant chaque fois
sur l'extrémité qui avait été fixée provisoirement par le
pouce gauche, et en embrassant le greffon avec la boucle.
Enfin, pendant que le dernier tour est maintenu par
l'index gauche, on tire fortement le bout du raphia sur
lequel se trouvent deux tours de liens. La boucle disparaît et la ligature est arrêtée. »

On peut procéder d'autres manières, surtout pour les greffes sur place. L'important, c'est que l'assemblage soit d'une grande solidité et résiste aux chocs divers qui peuvent lui être imprimés. Quant aux tours de spires, il vaut mieux qu'ils ne se touchent pas (fig. 115, 117, 119). Dans leurs intervalles, le callus, non pressé, se développe en grosses masses qui assurent, dès le début, la formation de la soudure.

On a aussi recommandé l'emploi de plaques de liège, au lieu de feuilles de plomb; elles sont très bonnes, mais d'une application difficile et trop coûteuse.

Enfin, on a fait usage de bouchons de liège perforés suivant leur axe et fendus. La greffe est ainsi entourée de toutes parts par le bouchon, qui est maintenu par des fils de fer. L'exécution de cette ligature est longue; elle est de plus très coûteuse; elle donne une grande solidité à la greffe, mais elle empêche le grossissement et, par suite, la formation de la soudure; elle empêche aussi, lorsqu'elle est faite sous terre, la lignification du tissu de soudure. Ce système de ligature convient surtout pour les greffes qui sont faites à l'air libre.

Les bouchons simplement perforés constituent une bonne ligature, qui est un peu coûteuse.

D'autres systèmes de ligature peuvent être employés. Tous ceux-là sont bons qui permettent la pénétration de l'air et le grossissement du point où la greffe a été exécutée (car la soudure est d'autant plus parfaite que les tissus qui la constituent, bois et liber, etc..., sont en couche plus épaisse); qui résistent suffisamment — et pas trop — à la pourriture, ou dont la suppression est facile en temps opportun; qui ne sont pas nocifs aux jeunes cellules du tissu cicatriciel en voie de formation ou aux tissus des sarments en contact; et, enfin, qui sont d'une application facile et peu coûteuse. Le raphia, si l'on a soin de prendre, suivant les circonstances, les précautions que nous avons indiquées, nous paraît avoir toutes ces qualités. En conséquence, les greffes hâtives seront liées avec du raphia sulfaté à la dose indiquée et lavé à l'eau pour entraîner le sulfate de cuivre nuisible, ou encore, on interposera entre les liens et la greffe une mince feuille de plomb ou d'étain (fig. 115, 117, 119). Pour les greffes tardives, faites en avril ou mai, lier avec du raphia ordinaire non sulfaté, sans aucune feuille de plomb ou d'étain (fig. 114, 116, 118).

Pour augmenter la solidité de l'assemblage et parer à la décomposition trop rapide de la ligature, on peut mettre au-dessus du lien une bague de plomb de 3 à 4 millimètres de largeur et que l'on fixe sur la greffe en tordant ensemble ses deux extrémités.

Les greffes mises en stratification dans la mousse peuvent ne pas être ligaturées; il n'y a pourtant aucun inconvénient à les consolider par quelques brins de raphia. Enfin on peut assurer la solidité de la greffe au moyen d'un goujon en fer qu'on introduit dans la moelle du sujet et du greffon. Cette greffe porte le nom de greffe *Coiffard* ou greffe *au goujon*. On coupe le greffon et le sujet chacun en biseau plus ou moins étendu; le goujon est introduit dans la moelle et les deux biseaux sont accollés. Cette greffe réussit assez bien, mais nous ne pensons pas que ses mérites soient supérieurs à ceux de la greffe anglaise ou de la greffe en fente pleine.

Tous les engluements qu'on avait d'abord essayés ont été abandonnés. Non seulement ils ne sont pas utiles, mais ils sont nuisibles. D'après ce que nous avons dit sur les conditions de la formation du tissu de soudure, il est très facile de s'expliquer pourquoi. Ils empêchent en effet l'arrivée de l'air oxygéné sur la greffe; et pour les greffes faites sur place au moment de la montée de la sève, ils maintiennent une humidité exagérée autour du sujet et du greffon, qui est un obstacle très grand à la formation du tissu cicatriciel.

III. — GREFFAGE SUR PLACE ET GREFFAGE A L'ATELIER

Les diverses greffes que nous avons étudiées peuvent être exécutées : 1° sur place, en plein champ ou en pépinière; 2° à l'atelier, sur bouture ou sur raciné.

A. — GREFFAGE SUR PLACE

a. **Époque du greffage**. — C'est généralement pendant les mois de mars, avril et mai qu'on exécute le greffage sur place. Mais, pendant cette période, existe-t-il une époque qui soit préférable et que l'on puisse préciser actuellement? N'étaient les risques que courent les greffons de pourrir ou de se dessécher, nous serions d'avis que les greffes faites les premières ont le plus de chances de réussir, et que celles qui sont faites en février-mars doivent donner de meilleures reprises que les greffes exécutées plus tard, en avril-mai. On a toujours remarqué, en effet, que les greffes faites lorsque le sujet est en pleine sève réussissent généralement mal, et on dit que la sève noie le greffon. La sève ne *noie* rien du tout. Plaçons un fragment de sarment dans l'eau ou un greffon de deux yeux, il poussera bien, surtout si l'eau contient quelques matières nutritives, et il ne sera point « noyé ». La sève qui entoure la greffe, c'est de l'eau avec quelques autres éléments en plus, qui sont, eux aussi, des matières nutritives, et cependant elle paraît nuisible au greffon. C'est que, ainsi que nous l'avons établi plus haut, l'eau (ou la sève) s'oppose à la formation du tissu cicatriciel ou de soudure. Jamais il ne se forme de bourrelet à la base d'un greffon ou à l'extrémité d'un sujet planté dans de telles conditions. On voit tout de suite que ce sont les greffes faites lorsque le sujet n'émet pas encore de pleurs qui doivent le mieux réussir.

Plus tard, même lorsque les pleurs sont déjà abondants, la réussite peut être tout aussi bonne, car les canaux qui conduisent la sève se ferment à leur extrémité par de la gomme ou par des colonies de bactéries (tout le monde a en effet observé qu'au bout de quelques jours, la section d'un sarment ne laisse plus couler de sève au dehors et qu'une nouvelle section, faite à 1 centimètre de la précédente, donne de nouveau des pleurs abondants); si ce moment coïncide avec l'entrée en végétation du greffon et du sujet ou, ce qui vaut mieux, la précède, le tissu cicatriciel se forme facilement, et la soudure se produit. Mais si (et c'est le cas des greffes faites tardivement, en avril-mai par exemple, suivant les régions) le greffon entre en végétation avant que l'écoulement de la sève ait cessé, le moindre arrêt de son développement, par suite d'un changement de température, d'une évaporation trop active, compromet la reprise, les tissus de soudure n'ayant pu se produire pour parer à cet arrêt de la végétation.

Enfin, encore plus tard, quand la vigne ne pleure plus, en juin, par exemple, la reprise se fait dans de bonnes conditions.

Cela explique les bons effets de la décapitation préalable des sujets destinés au greffage; l'influence funeste des fortes pluies survenant au moment du greffage et qui maintiennent la greffe dans un milieu trop humide, de la compacité trop grande de la terre mise près du point de soudure et qui empêche l'écoulement de l'excès de sève; et cela explique aussi la moins bonne réussite qu'on obtient souvent avec le greffage sur place, dans les régions froides du sud-ouest, du centre et de l'est de la France, et aussi, certaines années, dans le midi de la France.

Pour que le tissu de soudure puisse se former sûrement au moment de l'entrée en végétation du greffon ou même un peu avant, il faut donc que les surfaces en contact ne soient pas dans un milieu trop humide; on obtient ce résultat par des greffages hâtifs, ou mieux encore, en tout temps, par la décapitation préalable du sujet, de manière à ne procéder au greffage que lorsque tout écoulement de sève a cessé.

b. **Exécution du greffage**. — Les porte-greffes déchaussés, quel que soit leur âge, sont préalablement décapités, afin de faciliter l'exécution de la greffe. Ils sont décapités par une section horizontale ou, plus exactement, perpendiculaire à leur axe, généralement un peu au-dessus de terre, soit au moment même où l'on pratique le greffage, soit, ce qui vaut mieux, surtout au moment des pleurs, 8 à 15 jours à l'avance, nous avons déjà dit pourquoi.

Le sujet, ainsi préparé, est greffé, s'il est très gros, en fente simple ou en fente double (fig. 103 et 105); s'il est de faible dimension et âgé d'un an ou deux, en fente pleine ou en fente anglaise. La greffe en fente pleine donne un plus grand nombre de reprises pour les raisons que nous avons déjà fait connaître, et aussi parce qu'elle laisse mieux écouler au dehors les pleurs que la greffe anglaise.

Le point où le sujet est greffé peut être au niveau du sol, surtout dans les régions froides du centre et de l'est de la France, jamais plus bas ; mais de préférence, surtout pour les régions chaudes du Midi, à deux ou trois centimètres au-dessus de la surface du sol. Le greffon, dans ces conditions, peut être plus facilement sevré de ses racines ; et, plus tard, étant ainsi toujours hors de terre, il ne donne naissance à aucune racine à sa base, et l'on n'a pas à craindre l'affranchissement ultérieur de la souche ; de plus, la soudure exposée à l'air se lignifie mieux, devient dure et résistante, et, par suite, moins sensible aux froids et aux chocs divers qui peuvent l'atteindre.

FIG. 121. — MARTEAU PIOCHON POUR DÉCHAUSSER LE SUJET.

Suivant l'époque, on ligature avec du raphia sulfaté, isolé de la greffe par une feuille de plomb ou d'étain, ou avec du raphia non sulfaté. Puis on butte avec la terre la plus fine. Dans les terres très fortes, il sera bon de mettre du sable autour du greffon, pour les raisons que nous avons déjà données.

La butte doit être très large, de 40 à 45 centim. de diamètre à sa base ; elle doit recouvrir complètement le greffon, de manière que, lorsque le tassement s'est produit, l'œil supérieur soit recouvert au plus d'un demi-centimètre de terre, au moment où il va se développer. La butte ainsi faite maintient la greffe dans des conditions de chaleur toujours égales et la préserve de la dessiccation, ainsi que des vents qui pourraient la déranger. D'ailleurs, pour prévenir ce dernier accident, il sera très utile de mettre au pied de chaque cep greffé un piquet auquel on attachera les sarments à mesure qu'ils se développeront.

La greffe sur des sujets de fortes dimensions réussit généralement moins bien que sur des sujets de faible diamètre; cela ne peut tenir à leur structure, qui est toujours la même, quel que soit leur âge; mais peut-être cela est-il dû à la trop grande quantité de pleurs qu'ils émettent.

c. **Sevrage des racines**. — Lorsque la soudure est à peu près complète, c'est-à-dire en juillet-août, suivant les régions, on enlève les racines qui se sont développées sur le greffon. On a eu soin d'enlever au fur et à mesure de leur apparition les rejets du sujet.

Les racines qui naissent sur le greffon ne sont pas, en somme, un obstacle très grand à la reprise de la greffe; et si leur développement est, comme chacun sait, en raison inverse de la production du callus, elles sont, le plus souvent, la *conséquence* d'une soudure qui s'est effectuée lentement; leur suppression en juillet-août est trop tardive pour améliorer considérablement la soudure, mais leur développement n'en est pas moins à éviter, et il importe de les supprimer. En effet, lorsque le greffon est nourri partie avec les racines du sujet, partie avec les siennes propres, le sujet ne jouant plus qu'un rôle restreint dans la végétation de la plante se développe peu, reste grêle et ne peut contribuer que faiblement à la solidité de la soudure; ses racines restent petites et grêles; en un mot il s'atrophie, et d'autant plus que les racines du greffon, végétant dans de bien meilleures conditions de sol et de situation, prennent un très rapide développement. Le sujet cesse d'être utile au greffon qui, désormais, s'affranchit et vit d'une vie indépendante

C'est ce que montre la figure 122. Et l'on a alors une vigne franche de pied. Les racines du greffon ne sont donc pas un obstacle à la végétation aérienne; bien au contraire, elles la favorisent beaucoup; et dans les terrains très calcaires (terres crayeuses des Charentes), les vignes greffées sur Riparia qui se nourrissent à la fois avec les racines du sujet et du greffon sont les seules qui résistent à la chlorose; mais cela dure tant que le phylloxéra n'est pas sur leurs racines.

La suppression trop tardive des racines du greffon place la plante dans de mauvaises conditions de nutrition; l'appareil radiculaire du sujet atrophié ne suffit plus à la nourrir, et, surtout quand le terrain lui est défavorable, elle souffre et meurt.

Le sevrage des racines doit être fait le plus tôt possible, pour que le sujet seul fournisse à la plante les matériaux qui lui sont nécessaires.

Cette opération se fait, ainsi que nous l'avons dit, en juillet-août, suivant les régions. On rebutte aussitôt après, mais moins qu'au moment du greffage; au mois de septembre, on enlève les racines une deuxième fois, on coupe, si besoin est, le raphia qui n'aurait pas pourri et on laisse la soudure complètement à l'air et au soleil, où elle se durcit.

d. **Soins à donner aux greffes.** — A l'entrée de l'hiver, on peut laisser la soudure telle quelle, surtout si elle est bien aoûtée. Mais il est préférable de la rebutter, afin de la mettre à l'abri des effets possibles des froids de l'hiver. Cette précaution est bonne surtout dans les régions froides du Centre, de l'Est, où les greffes poussent tardivement et ne sont pas toujours bien aoûtées au moment des premières gelées.

Au printemps suivant, on déchausse et on laisse la soudure toujours exposée à l'air.

Le sujet est fréquemment plus faible que le greffon, surtout sur le Riparia, le Solonis; et, pour cette raison, il est exposé à être cassé par le vent. La rupture d'une greffe bien soudée ne se produit jamais au point de soudure, mais toujours au-dessous. On la mettra à l'abri de cet accident en l'attachant solidement à un piquet ou à un échalas avec un lien d'osier.

Les pincements sont inutiles; ils ne sont pas non plus nuisibles.

Il va sans dire que les greffes, dont les pousses sont très tendres, et, pour cette raison, très sensibles à toutes les maladies cryptogamiques, seront traitées avec soin contre le mildiou.

En pépinière, le greffage sur place se pratique de la même manière; mêmes soins également à donner aux greffes.

Nous avons supposé dans tout ce qui précède que le sujet avait au moins un an de plantation. On plante quelquefois à l'automne des racinés pour les greffer au printemps suivant, en mai. Ici encore, le greffage est exécuté comme précédemment, en fente anglaise ou en fente pleine. Mais, fréquemment, on obtient, au moins dans les régions froides du Sud-Ouest ou du Centre, une meilleure reprise que sur des sujets mis en place depuis un an.

A quoi cela tient-il? La greffe n'est pas mieux faite dans un cas que dans l'autre. C'est que, sur ces racinés, les *pleurs* sont toujours peu abondants ou presque nuls; le greffon et le sujet ne sont pas entourés d'un excès d'eau, et par suite sont placés dans de bien meilleures conditions pour produire le callus.

Ce procédé, qui ne peut être appliqué que sur des racinés vigoureux, permet de reconstituer rapidement et à peu de frais un vignoble; il donne seulement des

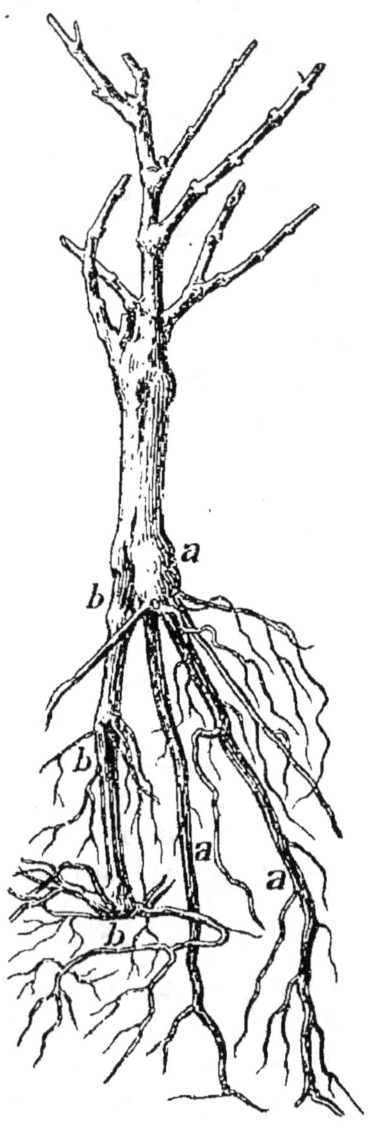

Fig. 122. — Souche affranchie : les racines du greffon *a*, *a*, sont devenues très fortes, tandis que celles du sujet *b*, *b*, sont restées grêles.

greffes plutôt peu vigoureuses, au moins pendant les premières années qui suivent le greffage.

e. Choix et conservation des greffons. —

Nous n'insistons pas sur le choix des greffons. On ne doit utiliser que les sarments qui ont porté le plus de fruits sur les ceps les plus fertiles. On évitera de les prendre sur les jeunes vignes qui ont une plus grande tendance à s'emporter à bois et dont les rameaux sont toujours moins bien aoûtés; sur les vignes « mildiousées », parce qu'ils sont toujours pauvres en matière de réserve et par suite incapables de former beaucoup de callus.

Les greffons, pour les greffes hâtives (février), peuvent être pris sur la souche; pour les greffes tardives, ils doivent être coupés à l'avance, lorsqu'ils ne sont pas encore entrés en végétation, et conservés dans un appartement froid exposé au nord, dans du sable presque sec, et complètement couverts. Car, ainsi que nous l'avons dit, le sujet forme toujours difficilement et tardivement le callus; il importe donc qu'il soit plus avancé en végétation que le greffon.

f. **Greffes d'automne**. — Le greffage sur place peut aussi s'exécuter à l'automne, et de la manière que nous avons indiquée; les greffons sont pris sur des sarments bien aoûtés, au moins à leur base; on butte fortement. Les résultats obtenus ont été à peu près partout défectueux.

Enfin, on l'exécute aussi pendant l'été, sans décapiter le sujet. On a adopté, dans ce cas, la greffe de Cadillac et la greffe Gaillard.

Greffe de Cadillac. — M. Cazeaux-Cazalet, qui en a été le promoteur, décrit comme suit la greffe de Cadillac : « On fait la greffe en laissant subsister le porte-greffe tout entier. La végétation de ce dernier n'est pas interrompue par cette opération et il se conserve sain pour le printemps suivant, beaucoup mieux que s'il était décapité; on peut regreffer au printemps les pieds mal greffés l'été précédent, avec les mêmes chances de succès que si la greffe d'été n'avait pas été faite. On pratique latéralement la greffe en fente et la greffe anglaise. Voici quelques détails sur leur exécution :

» Pour faire la greffe en fente, après avoir déchaussé en formant une cuvette autour de chaque pied (le vignoble étant supposé chargé, c'est-à-dire les façons étant terminées), on pratique de haut en bas sur le porte-greffe, à 8 ou 10 centimètres du sol ferme, une section droite qu'on dirige obliquement en descendant vers la moelle (fig. 123 et 125); cette fente doit être faite avec un couteau à lame mince, en commençant en *a* (fig. 123); toute la section doit être faite en tenant le couteau horizontalement (le tranchant en bas) et en le faisant descendre toujours horizontalement, mais en le manœuvrant lentement comme une scie vers *b;* la section doit avoir 4 centimètres de profondeur; le greffon, taillé comme pour la greffe en fente ordinaire (fig. 126) est introduit à la place du couteau. On doit choisir le greffon de telle grosseur qu'il remplisse exactement la fente latérale et qu'il y ait contact des libers au moins dans le bas de la fente. On peut tailler le greffon sur un bourgeon comme l'indique la fig. 127 (greffe Cazeaux-Cazalet); il suffit, pour toutes précautions, de prendre le greffon un peu plus petit de calibre que la partie entaillée et de déterminer des contacts de libers en *c, d, a, b.*

« Pour exécuter la greffe anglaise latérale, il faut faire, sur un côté du porte-greffe, à la même hauteur que pour la greffe en fente, une incision longitudinale (fig. 123 *a, d*), en passant un peu au delà de l'écorce, de 3 à 4 centimètres de longueur; aux trois quarts de la hauteur de cette entaille, on fait de haut en bas une petite fente oblique *c, b,* comme pour la greffe anglaise ordinaire ; le greffon, taillé aussi comme pour cette dernière (fig. 124 B) et de même diamètre que l'entaille, est emmanché sur le porte-greffe en ayant soin de rechercher des contacts des libers au moins vers le bas des coupes.

« Le greffon doit avoir deux bourgeons au-dessus de la soudure.

« On doit toujours faire les fentes obliques, surtout pour la greffe en fente, par une section droite et éviter de creuser la coupe, comme l'indique la figure 128, car la greffe devient alors difficile à ajuster, il faut forcer le greffon à se tordre au moyen de la ligature ; de plus, si la ligature vient à manquer dans le courant de l'hiver, le poids du greffon fait disjoindre les coupes du côté prin-

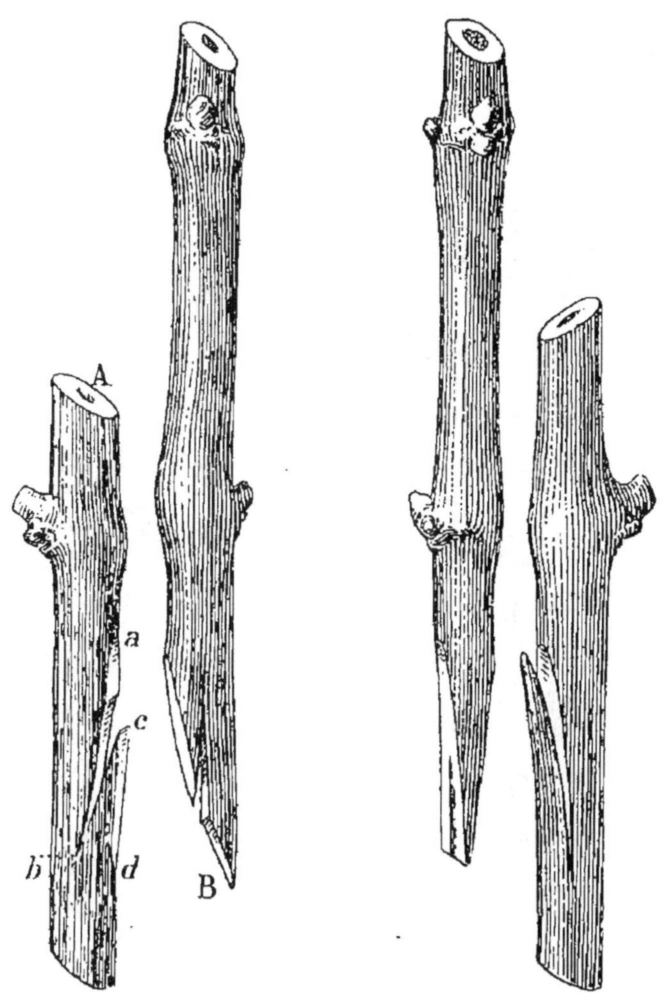

Fig. 123 et 124. — Greffe de
Cadillac; — A : sujet, —
B : greffon.

Fig. 125 et 126. — Greffe de
Cadillac, — A : sujet, —
B : greffon.

cipal du porte-greffe, sa languette extérieure étant trop
faible pour le soutenir.

« On doit aussi faire la greffe autant que possible sans

enlever l'échalas qui soutient le porte-greffe, on [doit toujours rapprocher les coupes du premier bourgeon du greffon.

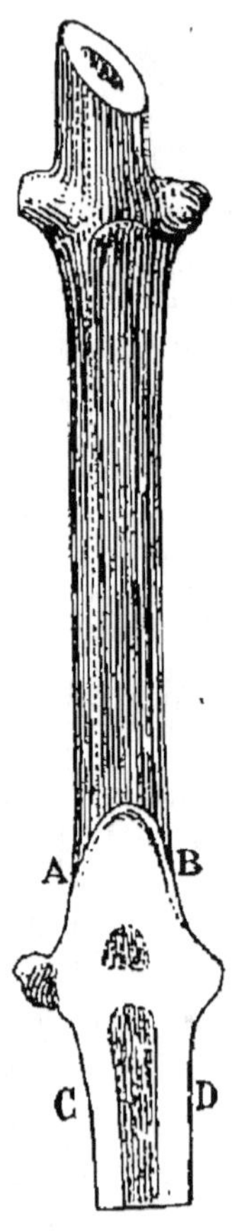

FIG. 127. — GREFFE CAZEAUX-CAZALET : GREFFON TAILLÉ SUR UN NŒUD.

FIG. 128. — SUJET A COUPE CREUSÉE, DÉFECTUEUSE.

« On lie les greffes avec du raphia seul, mais le plus souvent avec du raphia recouvert d'une bande de plomb que l'on enroule et que l'on fixe autour de la greffe en tordant ses deux extrémités l'une sur l'autre. On emploie aussi du vîme ordinaire.

« Les greffons doivent être des bois de l'année, aoûtés et pris sur les pieds au moment de greffer ; on a cependant aussi employé des greffons conservés dans le sable depuis l'hiver. Le greffon doit toujours être bien aoûté, les greffons non aoûtés peuvent se souder, mais ils sont exposés à se dessécher dans le courant de l'été, surtout si l'année manque d'humidité.

» La soudure se commence en quelques points de contact avant l'automne, mais le greffon reste à œil dormant ; ses bourgeons poussent au printemps suivant, au même moment que ceux du porte-greffe. Il résulte de cette pré-

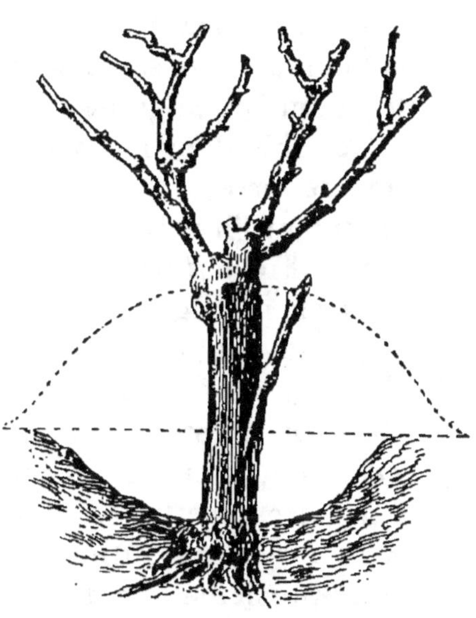

FIG. 129. — GREFFE DE CADILLAC.

cocité de la première année la nécessité d'abriter ces greffes, dans les endroits où la gelée de printemps serait à craindre.

« On peut faire la greffe d'été, avec autant de chances de succès, au moyen de greffons conservés depuis l'hiver dans du sable sec ; mais ces greffons poussent durant l'été même et les bois qu'ils produisent, insuffisamment aoûtés, résistent difficilement aux intempéries de l'hiver ; il en résulte qu'ils se trouvent au printemps dans des conditions moins avantageuses que les greffons de l'année.

« On butte fortement pour recouvrir entièrement le greffon en rassemblant les rebords de la cuvette formée pour greffer. Lorsque la terre n'est pas assez ameublie, on peut employer du sable en le plaçant autour de la greffe. Pour faire cette opération, on entoure la greffe d'un cylindre de zinc fendu longitudinalement, on met le sable dans le cylindre, on butte contre ce dernier et on l'enlève ensuite en l'ouvrant.

« On emploie le sable aussi en formant une petite cuvette autour de la greffe avec la terre environnante, on verse le sable dans la cuvette et on recouvre ensuite le greffon de terre.

« Pendant l'hiver, on se bornera à tailler le porte-greffe comme s'il n'était pas greffé.

« Pour le pinçage et l'ablation de la partie aérienne du porte-greffe, couper avec un sécateur la partie supérieure du porte-greffe à quelques centimètres au-dessus de la soudure, au moment où il commence à pousser, ou bien pincer soigneusement les pousses du porte-greffe au fur et à mesure qu'elles se produisent. Ce dernier moyen exige moins de précautions que le premier, mais il oblige à passer plusieurs fois dans le champ du greffage.

« Les effets de ce premier soin important sont très remarquables. Les greffes soudées se lancent immédiatement à la place des porte-greffes sans subir de retard, et, lorsqu'on a pincé les derniers trois ou quatre fois au plus si on préfère les pincer, les pousses des greffons deviennent abondantes.

« Pour l'ablation des radicelles du greffon, couper les racines du greffon et les ligatures dès que les greffes ont 40 ou 50 centim. de longueur et lever (c'est-à-dire attacher à un échalas) ces pousses pour les préserver des coups de vent si fréquents au printemps; quelques jours après cette opération, le greffage n'exige plus autant de précautions et les façons peuvent être données sans crainte.»

Greffe Gaillard. — Quant à la *greffe Gaillard*, qui exige les mêmes soins que la précédente, la fig. 130, montre très clairement comment on l'exécute.

Le greffage sur place donne des reprises fort variables; tantôt on obtient 90 % et plus de reprise; tantôt 5o % et même 25 % seulement. Dans le plus grand nombre de cas, les vignobles ainsi reconstitués sont irréguliers; on est obligé de remplacer les manquants par des plants greffés-soudés; mais la récolte n'en est pas moins retardée de deux ans pour les parties non réussies à la greffe.

Aussi, dans les régions fraîches du Sud-Ouest, du Centre, de l'Est et même dans le midi de la France, où cependant il donne souvent de bons résultats, on l'a délaissé de plus en plus pour le greffage à l'atelier.

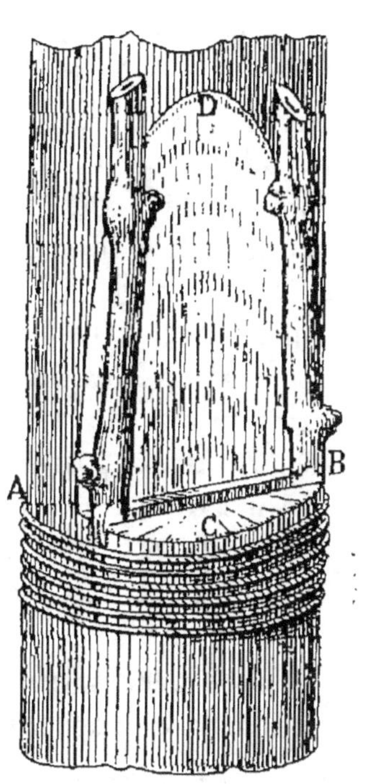

Fig. 130. — Greffe Gaillard.

B. — GREFFAGE A L'ATELIER

a. **Greffe sur bouture**. — Les sarments de vignes américaines destinés à servir de porte-greffes, et dont les dimensions doivent être de 6 millimètres au « petit bout »; sont coupés à 25 ou 28 centimètres de longueur. La section inférieure est faite au-dessous et le plus près possible d'un nœud (fig. 115 à 119); on sait, en effet, que les racines naissent en plus grand nombre et plus vigoureuses au nœud même du sarment que sur le mérithalle; cela est surtout indispensable pour le Berlandieri, et pour tous les cépages qui s'enracinent difficilement. La section supérieure est à 3 ou 4 centimètres au-dessus du nœud; on sait déjà pourquoi; en outre, pour la greffe en fente, le greffon est plus solidement encastré dans le sujet, la fente étant limitée, en bas, au nœud même. Ce sont ces fragments de sarments qui seront greffés, soit en fente pleine, soit en fente anglaise.

On utilise donc comme porte-greffe le sarment américain sur toute la longueur où il possède un diamètre de 6 millimètres au minimum : un sarment peut ainsi fournir jusqu'à huit ou dix porte-greffes. Sans doute, il vaudrait mieux ne faire usage, comme jadis, dans le choix des boutures, que de la base, où les nœuds sont plus rapprochés; on aurait un meilleur enracinement et un plant plus robuste; mais, dans les circonstances actuelles, le haut prix des porte-greffes ne permet pas encore de faire ce choix.

Est-il nécessaire d'écorcer les sujets? S'il s'agissait de boutures d'Herbemont, de Jacquez, de Solonis, etc., qui reprennent mal, nous répondrions par l'affirmative, car l'écorçage, en facilitant la pénétration, dans les tissus, de l'eau qui vient remplacer celle qui s'évapore constamment par la partie de la bouture située hors de terre, hâte la naissance des racines. Mais les greffes-boutures sont toujours entièrement couvertes de terre et, par conséquent, à l'abri d'une évaporation trop active. En outre, sur les parties écorcées ou maillochées, il apparaît toujours de forts bourrelets de tissu cicatriciel, identique, on le sait, au tissu de soudure, et qui pourrait bien se développer aux dépens de ce dernier.

L'utilité de l'écorçage et du maillochage, réelle pour

les boutures dont une portion est située hors de terre, n'apparaît donc pas très nettement ici, excepté peut-être pour les greffes qui se seraient un peu desséchées avant la plantation.

D'ailleurs, les porte-greffes écorcés ne nous ont pas donné de meilleurs résultats que les porte-greffes non écorcés.

Ce qui importe davantage, c'est d'enlever *tous* les yeux du porte-greffe, même celui de la base. Et il ne suffit pas de les supprimer avec l'ongle ou de les couper sur leur empâtement : il en pousse, dans ce cas, trois ou quatre tout autour, qui vivent aux dépens de la plante et qui, bien mieux, empêchent le développement du tissu de soudure sur le sujet. Celui-ci, en effet, ayant une tige propre, n'a plus aucune tendance à se souder avec le greffon. Aussi, tous les sujets qui émettent des rejets se soudent mal.

Cette précaution est surtout indispensable pour le Rupestris et ses hybrides. Ce cépage est accusé de donner des reprises insignifiantes à la greffe sur table : c'est uniquement parce qu'on supprime mal les yeux du porte-greffe. Il est tout à fait insuffisant de les détacher comme sur le Vialla, le Riparia, etc., en les coupant à leur base même ; il faut les supprimer par une large entaille d'au moins un demi-centimètre de diamètre, comme le montre la fig. 131 ; on enlève ainsi du même coup et le bourgeon principal et les nombreux bourgeons adventifs qui sont tout autour à l'état latent. En faisant ainsi, on réussit mieux la greffe sur Rupestris que sur aucun autre cépage ; et récemment, 45,000 greffes-boutures sur Rupestris nous ont donné une reprise de 80 %, et plus de 60 % de bonnes soudures. Il est préférable de supprimer les yeux du sujet au moment même de la plantation.

Le greffon porte *un* ou deux yeux ; un œil est suffisant

lorsque la pépinière est établie dans un terrain frais : la soudure, même assez rapprochée de la surface, n'est pas exposée à se dessécher. Dans les terrains secs, le greffon doit être beaucoup plus recouvert de terre, sans quoi il se dessécherait, et l'insuccès serait complet; mais s'il est trop couvert, il pousse mal. Il est donc assez difficile, dans ces terrains, de le placer dans les conditions les plus favorables à sa végétation. S'il porte deux yeux, au contraire, la soudure est toujours placée assez profondément pour qu'elle n'ait pas à craindre la dessiccation; et l'œil supérieur du greffon, le seul qui, dans la généralité des cas, se développe, est placé à fleur de terre ou couvert tout au plus d'un demi-centimètre.

Le sujet et le greffon étant préparés, on les réunit comme il a été dit.

Les greffes faites avant le mois d'avril sont liées avec du raphia sulfaté à la dose indiquée et lavé, ou bien séparé de la soudure par une feuille de plomb ou d'étain; à partir du mois d'avril, on peut employer le raphia non sulfaté, et, dans ce cas, il est inutile de faire usage d'une feuille de plomb. Les tours de spire des liens ne doivent pas se toucher (fig. 115, 117 et 120). Aucun engluement.

FIG. 131.
SUJET DE
RUPESTRIS
DONT ON A
ENLEVÉ LES
YEUX.

b. **Stratification**. — Les greffes ainsi faites sont ou plantées immédiatement, si l'on est fin d'avril, ou conservées jusqu'au moment de la plantation. Dans ce cas, elles sont réunies en paquets de 10 ou 20 et placées dans du sable frais, dehors, en ayant soin toutefois de les préserver des gelées qui pourraient déranger l'assemblage, et recouvertes afin qu'elles soient à l'abri des variations de température. En un mot, les greffes-boutures doivent être conservées comme on conservait jadis les boutures de vignes. Ce procédé, qui est très simple, est aussi le meilleur. Les greffes, dans ce milieu humide, prennent peu à peu l'eau nécessaire à leur développement; la chaleur y est plus constante et plus élevée, surtout si l'on a soin de placer le tas de sable au soleil contre un mur, et provoque la formation du tissu cicatriciel; et souvent, au moment de la plantation, les soudures sont en partie effectuées et les racines du porte-greffe développées.

Ce qu'il faut éviter, c'est un trop grand excès d'humidité, qui hâte, il est vrai, l'apparition des racines, mais qui s'oppose à la formation du tissu de soudure. Dans le sable trop humide, la soudure ne se fait pas. Le sable ne doit pas contenir plus de 5 à 10 % d'eau; il est donc nécessaire de le mettre à l'abri des grandes pluies.

Quand on a pris toutes ces précautions, la soudure est presque complète après un mois de stratification, le greffon commence à se développer ainsi que les racines du sujet. C'est le meilleur moment pour procéder à la mise en pépinière. On peut aussi mettre les greffes en stratification dans la mousse. Les résultats sont très bons quand l'humidité est suffisante sans être en excès. Mais on arrose souvent trop. Le greffon et le sujet se développent sans se souder. L'emploi de la mousse présente donc quelques difficultés qui n'existent pas avec le sable.

c. **Conservation des sujets et des greffons.** — Les sarments porte-greffes sont conservés, jusqu'au moment de leur emploi, de la même manière (se on ne les prend pas sur la souche), mais de préférence dans du sable qui les salit moins que la terre.

Les greffons, au contraire, peuvent être pris sur la souche jusqu'au mois de février; à partir de cette époque, on les conserve dans du sable presque sec, dans un appartement exposé au nord, comme nous l'avons déjà indiqué. Au moment de leur utilisation, la section de leur écorce doit être d'un vert vif, et non d'un vert blanchâtre, qui indique qu'ils se sont desséchés.

IV. — PÉPINIÈRES

a. **Choix et préparation du terrain**. — Tous les terrains, à la rigueur, peuvent être transformés en pépinières, mais la réussite n'est pas la même dans tous. Les terrains secs, caillouteux, et qu'on ne peut arroser, donnent souvent des insuccès; l'émission des racines se fait lentement et la soudure est exposée à se dessécher. Les terrains compacts et très humides ne sont guère meilleurs : les racines, quelle que puisse être la longueur des pousses, sont toujours petites, nous en avons déjà fait connaître les raisons; la soudure se fait mal. Comme toutes les plantes auxquelles on demande un développement rapide, les greffes-boutures exigent un terrain bien ameubli, léger, sablonneux, surtout fertile et assez frais. Les alluvions récentes conviennent très bien, en général, pour l'établissement des pépinières, ainsi que les terres où pousse la bruyère, les landes siliceuses chaudes, etc., en somme, tous les terrains qui, en restant frais à une certaine profondeur, s'échauffent bien et ne se durcissent pas à la surface. On doit éviter, autant que possible, d'établir les pépinières dans les terres dont la surface forme une croûte dure après les pluies : les bourgeons, souvent emprisonnés, ne peuvent que difficilement percer cette croûte, et ils s'atrophient.

On évitera aussi le voisinage des arbres ou des bois ; quelque soin qu'on ait pris de couper les racines au moment du défoncement, les plants greffés s'accroissent mal dans le voisinage des arbres ou des bois, soit à cause de l'ombre, soit par suite de l'épuisement du sol par les racines.

Le terrain est défoncé à la main, de préférence avant l'hiver. On fume le plus possible soit avec des engrais chimiques, soit, ce qui est préférable, avec du fumier...

b. **Plantation.** — En avril et mai, on procède à la plantation en pépinières. On plante en lignes dont l'écartement peut être quelconque, suivant l'espace dont on dispose. Mais pour que les travaux de culture, l'enlèvement des racines, etc., soient faciles, les lignes doivent être placées à 5o ou 6o centim. les unes des autres. On peut encore les grouper deux par deux, distantes de 20 centim., et séparées des groupes voisins par un intervalle de 1 mètre. Dans la ligne, les greffes peuvent être placées à une distance quelconque, depuis 2 jusqu'à 15 centim. Il va sans dire que plus elles seront espacées, mieux cela vaudra.

On plante au plantoir, à la « fourchette » ou en rigole.

Au plantoir (fig. 132), le terrain doit avoir été fumé à l'avance. Le plant est mis en terre de telle sorte que la soudure soit un peu au-dessous de la surface du sol, bien que cela n'ait pas une grande importance. Ce qui importe davantage, c'est que la terre autour du plant soit bien tassée, et surtout que tous les yeux supérieurs du greffon soient au même niveau, pour que tous soient également couverts.

L'application de cette prescription est la meilleure garantie de la réussite d'une pépinière ; car si l'exécution plus ou moins parfaite de la greffe est un élément de la réussite, la manière dont la plantation est faite importe

beaucoup plus; et nombre d'échecs qui ont été attribués
à la mauvaise qualité du sujet ou du greffon, etc., étaient
dus uniquement à une plantation mal faite. Il importe,
en effet, ainsi que nous l'avons déjà dit, que l'œil qui
doit se développer soit recouvert d'une mince couche
de terre (1/2 centim. environ), mais ne fasse pas saillie
au dehors. Or, si tous ne sont pas au même niveau, les
uns après le buttage, seront forcément trop couverts
et leur développement se fera mal, tandis que les autres,
insuffisamment couverts, se dessècheront.

Fig. 132. — Greffes-boutures mises en pépinière au plantoir; le point
de soudure est un peu au-dessous de terre, toute la greffe est recouverte de terre.

A la « fourchette », la plantation est encore plus rapide,
mais elle ne peut être faite ainsi que dans les terrains
très meubles et très légers.

La plantation se fait tout aussi rapidement dans des
fossés peu profonds (35 centim.), distants les uns des
autres de 50 à 60 centim. On taille un de leurs bords
en talus contre lequel on place les greffes, inclinées, et
de telle sorte que les yeux du sommet du greffon soient
tous au même niveau. Le fumier peut être mis au fond
de la rigole, dans l'angle opposé au talus. La terre qui
provient du talus est laissée au fond du fossé et recouvre le fumier, et c'est dans cette terre meuble qu'on en-

fonce à la main la base des greffes-boutures. Avec le pied on tasse légèrement au fur et à mesure qu'on fait la plantation. Le fumier ou les engrais chimiques peuvent aussi être mis sur la première couche de terre tassée, mais toujours à une certaine distance (quelques centimètres) du sujet, afin qu'ils ne le « brûlent » pas. On achève de combler le fossé avec la terre du fossé suivant; et l'on butte comme il a été dit avec la terre la plus fine qu'on puisse trouver.

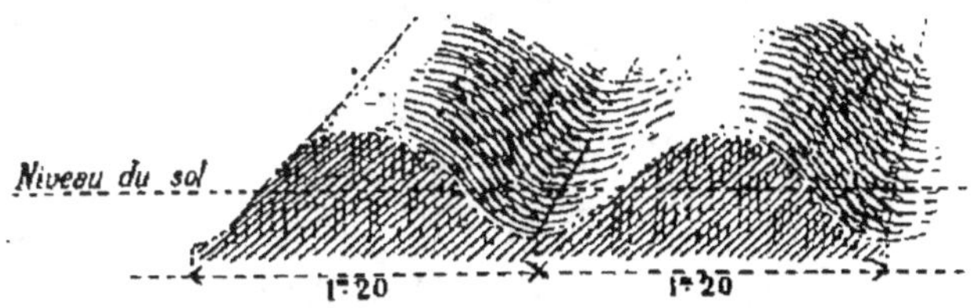

FIG. 133. — DISPOSITION DU SOL POUR LES PÉPINIÈRES.

On peut adopter encore un autre dispositif qui nous a donné de très bons résultats.

La plantation est faite en rangs doubles, distants l'un de l'autre de 0ᵐ,20, et séparés des groupes voisins par un intervalle de 1 mètre. Le terrain est préalablement disposé en billons comme le montre la figure 133. Au moment de la plantation, on aplanit le sommet du billon, et avec une houe à main on taille en talus les deux côtés : le billon devient un prisme qui a pour section un trapèze dont le côté supérieur mesure 0ᵐ,20 et le côté inférieur 0ᵐ,50 environ. La terre qui résulte de l'exécution de ce travail, très ameublie, est mise dans l'intervalle qui sépare deux billons consécutifs (fig. 134); c'est contre chacun des talus qu'on dispose les greffes-boutures, les yeux des greffons contre chaque arête et par suite tous au même niveau. On peut placer des engrais au pied des greffes et l'on recouvre avec la terre qui provient de la régularisation du billon (fig. 134). Cette disposition a l'avantage de faciliter l'exécution des travaux de culture.

Le buttage dans les terres compactes et argileuses

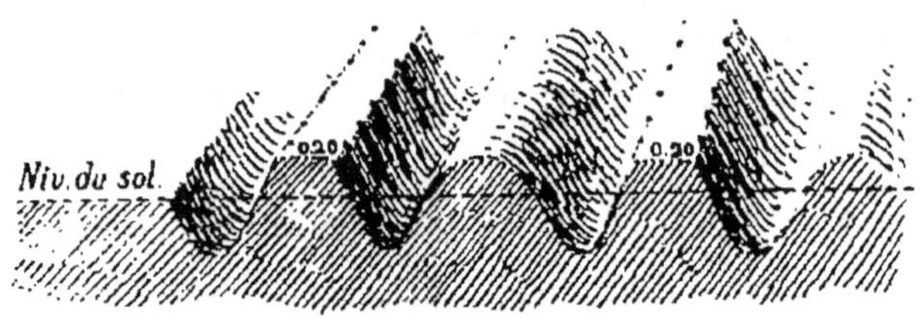

FIG. 134. — DISPOSITION DES GREFFES-BOUTURES EN PÉPINIÈRE.

n'est pas toujours très facile; de plus, la terre battue par les pluies se durcit et forme croûte avant que les bourgeons aient fait saillie au dehors; leur sortie, dans ce

FIG. 135. — PLANTATION DÉFINITIVE DES GREFFES-BOUTURES EN PÉPINIÈRE.

cas, est très difficile. On remédie à cet inconvénient en disposant autour des yeux, et les recouvrant complètement, un peu de sable fin, comme le montre la figure 136. Ainsi entourés, les yeux se développent normalement, et la réussite de la pépinière est assurée.

Le buttage n'a pas pour effet de retarder le développement des bourgeons (il le hâte, au contraire), non plus que l'appauvrissement du greffon en matières de réserves. Il empêche, seulement, et c'est son seul rôle, le greffon de perdre par évaporation, sous l'action des

vents ou du soleil, l'eau qu'il contient et qui est nécessaire à la production du callus et à la croissance de tous
les tissus.

c. **Soins de culture**. — Les soins de culture se
bornent à des sarclages et à des binages, toutes les fois
qu'ils sont nécessaires. On doit surtout empêcher l'herbe
de pousser, car elle nuit aux greffes non seulement par
ses racines, mais encore en « étouffant » les bourgeons
au moment où ils sortent de terre.

Des arrosages peuvent
être donnés s'ils sont nécessaires. On aura soin
de ne faire pénétrer l'eau
qu'au-dessous du point
de soudure, afin de ne pas
favoriser l'affranchisse-
ment du greffon, et sur-
tout de ne pas entraver la
formation de la soudure.

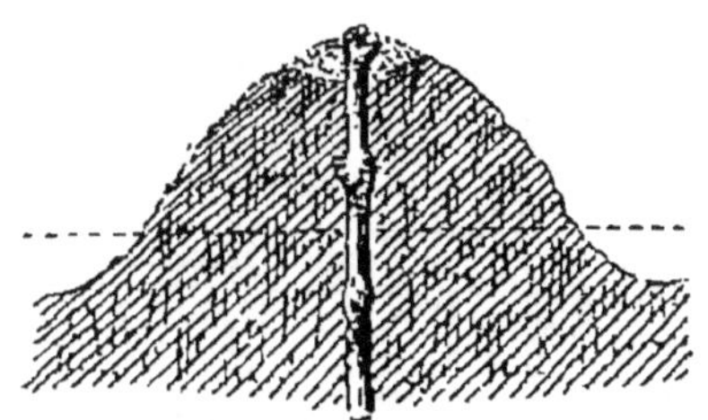

Fig. 136. — Plantation avec sable
autour de l'œil du greffon.

En même temps que l'on pratique les arrosages,
on peut répandre sur le sol des engrais chimiques
(nitrate, superphosphates, etc.) ou des engrais à action
rapide; et ce, afin d'obtenir de belles greffes. Pour
que la soudure soit le plus parfaite, il est en effet indispensable que l'accroissement en diamètre du sujet
et du greffon soit le plus grand possible : une soudure
constituée seulement par 5 ou 6 assises de cellules sera
évidemment moins résistante et aussi moins complète que si elle est composée de 15, 20 assises ou
davantage. Il faut donc, par tous les moyens possibles, accroître la végétation des plants greffés, ce à
quoi on arrive par des arrosages donnés par les temps
secs, et des fumures abondantes et très actives.

d. **Enlèvement des racines du greffon.** —

Au mois de juillet, on supprime les racines qui ont poussé sur le greffon, puis on rebutte, mais moins qu'au moment de la plantation. Cette opération est très importante. On sait, en effet, que les greffons affranchis se nourrissent à peu près exclusivement avec leurs racines; et que, partant, celles du sujet, désormais inutiles, cessent de se développer (fig. 137). Le sujet, lui aussi, reste faible, et, en conséquence, la soudure est toujours grêle. Or, il importe d'avoir de fortes et nombreuses racines sur le sujet, en même temps qu'une soudure aussi solide que possible, ce qu'on obtient par l'ablation des racines du greffon. Au mois de septembre, on supprime tout à fait la butte; la soudure est mise à nu pour qu'elle se lignifie. On sait que les parties des végétaux placées sous terre sont toujours tendres et craignent le froid. On enlève en même temps les nouvelles racines qui auraient pu se développer sur le greffon, et on coupe les liens qui pourraient « étrangler » la greffe.

Cependant pour les greffes-boutures dont le sujet émet très tardivement ses racines (Berlandieri,

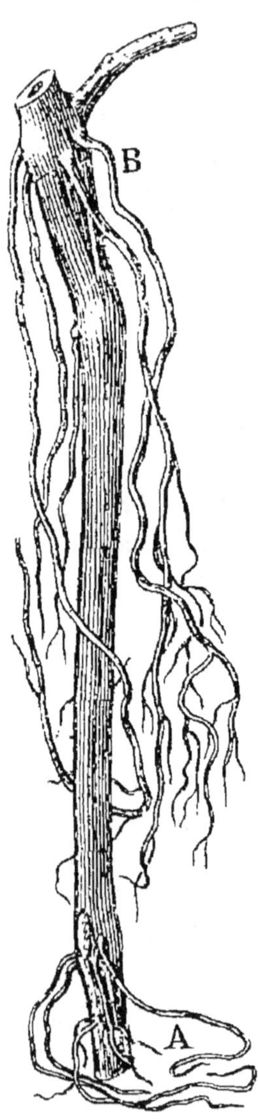

Fig. 137. — Greffe-bouture, A : Racines grêles du sujet; B : Racines fortes du greffon.

etc... (1) il est indispensable de ne procéder que très tard
au sevrage. Les racines du greffon servent ainsi à nourrir la .plante tant que le sujet n'a pas formé de racines ;
on les supprime quand le sujet est enraciné.

(1) Si l'on suit attentivement le développement des greffes-boutures sur
Berlandieri depuis la plantation jusqu'à la fin de l'été, on constate successivement les modifications suivantes. D'abord, les tissus de soudure commencent à se former aux points de contact du sujet et du greffon, et le
greffon entre en végétation. Ce premier état est d'ailleurs commun à toutes
les greffes-boutures, quel que soit le porte-greffe employé. Bientôt après,
de jeunes radicelles prennent naissance sur le greffon, alors que le sujet
(Berlandieri) ne présente encore à la section inférieure (talon) qu'un
bourrelet plus ou moins accusé, formé par des tissus cicatriciels. La plante
végète ainsi *avec les racines du greffon* jusqu'en juillet, pendant deux
mois; ce n'est que très tard (juillet-août) que le sujet (Berlandieri) émet
sur le talon, à environ un demi-centimètre de sa base, quelques fines radicelles. Ces radicelles ont un accroissement très rapide et gagnent en
peu de temps la tardivité de leur formation. Le développement herbacé du
greffon a donc lieu pendant deux mois aux dépens de ses propres racines.
Les tissus de soudure continuent à se former progressivement et se développent aux dépens des matériaux élaborés par le greffon. C'est peut-être
grâce aussi à la vie active du greffon que le sujet (Berlandieri), recevant
par l'intermédiaire des tissus de soudure des matériaux élaborés, se trouve
en état d'émettre plus facilement des racines que s'il était réduit à ses
seules ressources, comme c'est le cas pour les simples boutures.

Si on supprime les racines du greffon *au moment* où les radicelles, d'a-
bord fines et grêles, du Berlandieri sont sorties, on voit celles-ci se développer, avec une très grande activité et arriver à être, à la fin de la végétation, aussi développées que les racines des Riparias ou des Rupestris
multipliés de la même façon.

Si on contraire on sèvre trop tôt les racines du greffon, avant que celles
du sujet (Berlandieri) ne soient déjà sorties, il y a arrêt d'évolution de ces
dernières et le greffon, sevré de ses racines et non nourri par le sujet, se
dessèche et meurt. Si encore on attend trop pour sevrer le greffon, les
racines du Berlandieri évoluent très lentement; celles du greffon prennent
une activité et une vigueur de plus en plus grandes; le greffon finit par
vivre d'une vie presque indépendante. La végétation du porte-greffe s'arrête et lorsqu'on supprime les racines du greffon, les frêles racines du porte-greffe ne peuvent suffire à la végétation de la greffe-bouture, qui ne tarde
pas à succomber.

Il faut donc sevrer les racines du greffon à temps, ni trop tôt, ni trop
tard. C'est là le seul détail particulier que réclament les greffes-boutures
de Berlandieri. Il est facile de préciser ce moment en notant que ce n'est
pas avant la fin juillet que le sevrage doit être opéré et que, dans la ré-

e. **Arrachage des greffes.** — Les plants greffés peuvent être arrachés en novembre; et on les conserve en jauge dehors, complètement couverts de terre. Mais si on les laisse en terre jusqu'au moment de la plantation en plein champ, on aura soin de les recouvrir de terre jusqu'au 5me ou 6me œil de la pousse, pour mettre à l'abri des gelées les rameaux qui ne seraient pas très bien aoûtés.

Les plants bien racinés et soudés des deux côtés sont seuls utilisés. Ce sont les plants dits de 1er *choix;* ceux qui ne sont soudés que d'un côté seront toujours défectueux. Enfin, ceux qui sont bien soudés mais qui ont des pousses courtes et mal aoûtées et des racines peu développées sont remis en pépinière; ce sont les plants de 2e *choix.*

Greffage des racinés. — Sur racinés, la greffe s'exécute de la même façon. Mêmes soins de culture. Les pousses sont plus fortes et les soudures meilleures; et par suite, les plants de premier choix sont en plus grand nombre.

Recommandation essentielle : Enlever avec soin, comme il a été prescrit, tous les yeux ou empâtements des yeux du sujet.

e. **Maladies.** — Les ennemis des pépinières sont nombreux.

gion méridionale par exemple, la période du sevrage varie, suivant les années, du 20 juillet au 20 août. Mais, pour plus de sûreté, mieux vaut à cette période observer le talon de quelques greffes-boutures en les débuttant et procéder au sevrage dès que l'on constate que les racines du Berlandieri ont commencé à pousser.

L'époque du sevrage n'est pas la même pour tous les plants. Les Carignane par exemple, dont la poussée radiculaire du greffon est très active et très rapide, demandent à être sevrés plus tôt. En procédant ainsi, on obtient, avec les greffes-boutures de Berlandieri des reprises aussi élevées qu'avec le Riparia et le Rupestris, et un racinage du sujet d'un très beau développement.

D'abord les *Vers blancs*. Leurs dégâts sont fréquemment considérables dans les pépinières ; ils rongent toute l'écorce vivante du sujet, qui ne tarde pas à périr.

Le sulfure de carbone appliqué au pal, a la dose de 800 à 1000 kilos par hectare, *avant la plantation*, les détruit en partie. Le mieux est encore de ne faire les pépinières que dans les endroits où il n'y a pas de vers blancs, ce dont il est toujours facile de s'assurer par quelques fouilles.

Un acarien, d'après M. J. Perraud, le *Tetranychus tellarius*, fait aussi quelques dégâts; aucun moyen de le détruire n'est connu jusqu'ici.

Le *Coniothyrium diplodiella* ou *Rot blanc* se développe aussi quelquefois sur les jeunes pousses, dont il entraîne la mort; on le combat par la bouillie bordelaise.

Le *Pourridié* (fig. 138) cause aussi de grands dégâts dans les pépinières. On ne connaît jusqu'ici aucun moyen de le détruire. Dès qu'on s'aperçoit de sa présence dans une pépinière, il faut renoncer à élever les greffes-boutures en cet endroit et laisser reposer la terre pendant deux ou trois ans.

Fig. 138. — Jeune plant attaqué par le *Pourridié* ou *Blanc*.

Le *Mildiou* est beaucoup plus grave; en faisant hâtivement tomber les feuilles, il arrête la croissance de la plante, la formation de la soudure, l'aoûtement des pousses et le développement des racines. Comme les pousses tendres des jeunes plants sont très sensibles à son action, on doit les traiter fréquemment à la bouillie bordelaise (à 6 ou 8 reprises différentes).

Les *Fibrillaria* (*Psathyrella ampelina*) s'introduisent quelquefois entre les surfaces des sections mises en contact, où ils forment un lacis épais, blanc, qui s'interpose entre le tissu cicatriciel du greffon et celui du sujet et empêche, par conséquent, la formation de la soudure. Ses dégâts ne sont pas très considérables. On fait disparaître ce champignon en arrosant le sujet avec une solution de sulfate de fer à 10 %.

Le *Sclerotinia Fuckeliana* (fig. 139) ou *Botrytis cinerea* produit quelques accidents sur les greffes-boutures mises en stratification dans les sables humides. Pour éviter les accidents que détermine ce champignon, il suffit de n'employer, pour la stratification, que des sables secs. Le *Scl. Fuckeliana* développe au niveau des languettes et des fentes, des nodules noirs, durs, mamelonnés et épais de 2 à 4 millimètres. Ils s'engagent par leur base amincie entre les languettes des greffes-boutures et produisent des vides par séparation des surfaces de contact qui se dessèchent; ils empêchent par suite la formation des tissus de soudure. Le porte-greffe peut s'enraciner lorsque l'on met la greffe-bouture en pépinière, mais les rameaux du greffon ne poussent pas ou s'étiolent rapidement.

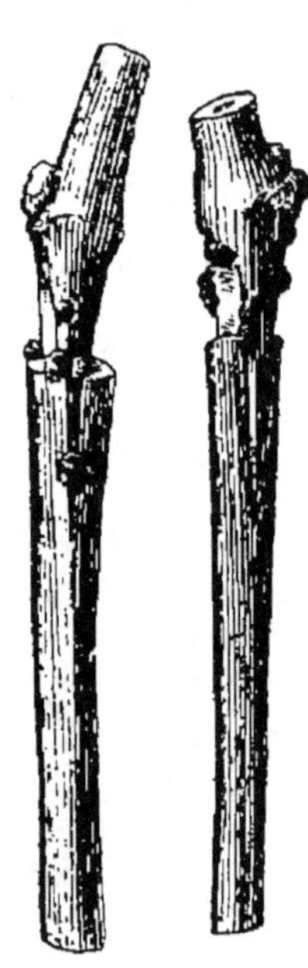

Fig. 139. — Sclérotes de *Sclerotinia Fuckeliana* entre le sujet et le greffon.

Le *Botrytis cinerea* attaque aussi quelquefois les sar-

ments maintenus dans du sable trop humide; son mycé-
lium pénètre dans les tissus et les fait pourrir.

V. — GREFFAGE EN VERT

D'après M. Hermann Gœthe, à qui nous empruntons ces détails, le greffage en vert est pratiqué en Hongrie depuis plus d'un demi-siècle, mais exceptionnelle-
ment sur la vigne.

La culture des vignes américaines a fait sortir ce
procédé du domaine de l'horticulture; et c'est sur
de grandes étendues qu'on l'applique en Hongrie pour
la reconstitution des vignobles détruits par le phyll-
loxéra. Les résultats obtenus sont bons; les reprises,
nombreuses, atteignent fréquemment la proportion de
90 p. 100.

En France, il a été essayé en plusieurs endroits; le
succès n'a pas toujours été aussi grand, pour diverses
raisons sur lesquelles nous ne pouvons nous étendre
ici, et on l'a à peu près complètement abandonné.

Les figures ci-jointes (fig. 140 à 145) montrent les diverses phases de l'opération et les différentes manières
de l'exécuter :

1° Le sujet (attenant à la souche) et le greffon, tous
deux herbacés, sont préparés comme pour la greffe anglaise. On les ajuste de même et on lie avec des lanières
de caoutchouc;

2° Ou bien on les juxtapose en greffe anglaise simple,
c'est-à-dire sans languettes. On lie comme précédemment;

3° Ou bien on fait une sorte de greffe sur le côté,
après avoir pincé, au-dessus du point de soudure, l'extrémité du rameau-sujet (fig. 140, 141).

Les sections, aussi bien pour le sujet que pour le greffon, sont toujours faites sur un nœud, les chances de reprises sont ainsi augmentées ; nous avons déjà dit pourquoi.

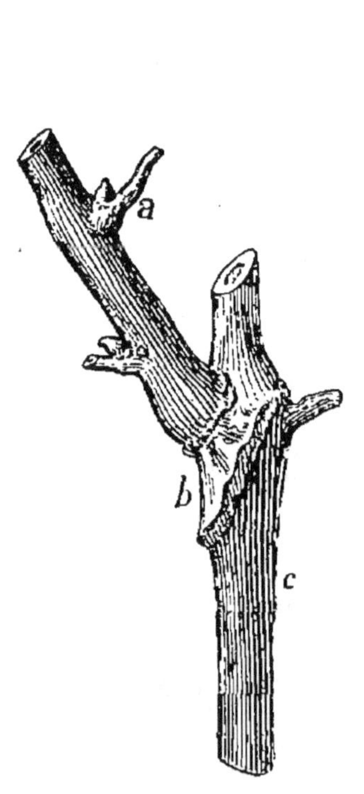

Fig. 140. — Greffe en vert déjà soudée, l'œil du greffon s'est développé en un bourgeon *a*; *b* : point de soudure; *c* : sujet (D'après H. Gœthe).

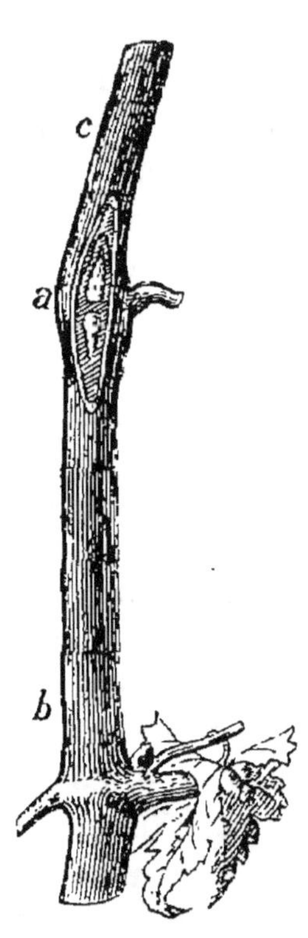

Fig. 141. — Greffe herbacée de côté; sujet préparé (H. Gœthe).

C'est en juin qu'on exécute le greffage en vert sur les sarments les plus vigoureux. Deux ou trois semaines après, les yeux du greffon se développent et arrivent très bien à maturité. (Voir l'article complet de M. Tallavignes sur cette question *in Revue de viticulture* 1894)

Greffe à l'écusson. — La greffe à l'écusson sur des

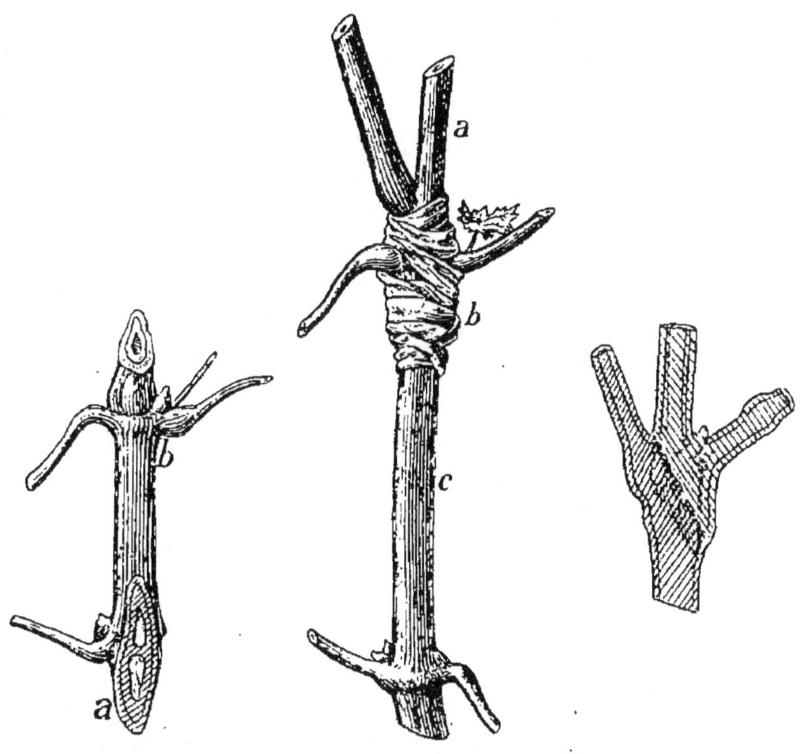

FIG. 142. — GREFFE HERBACÉE DE COTÉ : GREFFON (D'APRÈS H. GOETHE).

FIG. 143. — GREFFE HERBACÉE DE COTÉ ASSEMBLÉE ET LIGATURÉE ; *a* ; GREFFON ; *b* : LIGATURE ; *c* : SUJET (D'APRÈS H. GOETHE).

FIG. 144. — COUPE D'UNE SOUDURE DE GREFFE HERBACÉE (D'APRÈS H. GOETHE).

sarments herbacés a été peu employée pour la vigne.

Les modifications qui y ont été apportées dans ces dernières années, et dont on trouvera les détails complets dans la *Revue de viticulture* (année 1894 à 1895), — détails dans lesquels nous ne pouvons entrer ici,

—rendent ce système de greffage relativement pratique, mais il est toujours d'une exécution délicate et ne peut que rester à l'usage des pépiniéristes.

Voici comment on opère pour la greffe herbacée ordinaire (fig. 145 à 147) :

« Le bourgeon est levé, avec un greffoir bien affilé, sur un rameau du cépage que l'on veut multiplier, dès qu'il a acquis un développement complet, c'est-à-dire dès que le pampre a atteint une longueur minima de 20 centim. On évite de choisir les bourgeons de l'extrémité des rameaux, ceux-ci étant moins vigoureux que ceux de la base et de la partie moyenne. On peut d'ailleurs, en juillet, prélever des bourgeons sur des rameaux secondaires, ceux provenant du pinçage par exemple. Le bourgeon doit toujours être herbacé et bien formé.

FIG. 145. GREFFE A L'ÉCUSSON; PRÉPARATION DE L'ÉCUSSON.

« On donne à l'écusson une longueur de 2 ou 3 centim. et on a grand soin de conserver, au-dessous de l'écorce, une lamelle de tissu cellulaire d'une épaisseur de 1 à 2 millim., afin d'éviter la dessiccation du bourgeon. Cette lamelle doit être conservée, non seulement immédiatement au-dessous du bourgeon, dans le point renfermant le sommet végétatif de ce dernier, mais encore aux deux extrémités de l'écusson. Sans cette précaution, la dessiccation de l'écorce serait presque inévitable. La longueur et la largeur de l'écusson sont proportionnées à la grosseur du sujet.

« On peut préparer successivement un nombre d'écussons suffisant pour les besoins du greffage pendant quelques heures. On les conserve dans la mousse humide ou mieux dans un vase d'eau. Les feuilles sont toujours coupées par le milieu du pétiole. Voilà pour le greffon.

« Quant au sujet, on choisit un rameau de l'année, bien constitué et bien placé pour former l'arbuste.

« Sur un mérithalle encore à l'état herbacé, à la base d'un bourgeon, on pratique une incision longitudinale d'une longueur de 3 à 4 centimètres, dont on soulève les bords avec une spatule en os.

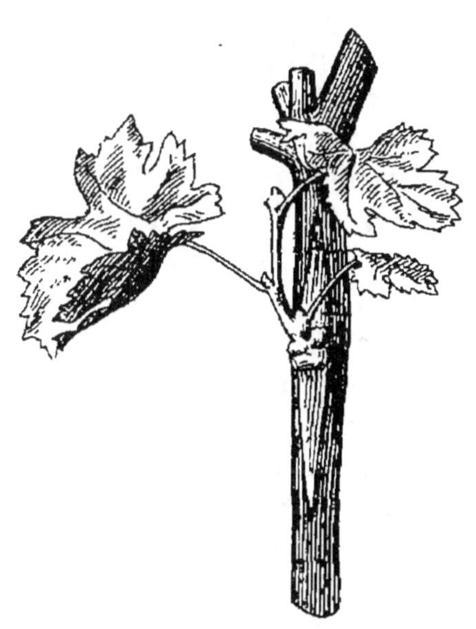

Fig. 146. — Greffe en écusson ou greffe Salgues, assemblée et ligaturée.

Fig. 147. — Greffe en écusson avec bourgeon du greffon en végétation.

« Il ne reste plus qu'à placer le greffon sur le sujet. Pour cela, on engage un bord de l'écusson sous l'écorce du sujet, d'un côté de l'incision, et on procède de même pour le deuxième bord de la lamelle en soulevant l'écorce avec la spatule. Cette opération est grandement facilitée en ployant légèrement le pampre dans le sens de l'incision. L'opération est terminée par une ligature avec de la laine ou du coton.

« La reprise de la greffe s'opère dans un délai de 10 à 12 jours, et on le reconnaît facilement à la fraîcheur du bourgeon enchâssé et à l'union qui s'est opérée entre le cambium du greffon et celui du sujet. La ligature est alors enlevée.

« Lorsqu'on pratique le greffage en écusson dans les premiers mois de la végétation, c'est-à-dire à œil poussant, on obtient dès la première année un pampre vigoureux qui pourra donner du fruit l'année suivante. Il est, dans ce cas, nécessaire de raccourcir le sujet à 10 ou 15 centimètres au-dessus de la greffe, aussitôt que cette dernière est soudée. Si, au contraire, le greffage n'est effectué qu'en juillet ou dans les premiers jours d'août, c'est-à-dire à œil dormant, cette dernière opération est inutile, car le bourgeon n'entre en végétation qu'au printemps suivant. » (J. Gabarret : *De la greffe en écusson de la vigne, greffe Salgues.*)

La greffe à l'écusson de la vigne pourrait rendre des services surtout avec les cépages à reprise de bouture difficile, le Berlandieri par exemple. Les sarments de ce cépage pourraient être greffés à l'écusson au moment même où on les marcotte, et l'on aurait ainsi, à la fois, un plant raciné-greffé.

APPENDICE

STATISTIQUES COMPARÉES
DES VIGNES AMÉRICAINES ET DES INSECTICIDES

I. IMPORTANCE COMPARÉE

DES VIGNES AMÉRICAINES ET DES INSECTICIDES EN FRANCE.

ANNÉES.	Vignes américaines.	Sulfure de carbone.	Sulfo-carbon. de potassium.	Submersions.	Accroissement annuel en vignes américaines.
	hectares.	hectares.	hectares.	hectares.	hectares.
1880....	6.441	5.547	1.472	8.093	»
1881....	8.904	15.933	2.809	8.195	2.463
1882....	17.094	17.121	3.033	12.543	8.190
1883....	28.012	23.226	3.097	17.792	10.918
1884....	52.077	33.446	5.286	23.303	24.065
1885....	75.292	40.585	5.227	24.339	23.215
1886....	110.787	47.215	4.459	24.500	35.435
1887....	165.517	66.205	8.820	26.665	54.730
1888....	214.727	66.705	8.089	33.455	49.210
1889....	299.801	57.887	8.841	30.336	85.074
1890....	436.018	62 238	9.377	32.378	136.217
1891....	452.282	?	?	?	16.264
1892....	529.460	?	?	?	77.178
1893....	608.613	?	?	?	79.153
1894....	663.214	50.452	8.744	35.325	54.601

358

II. DIMINUTION DU SULFURE DE CARBONE

COMPARATIVEMENT A L'AUGMENTATION, EN SURFACE, DES VIGNES AMÉRICAINES DANS LES DÉPARTEMENTS OÙ LE SULFURE DE CARBONE A ÉTÉ LE PLUS EMPLOYÉ.

DÉPARTEMENTS.		Sulfure de carbone.	Vignes américaines.
		hectares.	hectares.
Aude................	1887	15.900	20.200
	1894	3.150	115.400
Haute-Garonne......	1889	5.941	5.718
	1894	600	12.500
Gironde...........	1889	7.716	19.126
	1894	7.117	40.730
Rhône.............	1887	13.302	1.013
	1894	8.122	13.163
Côte-d'Or..........	1891	4.250	2.000
	1894	1.694	5.533 (1895)

III. STATISTIQUE DU VIGNOBLE

DU DÉPARTEMENT DE L'HÉRAULT DE 1880 A 1895.

ANNÉES.	Vignes américaines.	Vignes traitées au sulfure de carbone.	Vignes traitées au sulfo-carbonate.	Vignes submergées.	Vignes irriguées.	Vignes dans les sables.	Vignes françaises résistant encore.	Total du vignoble du département
	hectares.	hect.,	hect.	hect.	hect.	hect.	hectares	hectares.
1880.	2.624	1.878	869	1.588	»	»	85.258	92.217
1881.	5.162	3.632	1.578	1.626	»	»	58.566	70.564
1882.	10.918	3.541	»	»	»	»	»	»
1883.	17.425	3.494	196	»	»	»	30.083	56.198
1884.	29.689	2.340	220	»	»	3.517	29.219	69.985
1885.	44.654	3.100	159	3.990	2.213	3.724	25.028	93.868
1886.	61.779	3.479	118	4.349	2.172	3.846	23.041	98.804
1887.	76.971	4.962	132	5.051	2.323	4.098	22.012	115.549
1888.	92.941	3.861	152	4.773	2.030	3.543	18.530	126.830
1889.	110.867	2.865	196	5.268	2.068	3.699	16.876	141.839
1890.	126.264	2.325	203	6.071	1.609	3.896	14.232	154.600
1891.	142.103	1.968	100	5.865	1.523	4.218	13.586	169.363
1892.	154.500	1.471	51	5.551	1.087	4.269	13.000	179.929
1893.	160.401	1.321	46	5.537	875	6.079	12.135	173.395
1894.	166.565	667	39	5.001	791	3.923	11.662	188.655
1895.	172.471	544	34	4.494	690	4.069	11.211	193.513

IV. IMPORTANCE COMPARÉE

DES VIGNES AMÉRICAINES ET DES INSECTICIDES DANS L'HÉRAULT. (CHIF-
FRES RAPPORTÉS A LA SURFACE, EXPRIMÉE PAR 100, DU VIGNOBLE
TOTAL DU DÉPARTEMENT).

ANNÉES.	VIGNES AMÉRICAINES.	INSECTICIDES.
1880	2.80 %	2.80 %
1881	7.30 %	7.30 %
1883	31.00 %	6.50 %
1884	42.00 %	2.20 %
1885	48.00 %	3.40 %
1886	62.00 %	3.00 %
1887	60.00 %	4.00 %
1888	76.00 %	3.00 %
1889	78.00 %	2.00 %
1890	80.00 %	1.00 %
1891	83.00 %	1.28 %
1892	86.00 %	0.00 %
1893	87.00 %	0.70 %
1894	88.00 %	0.32 %
1895	94.00 %	0.30 %

BIBLIOGRAPHIE

A

Audoynaud. — Adaptation au sol des cépages américains (Journal de l'Agriculture, 1881, t. II, p. 3o2).

B

Baltet (Ch.). — L'Art de greffer (5ᵉ édition, 1893. Paris, Masson).

Bethmont (D.). — Essai des vignes en terrains calcaires (Revue de Viticulture 1894 et 1895).

Bush and son and Meissner. — Illustrated descriptive Catalogue of american grape-vines (1895, Saint-Louis; traduit en français par J.-E. Planchon et L. Bazille. C. Coulet, Montpellier).

C

Cahuzac. — La Greffe en écusson, 1895.

Cazeaux-Cazalet (G.). — Notice sur le greffage des vignes américaines (Bordeaux, Féret, 1884).
— Instruction pratique de la greffe d'été (Bordeaux, Féret, 1888).
— Divers *in* Bulletin du Comice de Cadillac (1886-1895).

Champin (A.). — Traité théorique et pratique du greffage.

Chauzit (B.). — Recherches chimiques sur quelques terrains où l'on a planté la vigne américaine (Messager agricole, 25 septembre 1880).
— État actuel de la question du phylloxéra en France (Nîmes, 1885)

Chauzit(B.)—Étude sur l'adaptation au sol des vignes américaines (1889.—*In* Une Mission viticole, par P. Viala, p. 3o3-375).
— Rôle de l'argile dans l'adaptation au sol des plants américains (Revue de viticulture, 1894).

Cornu (Max.). — Le Phylloxéra vastatrix (avec planches, Paris, 1878).

Coudero (G.). — Étude sur l'hybridation artificielle de la vigne (Montpellier, 1887).
— Conférence de Beaune (octobre 1891).
— Catalogue pour 1889-189o des hybrides obtenus par M. G. Couderc (Aubenas, Ardèche).
— Divers *in* Progrès agricole (189o-1895).
— Conférence sur les hybrides (Congrès de Mâcon, 1887, Congrès de Chambéry, 189o, Congrès de Beaune, 1891).

D

Daniel (L.). — Sur la greffe (Comptes rendus Académie des Sciences, 189i à 1895).

Daurel (J.). — Traité pratique de Viticulture (Bordeaux, 1895).

Davin (G.). — Hybridation des vignes (la Provence horticole, mars 1888).

Dejardin. — Recherches et observations sur la résistance de la vigne au phylloxéra (Paris, Masson).

Degrully (L.). — Plants américains en sols calcaires (C. Coulet, Montpellier, 1895).

Degrully (L.) et **Viala** (P.). — Les vignes américaines à l'École nationale d'agriculture de Montpellier (Montpellier, Coulet, 1884).

Deperrière (G.). — Écussonnage de la vigne en vert (Revue de viticulture, 1894).

Despetis (Dr). — Note sur les Riparias et sur leur classification au point de vue agricole (Bull. Soc. cent. agr. Hérault, Montpellier, 1879, p. 417).
— Traité pratique de la culture des vignes américaines (Montpellier, C. Coulet, 1889).

Drouhault (B.). — Greffage normal de la vigne en écusson (Revue de viticulture, 1895).

BIBLIOGRAPHIE. 363

Durand (E.). — Qualité des vins des vignes greffées sur Rupestris et Franco-Rupestris (Revue de viticulture 1895).

F

Foëx (G.). — Notes relatives aux effets produits par le phylloxéra sur les racines de divers cépages américains et indigènes (Comptes rendus Acad. scienc., 18 décembre 1876 et 15 janvier 1877).
— Note relative aux circonstances météorologiques qui ont influé sur la marche de la chlorose des vignes américaines à l'École nationale d'agriculture de Montpellier, pendant les années 1884, 1885, 1886, 1887, 1888, 1889, et 1890 (Ann. Écol. nat. agric. Montpellier, t. V, 1890).
— Manuel pratique de viticulture (Montpellier, C. Coulet, 5e édition, 1891).
— Sur les causes de la chlorose chez l'Herbemont (Ann. de l'École nat. d'agr. de Montpellier, 1882 à 1891).
— Cours complet de viticulture (4e édition, Montpellier, Coulet, 1895).

Foëx (G.) et **Viala** (P.). — Ampélographie américaine (1 vol. in-folio, avec 80 planches phototypiques, 1883).
— Recherches relatives au diamètre réciproque des sujets et des greffons (Vigne américaine, 1885).

G

Gabarret (J.). — De la greffe en écusson de la vigne. Greffe Salgues.

Ganzin. — De l'hybridation artificielle et des services qu'on peut en attendre pour l'avenir de la viticulture (Revue scientifique, 1881, t. XXVIII, p. 143).
— Les Hybrides à production directe (Revue de viticulture, 1894 et 1895).

Girerd (Ferdinand). — Le Guide pratique pour greffer (Lyon, 1890).

Godot. — Traitement de la chlorose, action des badigeonnages (Revue de viticulture, t. IV, 1895).

Gœthe (Hermann). — Ueber das Veredeln der Reben (Ampelographische Berichte, mai 1880).

— Stazione sperimentale per lo studio biologico della vite (traduzione del tedesco di Giuseppe Velicogna, Gorizia, 1891).

Gris (Arthur). — Recherches microscopiques sur la chlorophylle, (Annales des sciences naturelles, 4ᵉ série, t. VII, 1857, p. 179).

Guillon (J.-M.). — Expériences sur le traitement de la chlorose (et divers *in* Revue de viticulture, 1894, 1895, 1896).

H

Houdaille et Semichon. — Le Calcaire et la Chlorose (Revue de viticulture, 1894).

Houdaille et Mazade. — L'Humidité du sol et la Chlorose (Revue de viticulture, 1894).

— Le Rupestris du Lot en terrain calcaire (Revue de viticulture, 1895).

J

Jeanjean (A.). — La Géologie agricole appliquée à la culture de la vigne dans le département du Gard (Montpellier, C. Coulet, 1887).

Joulie (H.). — Sur la chlorose de la vigne (Journal d'agriculture pratique, 1889).

L

Lavergne (G.). — Un Vignoble dans l'Agenais (et divers, *in* Revue de viticulture, 1894, 1895).

Lené (E.). — La Reconstitution dans les terrains calcaires, emploi de l'argile (Revue de viticulture, 1895, t. IV).

M

Marguerite-Delachardonnay (P.). — Le Fer dans la végétation (Journal d'agriculture pratique, 1890).

Marre (E.). — Greffage en écusson de la vigne (1891).

Mayet (V.). — Les rongeurs de boutures et de greffes (Revue de viticulture, t. II, 1894).

Mazade (M.). — De l'écussonnage en placage à bois sec (Revue de viticulture, t. I, 1894).
— Étude sur les Rupestris (Revue de viticulture, t. I, 1894).
— Étude sur les Berlandieri (Revue de viticulture, t. V, 1896).
— Du Berlandieri et de la greffe-bouture (Revue de viticulture, t. I, 1894).

Millardet. — Pourridié et Phylloxéra (Bordeaux, Féret, 1879).
— Bouturage et greffage des vignes américaines (Journal d'agriculture pratique, t. I, 1881, p. 729).
— Notes sur les vignes américaines, résistance au phylloxéra; de l'adaptation au sol et au climat (Journal d'agriculture pratique, t. I, pp. 81, 157, 400, 531).
— De l'hybridation entre diverses espèces de vignes américaines à l'état sauvage (Journal d'agriculture pratique, 1882, t. II, p. 470).
— Histoire des principales variétés et espèces de vignes d'origine américaine qui résistent au phylloxéra (1 vol. in-folio, 1885, avec 24 planches; Paris, Masson; Bordeaux, Féret).
— Note sur les vignes américaines (séries I, II et III, 1885 à 1888; Bordeaux, Féret; Paris, Masson).
— Note sur les résultats de l'hybridation de la vigne (Congrès international d'agriculture de Paris 1889, p. 714).
— Essai sur l'hybridation de la vigne (Revue des Pyrénées, t. III, 1891, pp. 471-499).
— Sur les résultats généraux de l'hybridation de la vigne (Revue de viticulture, t. I, 1894).

Millardet et de Grasset. — Catalogue des hybrides de vignes obtenus depuis l'année 1880 à 1892 inclusivement (Revue de viticulture, t. I, 1894).

Millardet et de Grasset. — Un porte-greffe pour les terrains crayeux, Chasselas × Berlandieri n° 41 B (Revue de viticulture, t. II (1894).

Munson (T.-V.). — Les vignes américaines en Amérique (Revue de viticulture, 1894, 1895, 1896).
— Explorations viticoles dans le Texas (Revue de viticulture, t. II, 1894).

Munson (T.-V.) — Les portes-greffes des terrains crayeux secs (Revue de viticulture, t. III, 1895).

N

Narbonne (Paul).—La Chlorose de la vigne, préservation et traitement (Narbonne, 1888).

P

Perraud (J.). — La résistance du Vialla en Beaujolais (Revue de viticulture, 1894 et 1895).

Petit (Émile). — La chlorose, recherche de ses causes et de ses remèdes (Bordeaux, 1888).

Petiot.—Les Vignes américaines dans la côte chalonaise (Congrès, de Beaune, 1891).

Planchon (J.-E.). — Les vignes américaines, leur culture, etc. (Montpellier, Coulet, 1875).

Planchon (J-.E.).—Le Cottis ou pousse en ortille, maladie des sarments de la vigne (Vigne américaine, 1882, p. 232).

Ponsot (Mme V^e) — Les Vignes américaines (Bordeaux, Féret, 1890).

Pulliat (V.). — Manuel du greffeur de vignes (Montpellier, Coulet, 1885).

R

Rassiguier (D^r).—Traitement de la chlorose (divers, *in* Revue de viticulture, 1895).

Rathay (Emerich). — Die Geschlechtsverhaeltniss der Reben (Wien, 1888).

Ravaz (L.). — Excursion dans les vignobles de l'Hérault (1888).

— Monographie du Portugais bleu et du Saint-Sauveur (Progrès agricole et viticole, 1886),

— Recherches sur le bouturage de la vigne (Comptes rendus de l'Académie des sciences, 15 septembre 1890).

— Articles divers, *in* Journal du Syndicat de la Charente-Inférieure.

— Rapports à M. le Président du Comité de viticulture de l'arrondissement de Cognac (Cognac, 1889 à 1896).

— Les Vignes américaines; résistance au phylloxéra et résistance à la chlorose (Cognac, 1895).

Ravaz (L.)— Défoncement et plantation dans les terrains calcaires (Revue de viticulture, 1895).

— Le Riparia du Colorado (Revue de viticulture, 1894).

— Divers, *in* Revue de viticulture (1894, 1895, 1896).

— Les Riparias, les Rupestris, les Berlandieri (Revue de viticulture, t. III, 1895).

— Choix des porte-greffes (Revue de viticulture, t. IV, 1895).

Ravaz et **Gouirand**. — Recherches sur l'affinité des vignes greffées (Revue de viticulture, t. I et t. II, 1894).

Rougier (L.). — Instructions pratiques sur la reconstitution des vignobles par les cépages américains (2ᵉ édition, 1890 ; Montpellier, Coulet).

S

Sachs (J.). — Sur le traitement des plantes chlorotiques (Arbeiten des bot. Institutz zu Würzburg, III, 433 ; Wollnys Forschungen, XII, 130).

Sahut (Félix). — Les Vignes américaines, leur greffage et leur taille (Montpellier, C. Coulet, 1887).

— De l'adaptation des vignes américaines au sol et au climat, suivie d'une étude sur le bouturage à un œil (Montpellier et Toulouse, 1888).

— La Jaunisse ou chlorose des vignes (Montpellier, C. Coulet, 1890).

Saint-Pol (Vicomte de). — Enquête sur les vignes américaines (Bulletin de la Société des agriculteurs de France, 1890-1891).

Salas y Amat. — Histoire d'une vigne en terrains très calcaires (Revue de viticulture, 1895).

Stoll (R.). — Ueber die Bildung des Kallus bei Stecklingen (Bot. Zeitung, 1874).

T

Tallavignes. — Greffes aériennes de la vigne (Revue de viticulture, t. I, 1895).

Tord (Max.). — Recherches sur le traitement des vignes chlorotiques.

V

Verneuil (A.). — Le champ d'essai de Conteneil (Revue de viticulture, 1895 et 1896).

Viala (P.). — Des soins à donner aux greffes (1884).
— Les Hybrides-Bouschet (Montpellier, Coulet, 1886).
— Les Maladies de la vigne (3e édition, 1895, C. Coulet, Mont-
pellier).
— Une Mission viticole en Amérique (1889, 1 vol. avec 8 planches
en chromo; C. Coulet, éditeur, Montpellier; Paris, G. Mas-
son),
— Mission viticole pour la reconstitution des vignobles du dépar-
tement de Maine-et-Loire (Angers, Hudon, 1890).
— La reconstitution des vignobles de la Côte-d'Or (Beaune 1891).
— La reconstitution des vignobles de la Loire-Inférieure (Nantes,
1 vol. in-12, 1891).
— Une Maladie des greffes-boutures (Revue de botanique, 1891).
— Monographie du Pourridié des vignes et des arbres fruitiers
(C. Coulet, Montpellier, avec 7 planches, 1891).
— Mission viticole pour la reconstitution des vignobles de l'Allier
(1893).
— Mission viticole pour la reconstitution des vignobles de
l'Yonne (1894).
— Mission viticole pour la reconstitution des vignobles du Puy-
de-Dôme (1895).
— De l'action de certaines substances toxiques sur la vigne (Re-
vue de viticulture, t. I, 1894).
— Le bouturage du Berlandieri (Revue de viticulture, t. I, 1894).
— Divers *in* Revue de viticulture (1894, 1895, 1896).
— Le champ d'expériences du « Mas de las Sorres » (Revue de
viticulture, t. V, 1896).
— Le Rupestris Mission (Revue de viticulture, 1895).
— Variétés de V. Monticola (Revue de viticulture, t. V, 1896).
— Le Rupestris du Lot (Revue de viticulture, t. IV, 1895).

Viala et **Mazade**. — La multiplication du Berlandieri (Revue de
viticulture, 1895).

Viala (P.) et **Nanot** (J.). — Tableau du greffage de la vigne (Montpellier, C. Coulet, 1892).
— Tableaux des cours de viticulture et d'arboriculture de l'Institut
national agronomique (1890).

Viala (P.) et **Ravaz** (L.). — La mélanose (Montpellier, C. Coulet 1887).

— Le Black Rot et le Coniothyrium diplodiella (2ᵉ édition, Montpellier, C. Coulet, 1888).

— Le bouturage en pousse (Revue de viticulture 1894).

Vialla (Louis). — Observations sur la plantation des cépages américains (Montpellier, Grollier, 1877).

— Des vignes américaines et des terrains qui leur conviennent (*in* Messager agricole, 10 octobre 1878, et Messager du Midi des 2 et 3 septembre 1878).

Vivier (A.). — Traitement au sulfate de fer contre la chlorose (Revue de viticulture, t. IV, 1895).

W

Wichura. — Die Bastard-Befruchtung im Pflanzenreich erläutert an den Bastarden der Weiden (1865).

Wochting (H.). — De la transplantation sur le corps de la plante (Botanische Zeitung, 1890).

Z

Zacharewicz et **Tacussel**. — Champ d'expériences en terrain calcaire (Revue de Viticulture, 1896).

TABLE ALPHABÉTIQUE DES MATIÈRES

TABLE DES FIGURES

Pages.

TABLE MÉTHODIQUE DES MATIÈRES

DEUXIÈME PARTIE

Cépages

TROISIÈME PARTIE

Culture

QUATRIÈME PARTIE

Greffage et Pépinières